大是文化

新富人的捷徑

不專精一事、不想卓越點子、
不設定物質目標、不投入火熱市場，
爸媽鐵定反對的新致富四金律。

How to be a Capitalist
without any Capital

從宿舍裡的個體戶到
29 歲企業總監
奈森・拉卡
Nathan Latka ◎著
廖桓偉◎譯

第一部

爸媽鐵定反對的新致富金律／31

第二部

賺到錢、留住錢、錢滾錢

第三部

新富人怎麼建立事業？／237

推薦序
別當拚命三郎，卻要狡兔三窟

暢銷作家、創業者／凱若

誠實的說，在閱讀這本書之前，我的確是抱持著懷疑的態度。畢竟，這世界上教人致富或創業的書實在太多了！這位二十九歲的「致富天才」奈森・拉卡是個大學輟學生，並且投身看起來極為冒險的線上創業以及公司併購，這樣的生命經驗真的能夠複製嗎？直到我讀完第一章。沒錯，就是這樣做。你也應該照著這樣試試看！

在作者奈森的「規則一：不要只專精一件事」中，他立刻直搗黃龍，完全說出了我目前的工作與生活模式。第一：手上絕對有超過一份、甚至超過三份的事業同時進行；第二：這幾份事業之間有著極大的連結性，彼此的成績能夠累積且相輔相成。

奈森非常大膽的訪問許多創業家，將他們的故事深入分析，且透過播客《頂尖創業家》分享出去，還撰寫了這本《新富人的捷徑》，挑戰許多創業致富書籍所傳授的觀念。其中，我最喜歡也在奉行的道理，就是：「**無論你怎麼起步，我唯一的法則是：你永遠都要同時追求三個新機會。等到一個事業開始運作之後，你必須讓它自行運作，這樣它每個月只會花你一、兩個小時的時間。**」這除了讓我們避免全盤皆輸的狀況，還讓生活更有樂趣呢！

從初次創立婚顧公司開始，我摸索著如何透過「創建系統」讓自己不需要每天在婚禮場合拋頭露面；我首次理解了拿「被動收入」的快樂，因為努力五年之後，我終於能夠在婚禮旺季的週末留在家陪女兒，同時能有破六位數字的收入。我接著想，如果我多出這麼多時間，能夠再做些什麼？我很意外的發現了「不要只專注一份事業」的妙處。而本書作者竟然如此幸運，在大學時代就已經悟出這個道理，並且加倍的實踐它。

「以最小的投入來創建系統」也絕對是重要的關鍵。在過去，創業者習於以最大的投入來規畫自己的創業人生，因此我們不斷聽到日以繼夜工作且至死方休的創業故事，以為當老闆就一定得要這麼「拚命」。奈森與我都有同感，我們應該追求的其實是「能夠創建永續系統的最小投入」，想辦法讓自己有一天不需要親自坐鎮，而系統仍舊為我們帶來源源不絕的收益。尤其在現今的網路社會裡，各種 App 與外包模式風行，實在沒有必要將自己的人生全投入在「工作」這件事上。事實上，「拿時間換錢」絕對沒有辦法真正致富，尤其當「富有」的定義不僅在於銀行存款的今日，更是如此。

十分同意奈森．拉卡的這句話：「**想加入新富人一族，你只需滿足兩個要求：渴望有更多自由時間做你想做的事，同時用你自己的方式與企圖心賺錢。但我無法教你企圖心，你必須自己培**

養。」世界上不缺創業與致富的好機會，但能掌握「新富人」自由人生的人並不多。不願意燃燒肝臟只為了換取月薪的你，肯定要好好閱讀這本好書。

引言
新富人的捷徑？讓我來教你

「財富就是充分體驗人生的能力。」——未知人士

「很多人覺得自己不擅長賺錢，其實他們是不知道怎麼用錢。」

——法蘭克・A・克拉克（Frank A. Clark），美國作家、漫畫家

當我開始寫這本書的時候，我媽打電話給我說：「你賺了這麼多錢，萬一你不小心掛掉的話，一定會造成大混亂。我是不希望發生這種事啦，但你完全沒規畫資產也不行吧！」這還蠻好笑的。三年前我選擇輟學的時候，我媽抱持著懷疑的態度，她本來要我「待在學校裡！」，現在變成「記得立遺囑！」。後來我又發生了很多事情，但讓我先談談你吧。

在你認識的人當中，有些人的生活應該是你猜不透的吧？他們只要想環遊世界，隨時都可以出發；他們幾乎沒在工作；他們總是陪著家人，或是挑戰各種人生冒險。而這些事情，是你「總有一天」想做的。不知怎的，他們真心覺得自己的人生是幸福的，而不是藏在社群媒體的「完美人生」假象的背後。

跟你同一間宿舍的同學輟學了，後來透過創業募資募得一百萬美元（約新臺幣三千一百萬元，一美元約合新臺幣三十一元）。你在兒子的足球賽、或是自己常去的健身房遇到的那位老爸，總是不到週末就開著 Range Rover（按：休旅車品牌）四處晃，而此時大多數的家長都在上班。你的鄰居辭掉了工作，現在擁有自己的事業，而你聽說她月入一萬至兩萬美元。

你知道這些人都很平凡。他們並沒有出眾的才華，也不怎麼聰明，但他們的生活就跟皇帝一樣，令你目瞪口呆。

因為他們知道怎麼在沒有資本的情況下成為資本家，而你不知道。商場上有四條黃金守則會阻礙我們的成功，所以一定要破除它們。而前述這些人早已是打破規則的達人。

我們可能很輕易就把這些有錢人想成「含金湯匙出生」或「靠另一半吃飯」的人。或者我們會覺得他們一點都不有錢，倒是欠了一大堆卡債。有些人確實如此，但我講的不是這些人。

我講的是靠自己努力變有錢的人。他們的巨額銀行存款不是靠繼承來的。他們週末都會上傳照片到 Instagram，要麼坐在帆船上，要麼就是異國美景，讓你看了捶心肝。但儘管他們把你搞得很煩，你還是很想知道他們怎麼辦到的。這些人為什麼這麼成功、自由，而你卻要一週工作五十小時以上，在昏暗的辦公室燈光下逐漸凋零？

因為他們是「新富人」（New Rich），根據提摩西‧費里斯（Tim Ferriss，美國創業家、作家、天使投資人〔新創公司甫創立，就進場投資的人〕）的說法，**這群人已經弄懂怎麼將生活中的一切都最大化**（雖然可能沒有很多），生出一筆替自己效力的資產。新富人的時間、金錢與精力都很充裕，想要什麼東西都可以到手，想去旅遊多少次都沒問題，行程表是空白的。而且他們的開銷非常、非常少。

十年前，提摩西‧費里斯在《一週工作四小時》（*The 4-Hour Workweek*，中文版由平安文化出版）一書中，向我們介紹了新富人的概念。但從那時以來又有許多事情已經改變了。如今我與我同輩之所以變有錢，不只是因為我們從頭創立一家公司，也是因為我們利用了 Instagram 與租房網站 Airbnb 這些「寶庫」——二〇〇〇年初期它們尚未問世。我們迅速利用這些新工具來賺取財富，並想出該怎麼讓這些工具替我們效力，以減少我們的工作量。

當平凡人看到新富人，會覺得新富人有一些魔術般的特質。但這可不是魔術。平凡人只是不知道有錢人怎麼變有錢，所以將其解釋為「魔術」。魔術師會在後臺苦練一連串的動作與手法，所以當所有招式組在一起的時候，一般觀眾是看不出端倪的。假如你在後臺看到魔術師練習，可能會覺得：「這招我也會！」而累積財富也是同樣的道理。

魔術師躲在後臺練習，但我在這本書裡頭可是毫不藏私。過去十年來，我就像財富魔術師一樣。儘管我律師反對，我還是在本書當中分享了所有祕訣，讓你能變出自己的「財富魔術」。你會看到我的稅單、損益表、買賣公司時的電郵協商。我毫不保留的分享，讓你好好研究，並真正了解我如何打造自己的帝國。我會帶你一窺新富人的內幕，這樣你就可以加入這個祕密圈子。

你冀求的生活方式並非遙不可及，只是你不知道方法。而本書將從我十九歲開始講起，向你詳細介紹這些方法。我現在二十九歲，就手握二十條以上的收益流，而你將學會如何複製它們的內部運作機制。

假如你已準備好加入新富人一族，那就繼續讀下去吧，菜鳥財富魔術師！

我的故事，以及你為什麼需要這本書

關於我，有幾件事情應該先讓你知道：

- 我是大學輟學生。
- 二十歲時，我在維吉尼亞理工學院（Virginia Tech）的宿舍，創辦了我的第一間公司。四年內，我僱用了四十個人，公司銷售額成長到五百萬美元，市值為一千零五十萬美元。
- 二十二歲時，有人提議以六百五十萬美元的價碼收購我的公司，但我拒絕了。
- 我沒有履歷表。
- 我二十四歲就買了人生的第一棟房子。
- 我二十六歲首度收購別人的公司。
- 我現在二十九歲，除了自己經營一間私募基金公司，也有從事公司買賣。

▼我利用模式與資料來驅動我的決策。

上述最後一條事實，或許就是我能達到現在這般成就的原因，而我也會用同樣的方式，幫助你達到同樣的成就。我不是來跟你閒聊或替你加油打氣的，這只是在浪費你的時間。如果你常聽我的播客《頂尖創業家》（*The Top Entrepreneurs*），就知道我的作風一向如此。我訪談過五百位以上的世界頂尖思想家、創造性破壞者（按：顛覆傳統做法的人或公司）與執行長，希望能**找出一些模式，而任何人都可以運用它們來賺取財富、減少工作量、得到自己想要的東西**。我握有資料與數字，所以你我都可以學到真材實料。老實說，我可是把這些執行長逼問到招架不住，他們只好分享一些本來不想公開的祕密策略；等到我的節目上線後，他們還威脅要告我。這都是他們的錯！（但你算是賺到了！）基於這種不幸的「副作用」，我現在是官司最多的播客主持人，你真該來看看我一整面牆的停終信函（按：停終是指要求對方終止，並且不再從事某個行為）——其實還挺美觀的，因為每次都是我贏！

本書內容就是從我的播客延伸出來的。**我會介紹新富人的祕密，並訴說真實故事**，主角包括二十歲的「宿舍執行長」、Airbnb 百萬富翁、超有錢軟體創辦人，以及金融科技億萬富翁；他們每天都在累積財富，直至當下。我們會欣賞他們的故事，但同樣重要的是，我們也會觀察他們事業背後的真實數字，這樣我們才知道他們是怎麼辦到的。

再來是模式。我跟頂尖創業家談話時，總是會發現他們的執行計畫遵循著類似的模式，而且都違反傳統的商場智慧。這些模式與財富、自由、成功是直接相關的，而且會令你非常驚訝。一旦你在接下來的章節學會這些模式，你會領悟到累積財富竟然如此簡單，甚至到了不可置信的地步；接著你就可以加入那些有錢朋友的行列——幾個月前你可能還搞不懂他們是怎麼成功的！

我對數字非常著迷，這也是我輟學的原因。我媽在我有記憶之前，就灌輸我聰明理財的心態。她信誓旦旦的說，我五歲時曾經在車上問她：「為什麼我們以後都不去餐廳吃飯了？」於是她向我解釋，她跟我爸必須做出選擇，他們最近決定要搬到鄉下一間又新又大的房子。既然做出選擇，他們就不能把錢花在其他地方了，例如上館子。

我在後座沉默許久，然後開口：「那麼媽咪，我拿我撲滿裡頭的錢，然後我們晚上去吃必勝客好嗎？」結果她並沒有答應我，而是跟我爸帶著全家一起上館子。但我已經學到寶貴的一課。

我不記得這段對話，但這段故事已充分說明，我爸媽是怎麼培養我的創業思維。我媽那天不是在談家庭預算，她更想強調一點：**你要基於「你現在想過的生活」與「你未來想過的生活」來做出選擇**。所以重點在於機會成本：有時是你少吃點披薩以換取鄉下大房子（除非你的五歲小孩可以在兩分鐘內粉碎你的決心），有時是你看到絕佳機會然後放手一搏——即使它違背所有「別人認為你該做的事」。

我當初決定輟學的時候，心裡就是這麼想。我雖然有念到大三，但我永遠不會忘記我發現自己不適合學校的那一刻。那是我剛進維吉尼亞理工學院時的一門統計課，照理說我應該會喜歡這門課，但老師實在很無聊，於是我有了新的想法。

那個學期的期中考期間，我終於醒悟了。我熬夜預售剛在臉書粉絲團推出的產品，雖然很累，但我當晚寫出了價值一千四百美元的銷售提案，所以我並不後悔。我在手機設好了提示音，只要有人透過線上交易平臺 PayPal 購買我的產品，我的手機就會響。考試的時候，我的手機放在教室另一側，兩小時的考試時間之內，我聽到它響了兩次。我的產品單價七百美元，所以考試還沒結束，我就賺了一千四百美元。雖然我這次考試沒有及格，但這樣的失敗反而化作勢不可擋的動能，讓我的事業持續成長。

考試不及格的那一刻，我領悟到自己是一個資本家。我心想，既然我甘願犧牲成績換取一千四百美元，那我一定不適合待在學校裡。後來我又在學校待了幾年，但心裡很清楚自己必須離開這裡，去創立自己的公司。假如你是學生，而且已經讀到這裡的話，請繼續看下去，後面內容更精彩！

當我終於決定要輟學時，第一件事就是打電話給我媽。我心想，她如果聽到我想輟學，鐵定會氣個半死，更何況她以前要兼差三份工作，才付得起自己的大學學費。而現在，我的學費是爸媽付的，但我好像要把這筆錢扔掉一樣。沒想到，她一點都不生氣。**她說這是我的選擇，但要我考慮自己有哪些選項**。我爸媽只會供應學費到我大學畢業（但我還是覺得非常幸運，並心懷感激），所以我媽建議我念到畢業，否則我的事業如果澈底失敗就慘了。

她確實有道理，可是我假如預留後路，就無法鞭策自己邁向成功。於是我告訴她，我必須輟學。我媽回答說，她知道自己養出了三個頑固且有企圖心的小孩，所以不會阻止我們想做的事。她只是督促我，在「跳入火坑」前先考慮自己的選擇。

我滿腦子想的都是數字。我知道我如果投入更多的時間與精力在自己的事業上，一個下午就能賺得比一千四百美元還多。忘掉規則吧！忘掉別人（感謝老媽不是這種人）教我二十歲時應該

圖I-1　我 2013 年的稅單

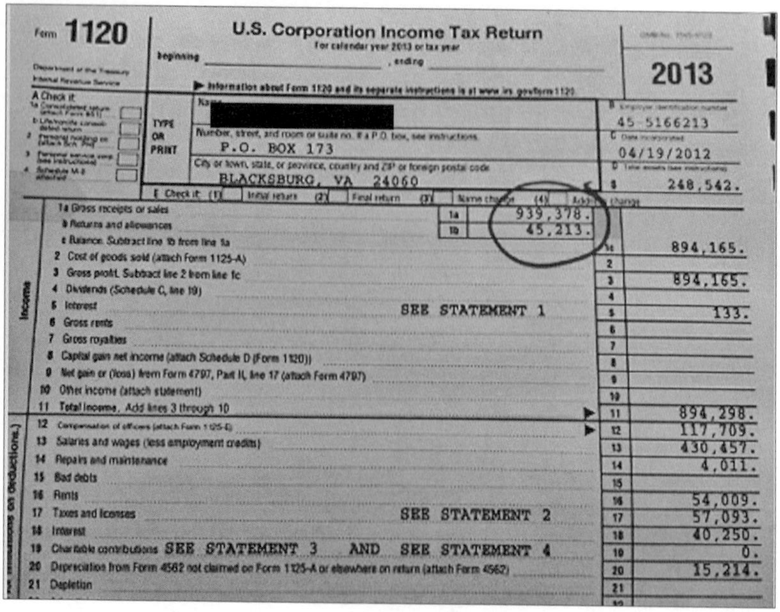

做的事吧！我既然看到機會，就絕對不會讓它溜走。

我的稅單，以及你為什麼要聽我的

二〇一三年，我二十三歲，我在宿舍成立的公司（本來叫做 Lujure，後來改名為 Heyo），年銷售額突破了九十三萬九千美元。聽說政客很喜歡秀自己的報稅，那我也來分享我的稅單好了（圖 I-1）。

兩年後，也就是二〇一五年，我的公司總銷售額突破五百萬美元；而且這兩年來，我買下四家公司，以更快、更便宜的方式進帳更多營收。現在我每月的被動收入為十萬美元，而我每週只工作十五個小時。

我的重點不是「輟學就有收穫」（雖然我的確是這樣），而是「只要我們決定好自己想怎麼做，那麼你、我、任何人都可以成為新富人。」

所以，你想怎麼做？

有錢人灌輸你的四個謊言

有一個祕密是新富人不希望我分享給你的：如果你想獲得財務成功、進而變成新富人，其實不需要常春藤盟校學歷、金錢、創意——甚至連點子都不用。你只要願意打破規則，並且把眼光放對地方就好。

首先，請你忘掉自己所學的大多數商業與金錢「規則」，因為它們都過時了。《富爸爸，窮爸爸》（*Rich Dad Poor Dad*）這本書全球賣了兩千萬冊，但它已經不符合現狀，而這令我很吃驚。這本書是陪我長大的「聖經」，但如今並不管用，因為它給的事業建議是以昔日的經濟情況為基礎，當然是過時的。比方說，《富爸爸，窮爸爸》提出一個重要的訊息：「無論你是用買的還是用租的，房子都是你的負債。」可是今日的新富人卻把房子當成資產，因為他們每個月出門旅遊的時候，可以用 Airbnb 把房間租給別人，產生現金流量。我念大學的時候，雖然租了城裡最貴的公寓，但我也常把房間租人，所以我住在那裡等於不用錢，而且每月扣掉租金還淨賺一千三百美元。房子真的是負債嗎？我的銀行帳戶可不是這樣說的。

新富人的舉措讓許多人摸不著頭緒，因為他們不甩大多數人遵守的成規。有些「導師」會教你這些規則，但你如果想成為新富人，就一定要忘掉它們：

- ▼成為專精某件事物的專家。
- ▼想出卓越的點子。
- ▼設定目標並努力達成。
- ▼給予顧客想要的東西。

接下來的章節，我會一一攻破前述這些成規，並將以下的新規則傳授給你，助你加入新富人一族。

規則一：不要只專精一件事。你的父母總是教你要只做一件事，而且把它做好。大學也一樣，鼓勵我們選一門科目當主修。但假如你想在新的經濟體中建立財富，那前述這種策略就太糟糕了。如果你只專注於一件事，那你一旦失敗就會全盤皆輸——無論是工作、投資機會或創業。工程師設計橋梁的時候，絕對不想發生這種「單點故障」（按：一旦失效就會讓整個系統無法運作的部件），所以就算時速兩百英里的強風吹斷了一根鋼索，這座橋還有七條鋼索撐著。

同理，你也不該只靠一項成就來建立財富。如果這個事業失敗，你就完蛋了，而且還必須重頭開始。傳統觀念認為一心多用是天方夜譚，但請你別管它。我會向你介紹「三焦點法則」，教你至少持續營運三個事業，而且不會分身乏術。（若有人說你「做太多事情」，多半是因為他們嫉妒你！）

規則二：抄你的競爭者。而且每一個細節都要抄。你是否曾經想過：「唉……我要是能想出那個百萬富翁的點子，就能跟他一樣有錢了！」你在開玩笑嗎？快抄他！你不用自己想點子，因為靠自己想點子創業，實在很難致富——所有錯誤都要你自己承擔，何必呢？如果你想變得超有錢，那你就要積極抄別人，再加入自己的改編。像臉書就明目張膽的抄襲 Snapchat。Snapchat 推出「限時動態」，被臉書與 Instagram 抄走；Snapchat 推出讓訊息消失的功能，臉書就把這項功能加進自己的訊息 App 裡。**臉書是很凶狠的，它會一一過目所有功能，然後全部抄走**。抄襲競爭者並不是什麼革命性的做法，之所以看起來很嚇人，是因為大家都不敢這樣做。

一八〇〇年代晚期，報紙大亨約瑟夫・普立茲（Joseph Pulitzer）與威廉・藍道夫・赫茲（William Randolph Hearst）為了爭取紐約市的讀者，而展開一場發行量大戰。普立茲率先發行了《紐約世界報》（*New York World*），十幾年下來都沒有競爭者，直到赫茲以《紐約新聞報》（*New York Journal*）殺進市場，抄走普立茲每一個策略。赫茲先抄了普立茲的版面設計，再挖走普立茲麾下的頂尖漫畫家。赫茲抄完這些策略之後，會讓它們比原先更「超過」一點；例如普立茲一份報紙共八頁賣〇・〇二美元，但赫茲一份報紙十六頁只賣〇・〇一美元。到了二十世紀初，赫茲已經穩坐紐約市第一報社的寶座。最棒（或最糟？）的是：普立茲與赫茲敵對之前，其實是赫茲的導師。顯然赫茲完全沒顧念舊情。

你必須抄別人才會贏，但我知道**難處在於怎麼抄、抄誰、以及從哪裡開始抄**。關鍵在於分析一家企業，找出它沒有滿足到的顧客需求，然後由你來滿足這些需求。我會教你該怎麼做。別再找藉口說某個點子有別人先做了。除非你是伊隆・馬斯克（Elon Musk，特斯拉汽車執行長）、傑夫・貝佐斯（Jeff Bezos，亞馬遜創辦人兼執行長）或億萬富翁，否則你能夠快速推出並商業化的點子，都已經被人想過了。若想變有錢，你必須抄襲別人並加以改良，然後創造動能。等你賺到十億美元之後，愛想什麼新點子都可以，但從一開始就自己想，是沒什麼效率的。

規則三：別再設定物質目標了，它們只會讓你窮死。設定目標就像在說：「我要那顆金蛋。」金蛋可能是勞力士錶、比佛利山豪宅、價值五億美元的私人噴射機、要價兩千美元的晚餐……隨便啦。如果你的人生是為了達到那個目標，當你達到目標的那一刻，你就好像沒有其他目標可以達成了。最後你會很無聊，必須重新鼓勵自己尋找另一顆金蛋。其實你可以將自己的心力，花在創造、培養、扶植一個可以天天下金蛋的系統，這樣不是更好嗎？如此一來，無論你身在何處、有沒有工作、有二十個小孩或膝下無子，你都有一隻不斷替你下金蛋的鵝。系統讓富人更富，目標讓窮者更窮。這就是貧富差距不斷擴大的原因。

規則四：賣十字鎬給淘金者。這條規則的重點，在於讓別人替你披荊斬棘，然後你就可以平安走在前人開拓的路上，享受他們努力的成果。以前淘金熱就是這樣，淘金者前往西部狩獵、搜索、流血、流汗、殺人、被殺，只為了抵達礦區。他們到了那裡才發現，自己需要十字鎬才能更有效率的採礦。結果其他人只需沿著已開拓的路線抵達礦區，就能賣十字鎬給淘金者；賣十字鎬的人既不用冒險，也沒有流血、流汗，就變有錢了。

這種現象如果套用至現今的世界，就是你要從其他人辛苦建立的火熱市場中，多抽取一些收益。如果你在臉書上創造一套工具供別人使用，就等於臉書替你負擔了市場開發費用。請多留意現在最夯的產業是什麼。如果每週食品外送服務很夯，你可別急著跟 HelloFresh（按：總部位於德國柏林的國際公開交易餐飲公司，是美國最大的餐具供應商）與 Blue Apron（按：美國配料和食譜餐套裝服務公司）競爭，而是要找出這些企業仰賴哪些基礎建設，你則提供這項基礎建設給他們。食品外送公司的「最後一哩路」——也就是從倉庫到消費者家裡，需要有人協助運送。我會幫你找到十字鎬，你再賣給當地的淘金者——就是在你的領域內追求熱門事物的人們。如此一來，你的事業就比較容易成功，因為你踩在巨人的肩膀上。

誰適合看這本書？誰不適合？

本書是為你而寫的——假設你有四個小孩、舉債、名下只有一千美元，而且完全沒有創業點子。就算你從來沒創業過，或**你根本不懂怎麼經營公司**，**也不用擔心**。我會利用真實的截圖、稅單、電郵往返（它們幫我談成六位數的生意），帶你走過每個步驟與系統。**讀過本書之後，你就能學會：**

▼建立一個自行運作的事業，而且不需要創業資本。

▼讓那個事業依附在已建立的顧客群上，這樣你就不用自己創造顧客群。

▼以低於市價的價格買進不動產，從第一天起現金流量就是正的。

▼投資冷門事業，其立即報酬相當於你投資股市十年的兩倍。

▼激發足夠的動能，讓你每兩年成立或買進一家公司，再將其賣出，進帳七位數利潤。

但上述這些事你先別操心。一開始你只要利用共享經濟，把所有負債轉成資產即可，這樣就能省下大部分的開銷。這聽起來或許不太可能，但新富人就是有辦法做到，而我會把他們的祕訣傳授給你。一旦開始有現金流量，你就能用這筆錢創業、買進、投資、賣出，最後賺到財富。

想加入新富人一族，你只需滿足兩個要求：渴望有更多自由時間做你想做的事，同時用你自己的方式與企圖心賺錢。但我無法教你企圖心，你必須自己培養。

如果你滿足這兩個要求，你應該就不會將人生葬送在「一週七天二十四小時都在打拚、沒得睡、做到死卻無法退休」的心理狀態。很好，這樣你才能走得長遠。你所需要的，就只有「想要主宰自己人生」的動力（不管是環遊世界、還是在森林裡蓋小木屋）。

我也想說清楚這本書不適合哪些人。如果你很愛聽「追隨你的熱情」之類的建議，就不應該讀這本書——因為追隨熱情保證你一定窮。如果你想找人支持你追隨自己的夢想，甚至窮到連健保都付不起，那請你別來找我。只要照我的建議做，你就能過著夢寐以求的生活，但你的夢想並不值錢。請先產生被動收入，再來做更大的夢吧！

本書也不適合害怕競爭的人，因為你無時無刻都必須抄襲、協商、削價、勝過別人。假如你想到這些事情而不覺得興奮的話，那你也撐不久。

最後，本書不適合仇富的人。因為你只要照著書上的建議去做，你就會變成前一%的富人，而且還有機會躋身前〇・〇一%。

你覺得聽起來不太可能嗎？請記住，平常跟你一起閒晃的人，有很多都是新富人。她可能是跟你同個辦公隔間的同事，共事了幾年之後，她終於說道：「做得要死要活，每年還是只賺九萬美元，讓我超想吐的。我不幹啦！」而你心想：「喔，我的天啊，我就不能辭職！上班才有福利與保障，而且我還有兩個小孩要養，怎麼能辭職？」其實，你同事有三個小孩要養，辭職的時候還是一家人的經濟支柱。過了五個月後，你發現她竟然帶著全家人去度假。你在咖啡館碰到她跟朋友聚會，還聽到她說這次她請客。她愛做什麼就做什麼，想跟誰出去就跟誰出去。你們下一次見面時，她說她的事業一個月可以賺三萬美元。你知道嗎？她既沒有比你聰明、有才華，也沒有比你拚命。請你別再問她怎麼辦到的，馬上照著本書接下來介紹的策略開始做吧！

一萬英呎高空之上，俯瞰你的新富人計畫

假如你遵照本書的建議去做，從空中俯瞰你的致富之路，大概是長這樣：

1. 從零開始。沒有創業資本。沒有你阿嬤留給你的信託基金支票。更沒有高收入的配偶，砸錢助你事業起飛。
2. 借助我的四個策略——我二十歲的時候，就已經靠它們產生一萬美元以上的現金，並為自己的事業籌資。
3. 等到有錢進帳之後，你將會：

⇩ 你想怎麼花錢就怎麼花，確保你的生活健康快樂。度假。每天早上喝摩卡咖啡。就算沒打折也可以買 Anthropologie（按：美國服裝零售商，提供各種服裝、珠寶、內衣、家具和裝飾、美容和禮品服務）的洋裝。

⇩ 用獨特的方式，拿錢回頭投資現有的事業。

⇩ 用非常少的資金投資不動產。

⇩ 利用我教你的協商策略，只用幾個零頭就立刻買下一間公司。

⇩ 籌措一筆資金，這樣以後看到喜歡的事業，就能夠立刻出手。

我會告訴你該怎麼做這些事情。

很單純嗎？是的。

很簡單嗎？並沒有。

音樂只由七個音組成，大家都知道這件事。那為什麼有人可以寫出勁歌金曲，有人卻只能勉強唱一段？答案就在這七個音的組合之中。

商業更單純，只有四個音。本書會教你獨特的方法組合這四個音（或原則），寫出曠世巨作，讓錢流進你的銀行帳戶。你會見識到我怎麼結合這四個原則（打破四條舊守則），來創造不可思議的財富。旅程就從這裡開始。

請翻到下一章，看我怎麼靠自己的播客公司，首次賺進六千四百美元。

第一部

爸媽鐵定反對的新致富金律

第一章 不要只專精一件事

單點故障（single point of failure，簡稱SPOF）是指：「一套系統內，一項工作只由一個環節負責……如果這個環節故障，沒有其他環節能夠替代它。」

——《PC雜誌》（*PC Magazine*）

我們的父母與教授都錯了。他們大多數人都敦促我們專精於一件事，然後把這件事練到爐火純青。選一門主修吧！成為專家吧！不管你專精什麼技能，都能夠成為搶手的工具人！

你立志成為世界頂尖的神經外科醫師，當然OK，但假如你想錢多事少，我勸你最好不要。

我已經提過這種方法有個問題：你有單點故障的風險。假如你將所有信任與資源投入一件事，結果這件事失敗了，你也會跟著完蛋。無論正職工作、新事業或任何你投入時間與金錢的事物，都是如此。你永遠禁不起競爭。就算你真的成為世界（或你的領域）頂尖的神經外科醫師、行銷達人或軟體工程師，總是有人可以取代你。如今跳槽換工作實在太容易了，雇主找到新人才的速度比以往都快；顧客則持續嘗試新概念，並取消之前講好的生意。你唯一的強項總是備受威脅——而你的生計也是。

我保證你一定聽過這些話。我們都聽過「不要把蛋全放在同一個籃子裡」。那麼因應策略呢？這句老掉牙的建議並沒有教我們。假如你想變有錢，除了勇於嘗試各種選項之外，你還需要策略。沒錯，你不該只專精於一件事，但你也要知道哪些計畫值得你追求、該怎麼分配時間、以及該怎麼讓你的事業替你效力。

不過我們先暫時不談策略。策略有幫助，但它並不是成功的重要因素。成功最重要的兩個因素是時機與運氣（只要有人試圖說服你，他們的成功與運氣無關，請不要相信他們）。你無法控制這兩個因素，頂多只能讓自己**把握運氣，以及抓準時機。而你唯有冒更多的險，才能同時辦到這兩件事**——換句話說，就是「多失敗幾次」。

大學兼差讓我賺了六千四百美元

專精於一件事之所以不會讓你賺大錢，其實還有一個不明顯但影響力很大的理由：這樣做會使你的收入無法「相乘」（Multiplying）。我這裡不是在說「把收入流全部加起來」而已。相乘是指你找出「將不同計畫連結起來的模式」，接著借助這些連結，使每個事業都賺得比自己的本業還多。相乘就是一種更聰明（而非更苦命）的工作典範。你要當個不眠不休的拚命三郎，還是撐著陽傘喝飲料乘涼，差別就在這裡。

我的播客《頂尖創業家》就是靠著運氣與相乘，達到一千萬次的下載次數，每月幫我賺進五萬美元。

二〇一六年，我的播客剛開播的時候，所有營收都來自贊助。事實上，播客開播幾個月後，我才拿到第一筆贊助（下頁圖1-1）。

最後它演變成一筆六千四百美元的交易，我的播客要放上某間軟體公司的廣告，為期兩個月（下頁圖1-2）。

三個月後，我簽下第二家贊助商，他們付我五千美元，而我連續三十五集的節目都要放他們的廣告。

至今我的播客營收還是來自贊助商，但我現在已經學會怎麼借助我的另一家公司——The Top Inbox，使贊助收入大幅成長，遠超過播客本身能賺的錢。這個魔術是怎麼變出來的？

The Top Inbox 是一個 Gmail 工具，幫你排定之後要寄出的電郵、設定收件匣的提醒功能、追蹤開信數（按：opens，信件被點開閱讀的次數）、以及排定自動後續追蹤信（按：auto follow-up，如果收件人沒回信，這個功能會自動寄信給收件人提醒他）。我買下 The Top Inbox 的時候，並不知道可以在軟體介面上放置彈出式視窗（pop-up），後來才被我無意間發現。所以我決定

圖1-1 我的播客第一筆贊助信

From: Justine Smith [redacted]
Date: Wed, Feb 24, 2016 at 10:47 AM
Subject: Podcast sponsorship?
To: [redacted]

Hi Nathan,

My name is Justine and I represent [redacted] the cloud accounting solution for small, service-based business owners with over 5 million users worldwide.

As a full-time business owner, I'm a big fan of your podcast and was wondering if you'd be open to exploring a sponsorship from [redacted] We think it would be a great fit on both sides and are eager to learn more about partnering with you.

If yes, I'd love to know:

- What sponsorship rate you charge per episode?
- How many downloads each episode gets?

Thank you,
Justine

圖1-2 收入相乘：贊助商 6,400 美元的交易憑證

[redacted]

Primary Contact	Notes
Podcast Name: The Top	
Contacts: Nathan Latka	
Address:	
Telephone:	
E-mail: [redacted]	

Month	Flight Dates	Placement	# of Spots Per Show	Gross Cost Per Episode	Estimated Downloads Per Episode	# of Episodes in Month	Total Cost
Mar-16	TBD between March 15-31	:15 Pre, :60 Mid	2	$400	8,000	8	$3,200
Apr-16	TBD between Apr 1-15	:15 Pre, :60 Mid	2	$400	8,000	8	$3,200
						Subtotal:	$6,400
						TOTAL COST:	$6,400

Terms and Conditions:
(1) All ads voiced by host.
(2) The Top will provide makegood spot for any ads that run incorrect copy or does not highlight the proper call to action and offer.
(3) Featured mention in the show notes and on sponsor page, including textual link(s) to the Advertiser.
(4) Audio advertisement shall remain on archived versions of sponsored episodes.

Accepted By : ____________ Date: 03/08/2016
on behalf of [redacted]

Accepted By : /s/ Nathan Latka 3/8/2016 Date: ________
on behalf of The Top

做個實驗，利用這些彈出式視窗，把流量導向我的播客贊助商。

我的播客贊助商多半都是軟體公司，向中小企業販售生產力、銷售與行銷工具。結果有許多小企業利用 The Top Inbox 來維持生產力，而且無論我的播客贊助商提供什麼產品，他們都是主要受眾。

價值十八萬美元的「彈出式意外」

我利用這些彈出式視窗隱含的貪小便宜心態，讓 The Top Inbox 使用者覺得他們中獎了——其實是免費試用贊助商的產品。我就靠著這招，將數千次高品質的點擊數導向贊助商。結果我的贊助商獲得更大的報酬，並與我繼續合作，成為快樂的長期夥伴。比方說，我替某家電郵行銷公司經營這個彈出式視窗（下頁圖1-3）。透過為期兩天的促銷，他們的頁面獲得九百四十一次點擊數。他們開心，我也開心。

如今每個播客贊助商，每年都要付我十五萬至十八萬美元，而 The Top Inbox 的彈出式視窗是一大功臣——而我真的是無意間發現的。假如我只開播客，或只經營 The Top Inbox，就不會出現這個機會了，所以我完全是運氣好。現在當我收購公司時，一定會考慮它們交叉促銷的能力。

這種重疊的形式四處可見。伊隆‧馬斯克每次都利用這種連結各計畫的模式來獲利。目前他擁有的事業包括 Neuralink（人工智慧、神經科學）、SolarCity（太陽能板）、Hyperloop（高速運

圖1-3　我幫電郵行銷公司經營的彈出式視窗

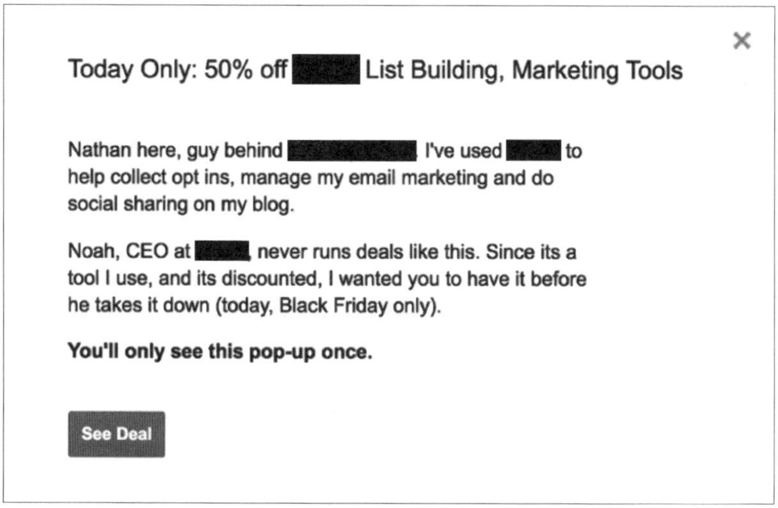

輸）、特斯拉（Tesla，電動車）與SpaceX（火箭）。

每間公司都獨立運作，但馬斯克可以隨心所欲連結它們。他的電動車與太陽能板都跟綠能有關。這兩個產品都使用鋰電池，以便更有效率的儲存能源。他創造出大量的電池需求之後，又成立了大型工廠（Gigafactory）來滿足這個需求。他利用同樣一種資源──鋰離子電能，打造多種產品，再借助規模經濟來降低成本。

後續章節中，無論哪一個你即將採用的策略，相乘都扮演極為重要的角色。這也是為什麼在新經濟之中最成功的人，對許多不同的事物都只是「略懂」而已。**他們同時經營好幾個事業，接著找出連結它們的模式**。假如你只專精於一件事，你就沒機會找出這些模式，並利用它們相乘你的收入流。無論你是在經營事業、還是出租你家的房間，都要維持「不只做一件事」的狀態，並且要不斷尋找模式，讓你的各個點子能夠相輔相成。

我的三焦點法則

好吧，你不是伊隆・馬斯克。你才讀到第一章，應該還沒搞出什麼名堂來。這樣更好，因為在你浪費時間與金錢之前，本書就能教你將自己的努力極大化。

千萬別聽到「同時經營好幾個事業」就嚇到逃走，你又不是要做到馬斯克那種程度。重點在於，你剛開始要**專注在少數幾件事情上**，別去管那些主流的建議。

當公司創辦人與投資人、廣告商會面的時候，對方都會告訴他們：「挑一個點子，然後盡全力去做吧！」這個建議已經有悠久的歷史，甚至還有一句諺語：「同時追兩隻兔子的話，兩隻都抓不到。」但這個建議有個問題（至少就商業立場來說），就是它只適用於「一次大賺十億美元」的情況。可是你才剛起步，不可能這樣做。

你第一次嘗試就打造出十億美元事業的機率，趨近於零；簽樂透中獎的機率還比較高。你的成功之路，比較可能是透過可預測的方式，收購或打造一個四百萬或五百萬美元的事業。你可能覺得創立一個數百萬美元的事業是天方夜譚，但我還是想說服你，我這裡說的方法保證適用——就算你是坐辦公室的，或在Etsy網路平臺經營商店。

無論你怎麼起步，我唯一的法則是：你永遠都要同時追求三個新機會。等到一個事業開始運作之後，你必須讓它自行運作，這樣它每個月只會花你一、兩個小時的時間。稍後我會教你怎麼做。到了這一刻，這個事業就不算在你的三個新計畫之內了。它只會在後方默默耕耘，等到被動收入灌進你的銀行帳戶之後，你才會注意到它。

無論你做什麼，都不可能在一開始就賺大錢，這沒有關係。現在的重點是你要學會怎麼將時間、心力與產出極大化。若你辦不到，就永遠無法晉升到下一個階段，也就永遠無法成功。

這裡的策略類似棒球賽的強打者。屢次幫球隊獲勝的打者，會揮棒好幾次、擊中好幾顆球，藉此了解到怎麼不斷打出二壘安打。他站上打擊區時，並沒有打算打一支滿貫全壘打來獲勝。這就像某人對於現在運作中的事業，已經做出了心得，但他同時還經營兩個副業。無論生意人還是打者，都絕不會妄想一次定勝負。

這些人知道好球時時刻刻都會飛來，他們一定會錯失其中幾顆。這就是為什麼棒球規則中，打者有三次揮擊好球的機會。你的事業也是同樣的道理。有時你一不注意就錯失了那些好球；或你生活上有其他急事，使你無法盤算怎麼完美揮棒。

錯失好球無所謂，但重點在於你要真的去揮擊那些好球。你有三次機會，假如你都沒有設法揮棒，麻煩就大了。首先最明顯的麻煩是，你同時擁有三條收入流的機率會因而降低。就像棒球一樣，你站在那裡看著好機會從你眼前飛過，裁判就會判好球。這就像你每個月都任由一張五千美元的支票從你眼前飄過。拜託你伸手抓住它！試著把它做大，就算你撐了幾個月以後關門大吉，起碼你也嘗試過，也學到東西了。

揮擊好球還有一個很重要的理由，就是你揮棒落空後會診斷原因。任何你嘗試並以失敗作收的事業，都在加速你的學習。每次遇到好機會就揮棒，會讓你的學習速度比完全不揮棒還要快三倍。

而你也很容易忘記，大成功的故事背後，通常都有很重的運氣成分。運氣或許是隨機的，但成功的人會把握運氣——這就是刻意的舉動。根據許多文獻記載，湯瑪斯・愛迪生（Thomas Edison）進行過數千次實驗，不知道哪一個會成功。當有事情成功的時候，他也不一定知道成功的原因。我認為這就是運氣。他必須從這次成功，想出自己走運的原因。假如一號原子與二號原子以特定方式碰撞，使電燈亮起來，他就會逆推流程找出成功的原因，再加以複製。我們只看到最後那顆亮著的電燈，但成功的原因，在於愛迪生為自己準備了數千次成功的機會。

許多人不想承認他們的財富出自運氣。他們喜歡吹噓自己一開始就看到發大財的機會。但許多案例都並非如此。運氣扮演很重要的角色，而一次追求三個機會，就是你把握運氣的好方法。

我的日曆模式：一次三個計畫不等於三倍工作量

我會在本書一二二頁談到分批時間（batching time），這是許多成功人士用來處理大型計畫的策略。撰寫本書時，我三個最大的計畫是播客《頂尖創業家》、The Top Inbox，以及GetLatka.com。我是這樣分配時間的：一〇%與 The Top Inbox 有關，二〇%是播客訪談，四〇%是 GetLatka.com 的銷售電話，三〇%是雜事。這些計畫現在都已經穩定下來，但之前每發起一個計畫，我就必須將大部分的時間，集中在能讓每個計畫都賺錢的基礎建設上；接下來的章節我會教你怎麼做。我的行程表每週都會變，依照我需要增加營收的地方而定（下頁圖1-4）。

圖1-4　我在 2018 年 7 月的個人行程表

請記住，我說過現在你該專注的最重要事務，就是學會將你的時間、心力與產出極大化。所以我的三焦點法則，並不是要逼你在鬼扯的期限內完成好幾項工作，然後把你累垮；剛好相反，我是在幫你避免這種情況。為了讓三焦點法則可行，你在追求新機會時就要借助八〇／二〇法則。

你不可能一次進行三個巨大而耗時的計畫。**將你八〇%的時間集中在一個計畫**——這個計畫最賺錢，有可能成為你最大棵的搖錢樹。然後將剩下二〇%的時間，分配給其他兩個事業。所以這兩個事業的規模不要弄太大，要不就讓它們的進度慢一點。或者，剩下二〇%的時間，你可以選擇本質上比較被動的事業：例如不自己創業，而是投資其他事業；或是從已經自行運作的專案中，再生出一條收入流。

如果你一週工作五天，這表示你每週要花三天在那個最重要的計畫上，可能是成立軟體公司、提供諮詢、或是挑房子（見第八章）——看你想做什麼。它甚至可能是全職工作，所以等到你存夠錢之後，也可以辭掉這份工作，專心讓剩下兩個事業之一成長。只要別從一開始就嘗試發起三個大型計畫就好，因為你很有可能全部失敗，並且在過程中扼殺你的鬥志。

三焦點：測試、相乘、成長

我之所以執著於三焦點法則，還有最後一個理由，是它觸及到我截至目前為止所提到的一切：它讓你**測試點子**（揮棒、落空、學習），**把點子相乘起來**（找出模式並利用它們獲利），再**利用這樣的知識來成立嶄新的事業**。

你現有的事業充滿了賺取新收入的潛力。它有時候是建立在你已經做過的事情之上，例如你發現手提包事業用剩的小塊皮革，可以拿來製作鑰匙圈與手鐲；有時候你只是與顧客閒聊，就發現他們還有其他需求是你可以滿足的，就這樣多賺了一筆。

我在維吉尼亞州的黑堡（Blacksburg）出租幾間房子，替我產生現金流量。而我會持續與租客聊天，以了解他們為什麼願意付租金，以及他們對租金的看法。

同時，我也投資了自己居住的旅社，位於德州奧斯汀（Austin）。我賭的是一件事：接下來四至五年內，人們會很討厭「房租」這個概念；他們寧可付月費，然後自由選擇要住在哪裡。如果我想滿足這種需求，我就必須在世界各大城市都擁有旅社。人們每個月付我一千美元，就可以從我的房地產之中，自由選擇想住的地方。

我可以透過支付固定房租的房客測試上述概念，只要問這句話就好：「嘿！假如我讓你自由選擇想住的地方，但租金不變，你願意嗎？」如果這樣可行，我就等於借助兩個不同的點子——投資旅社與投資不動產，來成立一個全新的事業。

然後這種相乘還可以繼續下去。例如我在旅社事業起飛之後，出版了一本書。假如我跟旅社合作，每張床上都放一本書，這樣不就成了很棒的配銷通路嗎？

伊隆・馬斯克就是靠這種策略成立 Gigafactory。這間工廠之所以存在，是因為馬斯克的其他事業產生了鋰電池的需求。點子會產生點子，就跟錢滾錢一樣。沒有人能夠只專注一件事就變有錢。

所以，忘掉過時的建議吧！

測試你的運氣。

看到好時機就出手。

捨棄不可行的事物，並從中學習。

或者，只專精於一件事，然後背負著失去一切的風險。

第二章
抄你的競爭者，每一個細節都要抄

「優秀的藝術家懂抄襲，偉大的藝術家懂剽竊。」

——巴勃羅・畢卡索（Pablo Picasso）

如果你不接納以下觀念，那請你別浪費時間讀這本書：

你必須抄你的競爭者。

現在就抄。要抄得又凶又快，而且盡量少花錢。

我經常跟不允許自己抄襲的人聊天，他們認為抄襲是不道德的，所以如果要成立新事業，就必須發明新東西。他們真是錯得離譜。

每個成功的創業家都有抄過別人，儘管他們不願意承認。你通常不會發覺，因為他們偷走別人的概念後，會將它改編成截然不同的產業。Wealthfront 的執行長安迪・拉克勒夫（Andy Rachleff）就是靠這樣擴大他的顧客群。

Wealthfront 利用軟體（而不是人員）替顧客管理投資組合。新投資人最先投入的一萬美元是不用管理費的。他們每邀請一位朋友加入並獲得同意，就能再獲得一萬美元免管理費的優惠。

它是第一家將邀請好友的模式引進金融部門的公司。安迪跟我透過 Skype 聊天的時候，我問他是怎麼想到這種成長模式的。結果他的答案令我大吃一驚。

「我們只是抄了 Dropbox 而已。」

Dropbox 會提供使用者一些免費的儲存空間。每邀請一位朋友，你的免費空間就會增加。嗯，這好像在哪裡聽過？

Wealthfront 顧客寄出的邀請中，有一五％會帶來一位新顧客，並至少投入五百美元。

這簡直是公然抄襲，但沒有傷到 Dropbox，只是讓 Wealthfront 大賺一筆。

不過有時候抄襲是會殺到你死我活的，就像赫茲與普立茲的發行量大戰（見第二十三頁）。當臉書追著 Snapchat 抄走所有新功能時，擺明就是要幹掉 Snapchat。但你不需要搞成這樣。有時抄襲只是做研究而已。你會發現哪些事可行、哪些不可行，使你分配資源時超有效率。屆時你完成的產品或成立的事業，可能跟你抄的東西一點都不像——但也可能很像，看你怎麼決定吧。

我在第十一章會教你怎麼從其他公司蒐集資料，幫助你成立自己的公司。我也會教你一些抄襲戰術，是我在成立第一家軟體公司（Heyo.com）時用到的。

至於現在，你先專心擺脫自己對抄襲的矜持吧！抄襲是快速發大財的最佳方法——而且你想多凶狠就能多凶狠。

如何破解別人的勝利模式，然後整碗端走？

之前我提到過，我非常沉迷於模式。找出連結成功事業的模式，就像破解勝利背後的祕密。你抄襲別人的時候也是如此——**找出讓競爭者爬到頂點的模式**。接著，你就利用這些資訊抗衡或擊敗他們。你這樣做就等於上了一堂免費的商業課程。**如果你不抄襲這些免費課程，你就得**跟其他知識較少的人一樣：**花錢買教訓**。

假如你一開始只是弄個兼差，那麼抄襲的機會還蠻多的。不信你看 Airbnb 的房東，或是任何能透過線上商城提供的產品與服務。所有競爭者的策略都直接攤在你眼前。你可以瀏覽某個領域內評價較高的列表，找出它們的共同模式。

如果你想用 Airbnb 出租房子，先從頭條抄起吧。高評價的房東有什麼樣的描述？我寫這本書的時候，位於丹佛的熱門搜尋結果（每個都有兩百則以上的五星評價）寫著以下這些頭條：

一八八〇年代馬廄改建房屋，位於柯提斯公園（Curtis Park）內
充滿愛與色彩的丹佛公寓
讓你宛如時尚北河岸藝術區（RiNo，River North Art District 的簡稱）的在地人
五星級，距離市中心兩英里（三．二公里），免費停車，鄰近動物園

這些頭條很清楚告訴你，什麼因素能夠吸引人：有趣或便利的地點、歷史魅力、愉快的生活空間等。請用這些措辭來表現你的房地產，並強調人們想要的特質。

此外，你也可以看看照片。你怎麼讓列表中的第一張照片勝過競爭者？有時你想抄別人，但有時你想刻意與別人相反，讓你的列表凸顯出來。

再來是描述：他們是怎麼描述 Wi-Fi 的？「Wi-Fi 對商務人士來說超順」，還是「Wi-Fi 超順，你可以一邊開趴、一邊看 YouTube 影片」？舊房子的宣傳用語是「簡樸」還是「農村風味」？仔細玩味這些熱門列表所使用的詞彙，你也能迎合他們想要觸及的市場。

任何線上商城都是免費商業課程的寶庫。對於兼差的人來說，還有一個很熱門的地方：Etsy 商城。假設你想賣一款新的女用坦克背心，請前往 Etsy.com → 服飾與鞋子 → 女裝 → 上衣與T恤 → 坦克背心，看看最熱門的賣家有什麼共同模式。

你很快就會發現，印上厚臉皮句子的背心都賣得特別好。我寫這本書的時候，看到一件背心上印著：「請餵我墨西哥夾餅，再稱讚我美到不行」（Feed Me Tacos & Tell Me I'm Pretty），得到

兩千九百四十一則評價。假如你搜尋這句話，會發現它已經被抄到爛掉了。至少有五位T恤賣家印了同樣的句子，而且評價都超過五百則。任何商品只要扯到咖啡、酒、貓或瑜伽，就會變得很熱門。

你也要觀察風格。我快速瀏覽了一下，發現許多暢銷品都是在黑T恤上印白字。

你要持續挖掘下去，才能替自己的產品想出策略。如果你想不出新的T恤，不妨加入前述那個「墨西哥夾餅團」，然後做得更好：例如價格更低、顏色更多、客製化字句之類的，視你的能力而定。或者你可以從幾個最熱門的商品中擷取細節，然後自己改編出一個全新商品：一隻貓邊喝酒邊做瑜伽。有何不可？你可以到 Fiverr 或 Upwork 等自由業平臺找藝術家替你設計這玩意兒（假如你無法自己設計的話）。接著精打細算，找一個價位合理的廠商幫你印T恤（假如你無法自己印的話），然後你就可以開賣了。

經營一間成功的 Etsy 店家（或其他任何線上商店）並不是那麼容易，因為你確實要付出大量心血，才能讓自己的產品受到注意，並化為利潤。這樣做不會使你成為百萬富翁，但透過策略性的抄襲，穩定的金流收入就不再遙不可及。

利用接案網站的抄襲密技

如果你想開顧問公司，可以參考一下人們提供服務的網站。比較便宜的有 Fiverr.com 與

Upwork.com，而高價服務可以找 Toptal.com。你可以觀察高評價顧問在賣什麼。請找出他們呈現服務與定價的模式，以及提供什麼保證，再從他們的照片、自傳、代表作之中找出線索，當作替自己寫簡介時的參考。這樣你才能夠建立自己的顧問帝國。

我在第十一章會深入介紹實體產品的抄襲策略。如果你才剛起步，那麼 Kickstarter、Indiegogo 之類的群眾募資網站，就是最適合尋找實體產品靈感的地方。請觀察那些做得很棒的商品，然後專心弄懂它們成功的原因。它有產品利基嗎？還是創作者的故事與影片太感動人心，結果產品就自然暢銷了？這種事還挺常發生的。產品是垃圾，但故事很難以置信？但**人們就是喜歡買故事**。

如果你想賣數位產品，例如播客或 YouTube 頻道，那就去 Patreon.com 逛逛吧！它會告訴你，有多少創作者是透過月費謀生的，以及他們提供什麼產品給付費顧客。像我就經常跑去那裡，看看其他播客主持人在幹麼。有些人光是靠自己的播客，一個月就能賺進八萬美元。我試著了解他們提供給付費會員的獨家內容，以及他們免費提供什麼內容，而這樣能夠給我靈感，替我自己的播客想出獨家內容。Patreon 也讓我知道，高獲利的播客主持人怎麼與粉絲交流、怎麼設定付費等級、以及每個等級有多少人選擇。所有資訊都在這裡，而我會看看哪些是可行的，然後抄走。

第三章 別再設定目標了，它們只會讓你窮死

「我總是覺得，每個人都是自己創造出來的。換句話說，我們是自己憑空想像出來的事物。但問題在於，大多數人都沒有想像力。」

——大衛．葛芬（David Geffen），美國知名電影、音樂製作人

大多數人都喜歡設定目標。他們的生活，就是急著把自己推出舒適圈，以實現某件新的事物。報酬聽起來很值得：你應得的晉升、存到錢去墨西哥度假，或終於買下你夢寐以求的新車。聽起來很熟悉嗎？如果這是在說你，就表示你已經落入「目標陷阱」了。

當你嘗試累積財富時，最大的錯誤就是設定你自以為能達到的（物質）目標。這是最為畫地自限的舉動。假如你覺得這些目標在你有生之年都遙不可及，那麼它們反而會讓你裹足不前。

我不是說你要更拚一點，其實你已經太拚了——這就是你的問題所在。

沒有目標？有錢人這麼做

你還記得「下金蛋的鵝」的故事嗎？這個麼……我們還可以從這隻鵝學到更多事情。世界上有兩種人：被金蛋迷住的人，以及悉心照顧那隻鵝的人——只要鵝處於最健康的狀態，牠下的金蛋就會更多、更好、更大顆。這隻**鵝就是系統**，而**金蛋是目標**。

你越改善系統，它們完成新目標的速度就越快，並且將你的投入極小化。這就是為什麼聰明人藉由建構系統來成為新富人，而沉迷於目標的窮人會繼續窮下去——哪怕他們有一輛全新的豪華轎車（可能是用分期付款買的，這樣他們保證窮更久）。你可以參考一五六頁，看我如何免費獲得一輛價值三十五萬美元的白色勞斯萊斯 Ghost 跑車（Rolls Royce Ghost）。

廣告的首要目的就是讓你想要某件東西，也就是金蛋。奢侈品公司會砸大錢說服你，它們剛下的金蛋應該列入你的目標。例如網球大師羅傑・費德勒（Roger Federer）在溫布頓出賽的時候戴著勞力士錶，就是希望你也去買一隻。設計師品牌凡賽斯（Versace）僱用話題女王金・卡戴珊（Kim Kardashian）拍攝產品首發宣傳照，也是希望你去買那件凡賽斯禮服。結果你就因為這樣而分心，不再去思考怎麼養鵝，讓牠每個月都吐出勞力士錶或禮服給你。

想像一下你忍住不買這些東西，直到你的收入讓你足以每天買一件為止，這樣你的人生會有多大的改變？這是一條很實用的規則，你也因此知道大多數的目標都很危險。當目標小到可行（就算難度很高）時，你就會專注於最後的**成果**，而永遠不會花心思去熟悉**過程**——**它才能幫你一再獲得成果**，而且比你預期的更多。

所以你可以設立大膽的目標，然後把它們忘掉，專心打造一套系統，可以一再產生成果。這就是我們改善績效、生產力與成果的方式。一旦系統到位，它就能使你隨心所欲，成就更大膽、更天馬行空的事物——即便本來怎麼看都不可能成真。

想做大，眼光先縮小

那你該怎麼精通系統呢？先暫時專注於枝微末節的小事吧！能夠達成大膽目標的系統，就是靠它們建立起來的。

這聽起來很枯燥、毫無想像力，可是你必須先沉迷於細節，之後才有辦法忘掉它們。了解流程中的枝微末節，你就能打造一套系統來自動處理這些細節。這樣你就有了固定流程與慣例，腦袋也騰出空間來，使你能夠持續**以最小的投入來擴大規模**，然後財富就湧進來了。這就是新富人在做，而其他人沒做的事。華倫・巴菲特（Warren Buffett）這類億萬富翁的行事曆上為什麼都是空白的？現在你懂了吧！

現在我每個月會撥出三至四天的區間，製作十五至二十集的播客訪談節目。我花在播客的時間就這麼多而已。然而在二〇一五年八月，我著手建立一套系統，讓播客無須營收、團隊與媒體經驗也能持續運作。如今播客的下載次數達到六百萬次，每月營收五萬美元，只有一位接案人員幫我驅動播客的系統。這樣做替我省下了時間，也就是所謂的「以最小的投入來擴大規模」。

系統思考將使你放棄「今天就賺到錢」的念頭，然後花費時間、精力與血汗來設立系統，它們在未來就會替你工作。這樣做需要大量前置作業，而大多數人都會覺得很頭痛，因為他們偏好炒短線：他們想要立刻收割；他們想要現在就跟對方上床；他們無法放棄目前的消費習慣；就算下一週的報酬更豐碩，他們還是無法放棄這一週的報酬。這就是為什麼大多數人都短視近利，不願意花時間建立系統，但對此我倒是挺樂的。就任由他們被光鮮亮麗的金蛋給迷惑吧！他們會一直窮下去，你卻可以和我一起大賺一筆——而你原本一定也覺得不可能。

系統建立起來之後，應該會像機器一樣運作：它所需的資源比你自己動手還少，成果卻比你自己動手還多。我稍後會再多談一下投入與產出。

我第一次賺到的七百美元

我創辦的第一間公司 Heyo，算是一間代理商。我以粉絲專頁工廠（Fan Page Factory）的名義，販售客製化的臉書粉絲專頁，每一件要價七百美元。奧德拉（Audra）是我在二〇一〇年時的首批顧客之一（圖3-1）。

圖3-1　奧德拉買粉絲專頁的訂單

-----Original Message-----
From: Nathan Latka <[redacted]>
To: Audra Fordin <[redacted]>
Sent: Tue, Oct 5, 2010 11:23 pm
Subject: The Social Tee Customer Receipt/Purchase Confirmation

Thank you for your order!

Order Information
Merchant: [redacted]
Description: Fan Page Factory OrderId 167182995
Invoice Number: 167182995

Billing Information　　**Shipping Information**

[redacted]

Total: US $700.00

她付錢給我之後，我自己一個人搞定所有專頁的設計、程式與臉書標識語言（Facebook Markup Language，簡稱 FBML）。後來我恍然大悟：假如我不用每個月都親自替新顧客弄專頁，這番事業應該會更強、更有趣。我應該花費時間與金錢開發一套軟體系統，再把這套系統賣給其他人，他們就可以任意更動要素來建立自己的粉絲專頁，不需要我幫忙訂做。這樣我的事業規模就會擴大，不但省下我的時間，還能賺到更多錢——等一下我就告訴你賺了多少。

所以我必須放棄幾個禮拜的銷售額，在技術人才網站 Toptal 找幾個懂技術的人，幫忙設計一套能夠自動運作的系統。也就是說，為了我的生財系統，我要生出一套系統賣給別人。雖然花了很多時間才生出這筆經常性收入，但到最後共有數千人願意支付三十至三百美元的月費，使用我建立的系統——以前客戶只有一百位左右，而且只花七百美元就買斷我的專業服

圖3-2 Heyo 的收入走勢，在 4 月大幅上升

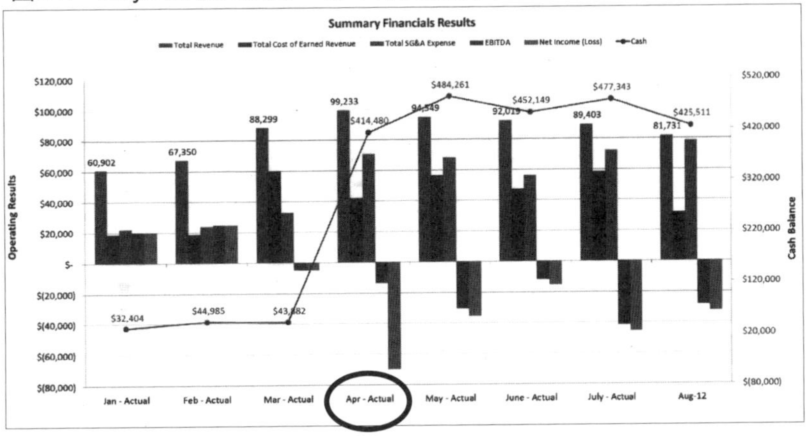

務。現在的我真是突飛猛進！

你有看到我犯下的大錯嗎？

本頁的圖3-2，出自我們在二〇一二年十月九日召開的董事會，當時距離我們募到第一筆資金（五十萬美元）已經過了五個月，你可以看到走勢圖在四月的時候大幅上升。

從一月、二月、三月的走勢你就知道，只要讓使用者支付三十至三百美元的月費，就能創造出能疊加的收入流。他們只要不取消付款，營收就會持續疊加，成為非常有效率的系統。

當時我二十一歲。二〇一一年末我們還身無分文，可是到了二〇一二年四月，我們當月的經常性收入是九萬九千美元。

此時我建立系統所犯下的最大錯誤之一，就是僱用員工的速度太快。我們擴編到共十八位左右的全職

員工，二〇一二年十月九日的董事會上就多僱用了四位（圖3-3）。

話雖如此，還是有人向董事會出價六百五十萬美元，打算收購我們的公司；一年後，也就是我二十二歲的時候，這間公司的市值是一千零五十萬美元。我之後會再詳談這部分（三〇四頁有一張真實交易情形的截圖，你可以自己看）。

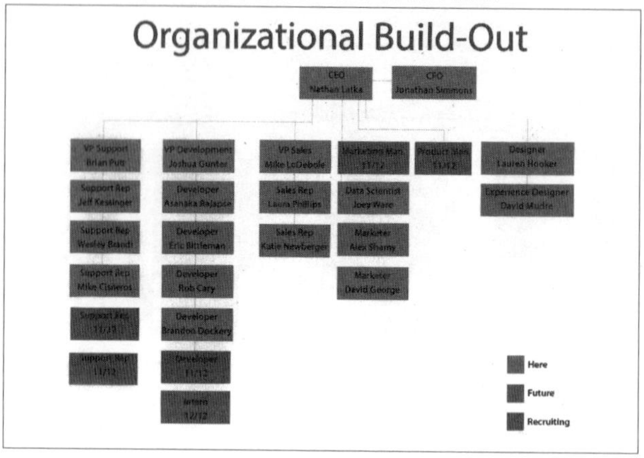

圖3-3　Heyo 組織架構圖，雇員大幅增加

只要系統化這些事就好

你要建立系統來處理那些最耗時的事。不幸的是，大多數人都不曉得哪些事最花時間。有多少人忙個不停，卻無法回顧一整天做了哪些事？腦袋全都糊成一團了！如果你是這樣的話（就算不是這樣也好），花一週的時間記錄自己做過的事吧。這種意識會使你三思而後行，而不是一看到事情就有反應。

我第一次構思出一套系統的時候，用的是 Apple Notes 與我的 BestSelf 牌筆記本（下頁圖3-4）。

鑽研你每天或每週要做的小事，你才能生出自己想要的事物，管你是存錢買房、開網路商店、減肥都

圖3-4　我構思系統時用的筆電和筆記本

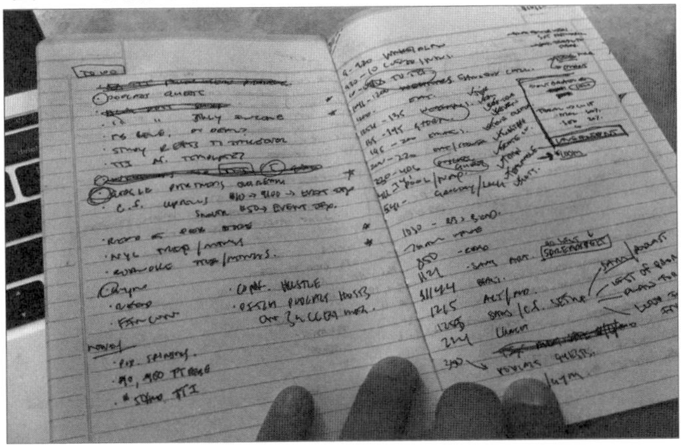

一樣。盡你所能從小處著手：訂單來的時候你怎麼回覆顧客？你怎麼印郵寄標籤？你早餐要吃什麼？

外包：我用「星巴克流程」測試系統

假如你發現自己每天或每週都在做同樣的事情，你可以用「Google 文件」記錄你的工作內容。**記錄工作的時候別偷懶，一定要鉅細靡遺，這樣別人看過你的文件，就能完全執行這項工作，而不需要你幫忙。**不要把細節視為理所當然，例如：

1. 你使用工具時所需要的登入資訊。當你把工作交給別人，他們一定需要登入資訊。
2. 你與流程中另一個人的關係，以及其中的私人細節。這種資訊是很難交給別人的。
3. 任何下意識的步驟。

等你覺得自己已經準確寫出一套流程之後，把它印出來，然後走去附近的咖啡店，測試你的系統：

1. 買幾張五美元的禮品卡。
2. 走到有電腦的陌生人面前跟他說：「你的咖啡好像快喝完了，如果你接受我的三分鐘挑戰，我就用禮品卡請你一杯咖啡。這個挑戰只需要動腦跟電腦。你願意嗎？」
3. 把你印出來的步驟拿給他們。
4. 請他們一邊大聲念出步驟一邊跟著做，這樣你就可以聽出他們困惑的地方。

上述步驟中，我假設這項工作是用電腦做的，例如寄出電郵範本給五十位潛在的播客來賓。假如你的工作不是用電腦做的，也可以應用同樣的步驟，但場景要換一下。

你的目標是找個不知道你在幹麼的人，然後看看他們是否能照著步驟執行你的流程。這是在測試你用書面形式呈現系統的能力。

這樣多做幾次之後，你就更能掌握每天必須進行的步驟，這樣你就不會把任何步驟視為理所當然，也就能把事情做好。

你可以把你的流程拿給附近的高中生試試。如果他們會做，那麼對你來說可是好消息——他們說不定剛好在找個時薪十美元的工作，這比在速食店打工好賺多了。

這就是借助系統力量的精髓所在。如果你有個很清楚的系統，別人（甚至別的東西）就會幫你搞定一切，而且比你自己動手還快速、便宜。

找出盲點，運作你的賺錢機器

把你流程當中所有細節都攤在陽光下，這樣的前置作業絕對值得。一旦你的系統開始運作，你就可以退居幕後把它忘掉——直到它開始幫你數錢為止。不過你可能想自己數。像我最享受的事情就是數錢——你看這一大疊鈔票多美麗，我數它們數到超開心的，怎麼肯交給別人呢？

「咖啡店測試法」或許能幫你蒐集到所有必要資訊；假如你的計畫有好幾層，這種方法還能夠讓你想得遠一點，預測你可能會錯失的盲點。

你會很訝異自己可能輕易錯失多少事情。我們把一天絕大部分的事務都視為理所當然，因為我們沒找到（或不知道）自己的方向。你現在之所以讀這本書，是因為你想變聰明，並改善你的事業。但我敢打賭你絕對沒想過（按：以下三點指原文書的情況）：

1. 製作這本書用到的樹，是產自中美洲還是美國東部？
2. 你現在讀到的字句，是用顏料墨水印的，還是溶劑墨水？
3. 綁住（原文書）封皮的線是亞麻線還是絲光棉線？

你一定覺得「關我屁事」吧？但假如你的事業是印刷與裝訂，你一定超級在乎這些事的。這些問題顯露出一種系統盲點：**材料盲點**（Material Blindness），它對於所有開發實體產品的人來說都很重要。

時間盲點（Time Blindness）則是另一個常見的疏忽。我們總是會高估自己完成事情的速度。系統通常要運作幾週或幾個月後才會開始省時，此時你才能微調系統以省下更多時間。亨利・福特（Henry Ford）就是觀察到「車子固定不動，人四處走動組裝車子」的情況，覺得很沒時間效率，所以才打造了裝配線——車子動，人不動；這樣比較有效率。

起／終盲點（Start / End Blindness）也會使人出錯。一個多層次的計畫可能有好幾個系統，但你很難表達一個系統的起始與結束——或是另一個系統從何處開始。比較新的事業通常都是由執行長包辦所有事情；就好像街頭藝人，他會跟你說：「我每天都要戴好幾頂帽子！」如果是一年賺五千萬美元的明確系統，它的問題就是：「每天都做同樣的事情，我快吐了！」這是因為事業被拆解成定義明確的系統，而人員則被安插進系統運作面中，比較難以自動化（或自動化很花錢）的部分。

如果想弄清楚起點或終點，你必須辨別出那項**觸發系統或程序的活動**。例如邀請某位執行長訪談（我的播客預約系統就是這樣開始的），這就是你的起點。接著，想一想你最後採取的行動，例如提交一集完整且剪輯過的播客節目給 iTunes。而你的系統，就是在起點與終點間發生的所有事情。

明確定義每個系統的起點與終點，你就能將它們拼湊成完美的整體，而你的事業全貌也就會浮現出來。

剖析新富人的系統

找出自己的盲點之後，接下來你就要排列零件、組裝系統。新富人的系統是由以下要素所組成的：

投入：你必須用什麼事物餵養系統，使它能夠運作？你的金鵝每天都需要水跟食物才能生存下去。

產出：一旦你設定好系統之後，它會產生什麼事物？只要讓你的鵝活下去，你就能一直得到金蛋。

回饋迴圈：系統的產出是否能給你更好、更便宜、更快的投入，產生雪球效應？你是否可以用金蛋去換「鵝專用蛋白質強化劑」，當作新增的投入，讓你的鵝每週多生一顆金蛋？

儲備：儲備是指系統內部累積起來的資產，可用來創造產出。投入是金鵝為了補充能量而吃的食物，產出是金蛋，而儲備就是金鵝體內的能量。儲備降低就下不出金蛋，持續探底的話金鵝就會掛掉；沒有人喜歡死鵝。儲備是用來衡量變化的指標，它受到「各投入或產出與系統互動的速度」所控制。

設定好你的系統，比立志每年賺一百萬美元重要多了。因為你只要設好系統的骨幹，你提升產量的方式就是改變投入與產出、改善儲備管理、創造回饋迴圈，使你擁有打趴競爭者的優勢。

新富人會竭盡全力來明確定義投入、程序與產出，持續研究自己的儲備，並尋找能夠省下時間、而且賺到更多錢的回饋迴圈。

我花二十九美元，買回九個小時

以下是我將上述概念，套用到自己的《頂尖創業家》播客系統的要素：

投入

▼ 來賓
▼ 流量
▼ 剪輯師
▼ 我自己（不要親自投入太多，這樣才能增加自由時間，收入也持續成長。我之後我會教你怎麼做。）

產出

每天早上六點（美國東部時間），《頂尖創業家》播客在我的部落格、iTunes 與 SoundCloud（按：線上音樂分享平臺）順利發布。

▼贊助商收益

▼影響力

儲備

▼下載次數（會依據我對投入與產出的調整而成長或縮水。假如我想增加贊助商收益這個產出，卻不改變投入，我的觀眾〔儲備〕就會減少，因為廣告增加會讓他們很煩。）

回饋迴圈的機會

▼來賓（投入）分享我的播客節目給他自己的觀眾（投入），使下載次數（儲備）增加，我就能夠向贊助商（產出）收更多費用。

以下是所有事務怎麼共同運作，以打造一套系統來製作與發布一集播客節目。

流程：

1. 我利用 NathanLatka.com/acuity 上的分批格式，替播客來賓排時間（底色是訪談——我每

圖3-5　安排播客來賓的時程表

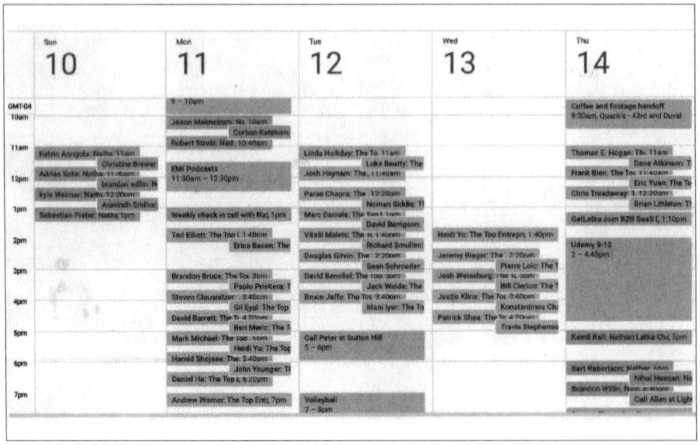

週要訪談五十位左右的軟體執行長）。我僱請艾隆（Aaron）加入我的預約團隊，薪資為每預約一位來賓十二美元（圖3-5）。

2. 等到製作這集節目的時候，我會透過 Skype，用 Ecamm 錄音軟體將訪談錄下來。

3. 我將 Ecamm 檔案放進音訊編輯軟體 Audacity，再將音訊輸出到 Google 雲端硬碟，然後轉由山姆（Sam）接手。

4. 山姆替每個音訊添加前置廣告、後置廣告、簡介、贊助商陳述，再將最終版本上傳到 Google 雲端硬碟、YouTube、播客服務公司 Libsyn。山姆負責這個步驟的薪資為每集七美元（下頁圖3-6）。

5. 發布時程表是由大型的 Google 試算表管理的。當節目在 Libsyn 上線時，我會請一位虛擬助理替我公布來賓的簡介、大頭照、以及嵌入我部落格裡的 SoundCloud 播放器。這個步驟的費用為每集五美元（下頁圖3-7）。

6. 同一個虛擬助理會將節目張貼到 LinkedIn

圖3-6　山姆的薪資單據，每集 7 美元

Bill To:

[redacted]

Description	Quantity	Price	Amount
Audio & Video Podcast Production Edit raw audio and video files from Google Drive, upload to [redacted] submit audio to [redacted] for transcription. Episodes 1130-1149 of The Top.	20	$7.00	$140.00

Subtotal	$140.00
Total	$140.00
Amount paid	-$140.00
Amount due	**$0.00 USD**

圖3-7　透過虛擬助理公布的時程內容

y of Week	Release Dat	Episode	Who	Title (Nathan Writes Titles)	Gues	Guest Bio
ursday	7/26/2018	1097	Brandon Kelly	CMS CEO: How to Move 1 Time License Model doing $	bran	Brandon is the hea
ednesday	7/25/2018	1096	Babak Hedayati	How TapClicks is Managaing 60% yoy Growth in Marke	baba	With over 20 years
esday	7/24/2018	1095	Dominic Edmunds	Why He Gave Up $5m Agency for Customer Data Saa	domi	As the founder &
onday	7/23/2018	1094	Brian Reale	How he bought 15 people off cap table, hit $9m in ARR	brian	Brian Reale is a se
nday	7/22/2018	1093	Jeremy Adams	If you're under 30, is agency/coaching a good way to m	jeren	Being one of Forbe
turday	7/21/2018	1092	Jordan Mitchell	Why Chef Creator Raised $30m to Replace Walkie Talk	jorda	Jesse Robbins is C
iday	7/20/2018	1091	Daniel Nissan	Founded in 1999, How He's Managed a 20+ Year "Ove	Danie	See https://www.
ursday	7/19/2018	1090	Chris Ingham Brooke	CEO Eating Own Dog Food for $25m Revenue, $5.5m	chris	Chris Ingham Broo
ednesday	7/18/2018	1089	Vijay Tella	Workato CEO: "We're Enterprise Version" of Zapier, Se	vijay	Vijay has led the c
esday	7/17/2018	1088	Sati Hillyer	How Ex-Salesforce Leader Launched Video for Salesp	sati@	Sati is a seasoned e
onday	7/16/2018	1087	James Kappen	Yeah I'd sell (Live negotiation)	james	Designer and entrep
nday	7/15/2018	1086	Jake Atwood	Sales outreach tool hits $1.2m ARR, would you sell for	jake@	Jake Atwood is the
turday	7/14/2018	1085	Joshua Tillman	We're #1 In Salesforce for Call Routing, Tech with $10n	joshu	Joshua Tillman beg
iday	7/13/2018	1084	Murry Ivanoff	Bulgarian company spends $45k of $65k MRR on paid	murry	Murry founded Metr
ursday	7/12/2018	1083	nancy hua	How she 2x ARR yoy in mobile testing space to $6m in	nancy	I'm the CEO of Appt
ednesday	7/11/2018	1082	Mark Grether	Why Public Sizmek Went Private to Fuel Growth via M&	Sizm	Mark Grether is CE
esday	7/10/2018	1081	Eric Frankel	With $2m in ARR and $16m Valuation for 7+ Years, Do	eric@	Eric Frankel is an in
onday	7/9/2018	1080	Danny Wajcman	15,000 Customers at $35 ARPU is $500k+ in MRR righ	danny	
nday	7/8/2018	1079	Soeren Stamer	How He's Pivoted 3 Times Since 1996, Moving to Clou	soere	CEO & Co-Founder
turday	7/7/2018	1078	Nick Mason	How agile content marketing solution Turtl hit $125k/mo	nick@	Please can you use
iday	7/6/2018	1077	Collin Holmes	We Bootstrapped Our Way to $2m in ARR, Now $10m	collin	Collin Holmes, foun
ursday	7/5/2018	1076	Chris Kenton	We pivoted to pure play SaaS, now $1m in ARR growin	ckent	I'm CEO of SocialR
ednesday	7/4/2018	1075	John Panaccione	LogicBay CEO: Love Venture Debt! Helped us pass $1	jpana	As CEO of LogicBay
[illegible]	[illegible]	[illegible]	[illegible]	[illegible]	[illegible]	[illegible]

（按：商業人士常用的社群網站，或譯為領英），並寄電郵給來賓，通知他節目上線了。這個步驟的費用為每集五美元，所以步驟五與步驟六加起來是每集十美元。你可以看到我的發票，十三集的開銷約一百三十美元（圖3-8）。

圖3-8　使用別人的時間開出的發票

INVOICE

BILL TO
Nathan Latka
Latka Agency LLC
301 Brazos Street, Ste 703
Austin, TX 78701

INVOICE # 4399
DATE 12/03/2017
DUE DATE 12/05/2017
TERMS Due on receipt

DATE	ACTIVITY	QTY	RATE	AMOUNT
12/01/2017	**Services** Melissa assistant work 11/18/17 -12/01/17 Converted audio files to SoundCloud and posted to site, multiple episodes #847 - #860, emailed respective interviewee, posts to LinkedIn, reading show notes	5.60	22.50	126.00

Thank you for your continued business! We really appreciate you!　BALANCE DUE　**$126.00**

使用我自己的時間：

我不靠別人幫忙的話，每集要花十小時，費用為零。

使用別人的時間：

我找別人幫忙的話，每集只要花二十分鐘（我只要錄下十五分鐘的訪談就好），費用為每集二十九美元。

艾隆：每預約一位來賓薪資十二美元。

山姆：每剪輯一集（以及上傳、排時間）薪資七美元。

虛擬助理：十美元，工作內容為張貼節目到我的部落格，寄信通知來賓節目已上線。

本來我每個月要花三百小時的時間（你自己算算看，這根本不可能辦到），但只要使用這套系統，我只要花十小時（三十集×二十分鐘），支付八百七十美元（每集二十九美元×三十集）即可。

換句話說，我支付八百七十美元，省下兩百九十小時；真的非常划算。你可以參考我這套「時間套利系統」，替你的事業也設一個。

之後我會再多談一些收入策略，但我先告訴你，我每月的成本是八百七十美元，不過我爭取到好幾個贊助商，每月贊助費用為一萬美元以上。以下是我在二〇一七年配置贊助商時，簽下的年度合約之一（圖3-9）。

圖3-9　我與贊助商簽下的合約

1 The Top Entrepreneurs in Money, Marketing, and Life
Nathan Latka brings you entrepreneurs who...
The Latka Agency LLC– The Top Podcast

SPONSORSHIP AGREEMENT

DATE: [redacted]

1. Project objectives
This is a sponsorship agreement between [redacted] & The Latka Agency LLC (dba The Top Podcast). This will be a 12 month long promotion from Jan 1 2018 to Dec 31 2018.

2. The Top Podcast Pricing and Industry Metrics

- Syndicated on [redacted] podcast feature
- INC #1 rated show with [redacted]
- Podcast launched August 1st, 2015 by Software as a Service CEO Nathan Latka, hit #1 in New and Noteworthy August 23rd, #1 Management and Marketing Podcast October 2nd, #34 Overall Business Podcast October 3rd, 2015.
- According to 2014 statistics, 90% of podcasts receive less than 100 plays per month. As of October 2015 the Top Podcast with host Nathan Latka is on track for 3.8 million listens in 2016.

3. Sponsorship Options
The deliverable(s) for this project are as follows:

a. Mid-Roll
This runs between minute 10 and minute 15 of the podcast.
- 30 Second Mid-Roll
[redacted]

b. Post-Roll
This runs at the end of each show.
- 30 Second Post-Roll
[redacted]

4. Estimated fees and expenses
The sponsorship package is a 12 month contract for a mid, and post-roll in 15 episodes per month with different CTA layouts. Ex: Mid is "Here's how I use [redacted] Post is "Go get started on [redacted] now". For this particular project, [redacted] will be given the rates presented in Fig 1.1 below bringing total cost for [redacted]

[redacted]

Title	Cost per month	# Months	Bi-Annually
Mid	$15000	12	$180,000
Total			$180,000

1 The Top Entrepreneurs in Money, Marketing, and Life
Nathan Latka brings you entrepreneurs who...
The Latka Agency LLC– The Top Podcast

5. Payment schedule
All invoices are due and payable within 30 days of receipt by The Latka Agency LLC. [redacted] will receive an invoice for this sponsorship contract with terms that stipulate 100% of the sponsorship agreement price payable within 30 days of sponsorship agreement signing.

6. Authorization
Work cannot begin until authorization has been received from [redacted]

Authorization – [redacted]	Authorization – The Latka Agency LLC
By: [redacted]	By: DocuSigned by: Nathan Latka DBCAD10314134AF...
Name: [redacted]	Name: Nathan Latka,
Title: [redacted]	Title: President
Address: [redacted]	Address: [redacted]
PHONE: [redacted]	PHONE: [redacted]
Date: [redacted]	Date: [redacted]

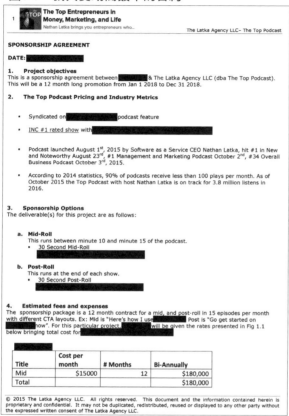

讓你的系統超級有效率，然後透過系統變成超級有錢人

致勝的甜蜜點在於「平衡」：一**開始先鑽研必要事務的每一個細節，接著設法減少步驟**。你不必自己包辦所有工作，而且必須盡量減少需要人力的步驟，讓你的團隊維持在小規模。

等到你能夠負擔得起開銷之後，就要立刻找機會將工作自動化。Kitchen 是一家以亞洲為靈感的休閒速食餐廳，提供新鮮、快速的炒飯與麵食，而且價格低於十美元。它所使用的簿記服務要付九千美元的月費，所以為了降低成本，他們換成自動的「簿記機器人」，每個月省下四千美元。如今它的資料處理速度更快、報告更充實、準確度也更高，這些都是找真人記帳時無法體驗到的。它必須先花錢才能省錢，但絕對值得。

在你擬出流程之後，確認有哪些步驟可交由一個人包辦，然後**寫出工作說明書**。以我的播客為例，我就請艾隆（想僱用他請洽 Piper Creative 公司）處理所有與來賓預約有關的事務，然後山姆負責所有與音訊相關的工作。

如果你的系統只仰賴一種資源，它就沒有機會變得更有效率。假如這個唯一的資源是「時間」，那又更困難了。你必須結合不同的資源，讓一加一等於三，才能夠獲得槓桿作用與效率。

為了辦到這一點，請確保你的產出之中有「存下來的錢」，讓你能使用它們來追加投入，以及增加回饋迴圈的潛力。因此，你的系統會隨著時間而反覆修改，看起來應該會類似這樣：

第一階段：投入＝你＋Fiverr的接案人員
第二階段：投入＝你＋Fiverr的接案人員＋自動化軟體
第三階段：投入＝兩位Fiverr的接案人員＋**自動化軟體**（**你的時間空出來了**，利用它來打造另一個系統吧！）
第四階段：你的系統產生了現金流量，而你可以拿這筆錢去投資新系統，或讓你的投入與現有系統更有效率。

疊加系統就像製作千層糕，疊上越多糖霜，滋味就越豐富！

在達到第四階段之前，你必須一直找方法減少投入與增加現金流量。有一個聰明的辦法，是透過協商來降低必要開銷（而不是只專注於增加營收）。

亞馬遜與沃爾瑪超市（Walmart）的進貨量非常大，所以它們有影響力，要求架上商品（也就是這兩間公司的投入）的供應商降價；接著輪到它們對消費者降價，以提升市占率。這就是典型的回饋迴圈。

想一想你現在所有的費用，然後每項費用都去軟硬兼施的協商看看吧！強硬的說法：「給我每個月一百美元的折扣，否則我就取消帳號！」柔性的說法：「我正在嘗試省錢，所以接下來兩個月我是否能少付一點月費，等到我的事業重新穩定下來再說？這對我來說很重要。」我敢打賭你有些費用是可以大幅降低的：

軟體：假如你花很多錢買軟體，就跟現在的供應商說你有很多選擇，不一定要跟他買，藉此要求他降價。

材料費用：假如你跟中國採購塑膠原料，可以要求數量折扣。仔細研究其他塑膠原料供應商的價位，這樣你就知道價格最低可以殺到多少，然後利用這個資訊來替換供應商。

人事費用：員工薪資通常是一間公司最大的開銷，而且很難殺價。不過你可以利用 Fiverr、Toptal、Upwork 這些網站，輕鬆將開價太高的人才換成比較便宜的。此外，接案人員比全職員工有彈性，因為前者你可以隨時僱用與解約，後者會產生固定費用，很難僱用與解僱。如果你有經費，也可以投資科技，這是另一個降低人事費用的聰明方法。例如潘娜拉麵包店（Panera，按：在美國和加拿大的加盟連鎖麵包店，二〇一七年由 JAB 控股公司以七十五億美元收購）就了解到，只要花一千美元買斷，就能夠安裝虛擬助理幫你點餐，而不必支付店員的最低工資——時薪十五美元。

此外，你也可以把產出當作現金流量的潛在來源。有沒有辦法讓你的「壞產出」變成別人的「好投入」？假如有間軟體公司每個月都流失顧客（這是很嚴重的負面產出），它可以將這些流失顧客的聯絡資訊賣給更低價的競爭者，把負面產出轉變成正的——現金。這樣對大家都好！

價值七位數的播客系統：從全手動到全自動

一旦你的系統開始下金蛋，你就可以將注意力轉移到更重要的事情上，然後賺更多錢。對我而言，金蛋就是每天播一集節目，因為根據贊助商營收，一集節目值好幾千美元。二〇一八年二月，我每天一集節目進帳四千美元，費用卻只有二十九美元——利潤還真高！

假如我沒有讓播客的製作流程自行運作，我恐怕沒有腦力、精力與時間能夠進帳這麼多錢。那我是怎麼爭取到新贊助商的？答案是建立另一套系統。每集播客節目都是與一位執行長訪談。我利用 Acuity 這個排程工具，讓執行長自己從我的行事曆上挑時間，所以我不需要中間人來幫我排時間。訪談節目製作完成之後，Acuity 就會立刻寄一封信給那位執行長，除了感謝他之外，也讓他知道節目什麼時候會上線。信上也會提到我們還缺一、兩家贊助商，問他有沒有興趣贊助我們。

圖3-10 透過 Acuity 邀約播客來賓威廉

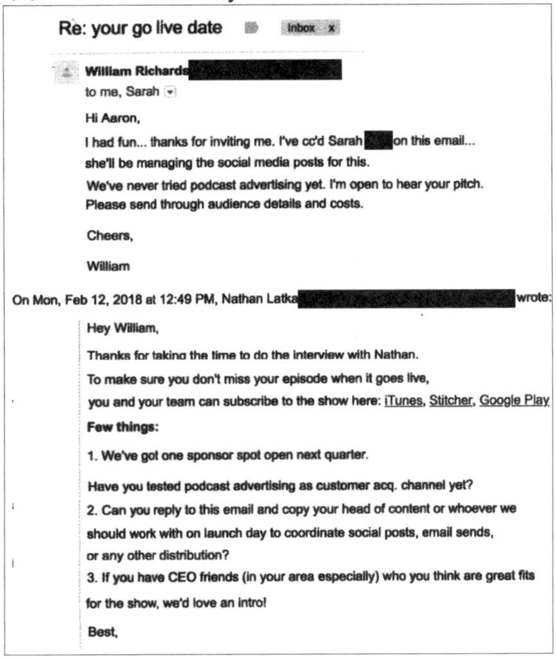
Re: your go live date Inbox x

William Richards [redacted]
to me, Sarah

Hi Aaron,

I had fun... thanks for inviting me. I've cc'd Sarah [redacted] on this email...
she'll be managing the social media posts for this.
We've never tried podcast advertising yet. I'm open to hear your pitch.
Please send through audience details and costs.

Cheers,

William

On Mon, Feb 12, 2018 at 12:49 PM, Nathan Latka [redacted] wrote:

Hey William,

Thanks for taking the time to do the interview with Nathan.
To make sure you don't miss your episode when it goes live,
you and your team can subscribe to the show here: iTunes, Stitcher, Google Play

Few things:

1. We've got one sponsor spot open next quarter.

Have you tested podcast advertising as customer acq. channel yet?

2. Can you reply to this email and copy your head of content or whoever we should work with on launch day to coordinate social posts, email sends, or any other distribution?

3. If you have CEO friends (in your area especially) who you think are great fits for the show, we'd love an intro!

Best,

上面就是我們的系統透過排程工具 Acuity Scheduling 所寄出的電郵，而這一天的來賓是威廉（William）（圖3-10），而其他後續追蹤來賓電郵的回覆率，也高達九成以上（下頁圖3-11）。

現在我每天推出一集訪談節目，所以我等於每個月提出三十次邀請，請有錢的執行長贊助我。假如有一〇%回信說他們有興趣，我等於拉到了三個潛在贊助商。假如我跟其中一家敲定合約，那可是天大的喜事，因為一紙合約至少價值三萬美元，而且可以成長到十八萬美元之多。

你要確保你花最多時間與金錢擴充的系統，是與額外現金流量直接相關的，無論它是能轉換成贊助費的下載次數；能增加購物車平均結帳商品數的網路評價（假如你是電商品牌）；還是一套行銷報紙的系統，讓更多人去光顧你的實體店面。

圖3-11　獲邀來賓的回覆信，回覆率達九成

☐ ☆ ▷	Jared Schrieber (2)	Inbox	Re: your go live date - for your podcast.
☐ ☆ ▷	Bernardo Letayf	Inbox	Re: your go live date - 1) We don't have b
☐ ☆ ▷	Peter Lamson	Inbox	RE: your go live date - make sure you don
☐ ☆ ▷	Petr .. Monica, Charlie (28)	Inbox	RE: your go live date - > Hope you had
☐ ☆ ▷	Collin Holmes	Inbox	Re: your go live date - me and you didn't
☐ ☆ ▷	Darshan, Emily (2)	Inbox	Re: your go live date - Aaron, 1) We hav
☐ ☆ ▷	Iba Masood	Inbox	Re: your go live date - Here you go! Tan
☐ ☆ ▷	Jai, me, Jai (3)	Inbox	Re: your go live date - right away 1. Swy
☐ ☆ ▷	Allen Bonde	Inbox	Re: your go live date - 2018 at 1:04 PM,
☐ ☆ ▷	William, Sarah, Aaron (3)	Inbox	Re: your go live date - on the Podcast th
☐ ☆ ▷	Jessie Yarrow (3)	Inbox	Re: your go live date - When can we exp
☐ ☆ ▷	Eric Berry (2)	Inbox	Re: your go live date - recording the pod
☐ ☆ ▷	Robert Jacobi	Inbox	Re: your go live date - , Thank you for the
☐ ☆ ▷	Stephen CEO LoopMe	Inbox	Re: your go live date - - did you have El
☐ ☆ ▷	Howard, Max, Neil (4)	Inbox	Re: your go live date - make sure you do
☐ ☆ ▷	Kistie Adams	Inbox	Re: your go live date - ! Do you know the

在我的播客系統中，我以前每集節目都會到Instagram與臉書張貼圖片。這樣做每集要花三美元，但我發現下載次數並沒有因此增加。我很清楚，假如我每集多出一萬次下載次數，我每集就能跟贊助商多收五百美元，這樣就跟現金流量直接相關。而貼圖這個步驟並沒有增加下載次數，所以我取消了。

人們經常會卡在浪費時間卻賺不了錢的系統裡。就算這個系統一事無成，你還是會騙自己說「它很OK」。你的時間一定要全部花在刀口上，假如這套系統無法增加你的銀行存款，就果斷砍掉它吧！

你該僱用能力只有你六〇%的人嗎？

假如你不想找人替代你，可能是因為你一直告訴自己兩件事：

1. 沒有人做得跟我一樣好。
2. 假如我找人替代自己，我的團隊就不需要我了！

你真的是全世界最擅長這件事的人嗎？不太可能。你覺得自己很重要，主要是因為自尊心作祟。就算真的沒人做得跟你一樣好，兩個能力只有你六〇%的人加起來，還是能夠達到一二〇%的產出，而且還不花你的時間。

我總是試著尋找、影響、說服那些全世界最頂尖的人才，替我完成必要的工作。我可以運用他們的技能把所有事情辦好（等同於「通才」的概念），而不是只專注於一件事，結果讓別人將我歸類。

「可是奈森，假如我找人替代自己，我的團隊就不需要我了！」

這種想法遲早會澈底毀掉你的團隊。你看看美國的政治制度，總統四年一任是有理由的。總統沒有任期限制的國家，掌權的領袖通常會增加晉升管道的複雜度，讓其政敵更難挑戰他。不過，假如你已經找到可以日進斗金的系統，這樣做就變成很棒的事業策略。你可以參考美國的計程車制度，看看與計程車相關的遊說活動增加了多少複雜度。現在 Uber 就在正面挑戰這種複雜度，可望透過ＩＰＯ（按：首次公開募股，是公開上市集資的一種類型）募得一千億美元以上以利競爭。

假如你把事業內部的晉升管道搞得很複雜，等於是把你自己卡在系統的投入部分，而且系統的產出永遠不會成長。讓產出成長的方法只有以下這幾個：

1. 投入不變，但系統更有效率。
2. 減少昂貴的投入，藉此提升產出對投入的比例。
3. 同時進行上述這兩個方法。

為了要長期獲得全面成功，你必須成為生產力大師。這表示你要更新投入與系統，包括你自己的時間與精力（作為投入）。

當你在尋找人才替代你自己的時候，你可以用許多小型專案測試他們。專案績效會說話，比你整天讀履歷表有用太多了。有創意但學業成績吊車尾的學生（例如某個叫做奈森・拉卡的傢伙）總是沒人愛，但假如你是這種學生，請寄信給我（nathan@nathanlatka.com），我一定會僱用你的！

你可以利用以下網站來尋找潛在人才：

1. Fiverr：接案市集，每件案子五美元起跳。一旦你將流程定出來之後，就把它包裝成工作再上傳到 Fiverr，找一位人才看他怎麼執行這份工作。如果他表現優異，就跟他接觸，說服他加入成為你系統的投入部分（看你要付他時薪還是簽合約之類的）。

2. Toptal：如果你的投入需要程式或開發，請使用 Toptal。Toptal 這個網站已經篩選了全球前百分之三的開發人員。最低時薪為五十美元。架設第一版 GetLatka.com 的時候，我用一千美元的價碼，將這件案子透過 Toptal 外包出去。接下此案的開發人員表現得很好，於是我就在 Toptal 投入更多錢，繼續僱用他。

3. Upwork：有點像 Fiverr 與 Toptal 的混合體，兼顧價格與人才專業度。依照工作性質，Upwork 甚至有人願意接時薪只有兩美元的案子。第一次修改 TheTopInbox.com 的時候，我用兩千美元的價碼，把這件案子透過 Upwork 包出去。我很喜歡接下此案的開發人員，所以後來的六個月我付給他兩萬美元。

有時候，找人類替代自己並不是最好的方法。你可能覺得自己的工作重複性極高。如果是這樣，你可以付錢給 Zapier 之類的網站，請他們幫你寫程式、將應用程序連結在一起，這樣或許更便宜、更有效率。

我怎麼利用「決策系統」參加奧斯卡？

當你想花大錢買東西的時候，該怎麼判斷它值不值得？有一天我想奢侈一點，不住原本愛住的地方，改住洛杉磯的比佛利山大飯店（The Beverly Hills Hotel）。它一個晚上要價六百美元，對多數人來說都不是揮霍得起的。後來我想出一個簡單的「決策系統」，用來篩選這類購買行動。每次我想花大錢買東西，這個系統都能省下我不少精力，而且它很簡單，所以實用價值極高。

假如我的每月收入流，無法讓我每天買一件「那個東西」，我就不會買。就是這麼簡單。車子、房子、假期、晚餐……一切都適用這個規則。

假設我一個月只賺三千美元，扣掉開銷只剩一千美元。如果我考慮住一晚六百美元的旅館，我就會自問：「嗯……我可以每天花這種錢嗎？」每晚六百美元，一個月下來就是一萬八千美元。我一個月只有一千美元的淨收入，所以我就打消住這間旅館的念頭。

附帶一提，我每年都會去參加奧斯卡頒獎典禮，支持歌手艾爾頓・強（Elton John）的愛滋病基金會。我住在比佛利山最棒的旅館——倫敦西好萊塢酒店（The London West Hollywood），每晚要價八百美元。這對多數人來說都算是揮霍，但我這樣做沒問題。我的系統所產生的被動收入，超過每月兩萬四千美元（也就是每晚八百美元）。既然我真的可以天天住這間酒店，那我揮霍個一、兩晚也還好吧？

我揮霍起來還真的是揮金如土，不過回歸日常生活後，我會從超好整理的衣櫃中，挑一件黑色T恤與一件黑色牛仔褲來穿，牌子是香蕉共和國（Banana Republic）。

我為了二〇一八年的奧斯卡典禮準備了兩套衣服：凡賽斯的夾克、菲拉格慕（Ferragamo）的鞋子，搭配施華洛世奇（Swarovski）的水晶、以及雷夫·羅倫（Ralph Lauren）的飾品。我穿著凡賽斯夾克，人在好萊塢羅迪歐大道（Rodeo Drive）的蒂芙尼頂層豪華公寓（Tiffany's penthouse，全世界只有兩間）（圖3-12），然後去參加二〇一八年艾爾頓·強的奧斯卡派對（圖3-13）。

新富人就是用這種思考流程來考慮用買的還是用租的。你要每天花五千美元租一架噴射機，還是花五百萬美元買一架？你的財力要達到每個月都能買一架噴射機的程度，才能選擇後者。

這套決策系統使你每天都能省下精力。規則簡單、決策快速。

圖3-12　名牌衣與豪華公寓

圖3-13　2018年，艾爾頓·強的奧斯卡派對

七本談系統的好書

1.《系統思考》（*Thinking in Systems*，中文版由經濟新潮社出版），作者唐內拉・梅多斯（Donella Meadows）。它簡單介紹了任何系統的運作要素，以及你怎麼建立自己的系統。

2.《精通洛克斐勒的習慣》（*Mastering the Rockefeller Habits*），作者凡爾納・哈尼希（Verne Harnish）。它是最容易照做的藍圖，使你明確定義事業的理想產出——第一步就是弄清楚流程與投入。

3.《商業冒險》（*Business Adventures*，中文版由大塊文化出版），作者約翰・布魯克斯（John Brooks）。它主要介紹那些創造出最多股東價值的公司與執行長。你將會發覺他們的商業模式及其背後的系統，而你可以參考這些系統獲得成功。

4.《非典型經營者的成功法則》（*The Outsiders*，中文版由遠流出版），作者威廉・N・索恩戴克二世（William N. Thorndike Jr.）。它收集了八位執行長的故事，這些執行長設立的系統創下史上最高的資本報酬。

5.《解事者》（*Thing Explainer*，中文版由天下文化出版），作者蘭德爾・門羅（Randall Munroe）。它以視覺圖表解釋萬物怎麼運作，而且只用到一千個最常用的英文單字（這樣比較簡化，也更容易找出模式）。

6.《麥當勞：拱門之後》（*McDonald's: Behind the Arches*），作者約翰・F・勒夫（John F. Love）。它幫助讀者剖析史上最常被複製且最有價值的系統：漢堡店。無論你身處哪個產業，保證都能學到一些系統方面的小撇步。

7.《一週工作四小時》，作者提摩西・費里斯。它幫助你找到方法，將事業與生活化為系統，以節省時間、精力與金錢。

第四章
賣十字鎬給淘金者

「你可以挖金礦，也可以賣十字鎬。」這句話當然是在影射加州淘金熱，因為當時最成功的商人如李維・史特勞斯（Levi Strauss）、山謬・布蘭南（Samuel Brannan，第一個宣傳加州淘金熱的人），都沒有自己挖金礦，而是賣補給品給挖礦的人，例如手推車、帳篷、牛仔褲、十字鎬等。挖金礦雖然是最令人嚮往的途徑，但事實上加總起來，挖礦的資本報酬與勞力報酬都不如銷售補給品。

——《商業內幕》網站（*Business Insider*）

你現在已經知道，想致富的話就別靠自己想出新點子，這樣失敗的機率會很高。如果你想打敗機率，就必須有違反直覺的方法。**別再嘗試吸引群眾了，你該觀察群眾在追求**

什麼事物，然後打進別人為它創造的周邊市場。

這就是「賣十字鎬給淘金者」的美妙之處。你讓淘金者扛下所有工作，再從他們創造的市場中抽取利潤。這招對B2B銷售與消費者來說都很管用。因此當所有人都花錢買指尖陀螺的時候，你或許可以賣「指尖陀螺貼紙」。亞馬遜會從第三方賣家抽成，而你可以替這些賣家製作一套存貨追蹤程式。每個熱門市場背後都藏著十字鎬，雖然一開始很難找到它們，但你越是朝著這個方向思考，它們就越會自己現身。

多數人聽到這種概念之後會覺得不賴，但他們需要很強的自制力，才能捨棄淘金而選擇生產十字鎬。當你看到別人成功的時候，你真的很難抗拒自己跳進前景看好的產業。最近我跟一位投資人朋友聊到創投的時候，就遇到這種情況。他告訴我，二〇一四年，新創公司募集到的創業資金為四百八十三億美元，二〇一六年則增加到六百九十一億美元。我對這個數據很好奇，就開始跟其他新創公司的創辦人，聊聊他們對於創投的想法。他們有許多人私下跟我說，他們創業之後的夢想就是加入創投公司——看來這個產業挺擅長銷售創投的「性感」之處。我的貪財心態使我也想加入創投，但幸好我的腦袋發現了更聰明的選項——十字鎬。

創投是每個人都想追求的金礦，而創投產業的十字鎬就是「資料」。創投公司需要大量資料才能做出穩健的投資。我恍然大悟，雖然創投公司有好幾百家，但它們能夠取得的公司資料卻很有限。所以我創辦了GetLatka.com，決定透過銷售資料來致富。

這一招之前已經有些公司用過，所以我必須邊學習、邊抄襲，而且要青出於藍。麥可・彭博（Michael Bloomberg）就是透過銷售「彭博終端軟體」（Bloomberg Terminal）給金融社群而致富的，他手上握有資料。至於其他公司則競相爭奪創投公司的資料需求，包括 PitchBook、HG Data、Mattermark（已經掛了）、CB Insights、Crunchbase、Zirra、Owler。我必須弄清楚它們的事業是否成功，才能知道我是否該打造這支十字鎬。

上千位私人公司執行長，願意把營收資料交給我——為什麼？

我不可能直接打電話給執行長問他：「你上個月賺多少錢？」所以我就寄信，問他們可不可以來上我的播客。接著我會在播客中問他們賺了多少錢，以及其他事業指標是多少；這樣我就能夠逆推他們的事業模式，然後以凶狠的攻勢打敗他們。Mattermark 二〇一五年的營收是兩百四十萬美元，旗下有四十七名員工，資金為一千八百萬美元，至二〇一六年四月為止每月營收約為二十七萬五千美元（後來它以五十萬美元的賤價賣給 FullContact，所以倒閉了）。Owler 還沒有營收，但已經募得了一千九百萬美元。CB Insights 二〇一五年的營收是八百萬美元，二〇一六年的營收是一千四百四十萬美元。這樣看下來，假如我能避免 Mattermark 犯下的錯誤，那麼這根十字鎬應該挺火熱的——比吃進滿口芥末還熱。Mattermark 的銷售對象都是創投公司，而且月費只有幾百美元；最後它找不到創投公司可以賣資料，價格也卡死在極低的水準。等到它驚覺這件事的時候，就嘗試轉換跑道，賣資料給銷售團隊，然而為時已晚。

我的 GetLatka.com 資料庫必須脫穎而出，才能定出更高的價格。我不希望它只是個資料庫，只能在現有的競爭態勢下爭取目光，所以我動用了自己的播客。這就好像我的金鵝生了另一隻金鵝，而且新的金鵝更大隻、更會生蛋。

我的播客系統為我創造了兩筆資產。我向贊助商販售廣告機會，讓我的「一號金鵝」——播客賺到錢。我就靠這樣拿到六位數的龐大生意，而且一年有好幾筆（見第六十七頁的合約）。

接著是一號金鵝的寶貝孩子：GetLatka.com。每次我在播客訪問執行長，他們都會跟我分享一些數據，而我就把這些數據放進一個資料庫，整理出私人軟體公司的營收與成長等資料，再把這些資料賣給創投公司。創投公司想要接觸這些執行長，以便投資他們的公司。如果創投公司沒有持續談成生意，它們的五億美元資金就沒地方花。它們必須找到頂尖的創業家，這也是為什麼大型創投與私募基金公司，願意一個月付我五千至一萬五千美元，以取得這些資料。而且我每個月都漲價，所以等你讀到本書時，我又漲了不少。

此外，我每週會打十五至二十五通電話給新的B2B軟體公司執行長。而創投公司的分析師，大多數一週只能勉強打個四至六通。

上圖是我一週內預計要打的電話（圖4-1）。

圖4-1　打電話給新創公司執行長

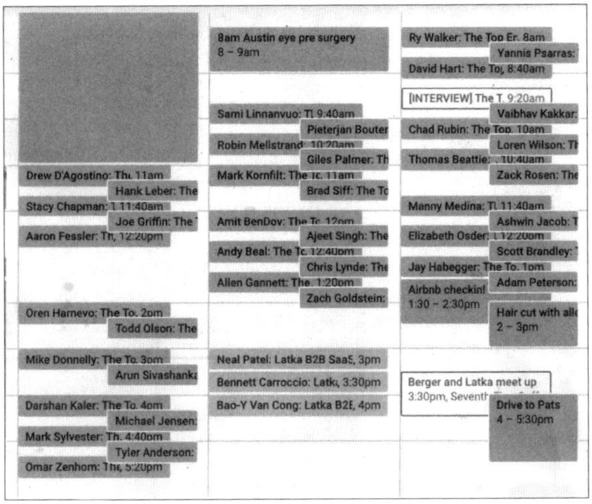

我的資料之所以如此有價值，而且值得花大錢購買，是因為這些資料都是執行長親口提供的。沒有資料來源比執行長本人更可靠，他們的營收、顧客人數、團隊規模、用戶平均營收與顧客流失率等資料，比其他人都準確。至於我的競爭者，則必須去網站與部落格貼文挖那一點點資料，而且永遠都不準確。他們有很多人甚至連營收數字都沒有，因為他們找不到。

理論上，創投公司只要收聽我每一集播客，就能得到同樣的資訊。可是它們沒那個時間，只好付錢買資料。我甚至還想了一招，讓它們更輕易花錢買我在播客免費公開的內容。

如果你有興趣，請參考以下步驟：

1. 前往 GetLatka.com，免費觀看五%的資料庫內容（下頁圖 4-2）。
2. 點選你想進一步了解的公司（下頁圖 4-3）。
3. 點選你想得知的資料。例如我想聽 Cirrus Insight 公司的執行長說：「我們現在一個月賺一百萬美元，也就是說，我們每年預計賺一千兩百萬美元。」（下頁圖 4-4）
4. 影片播放到四十秒時，執行長布蘭登・布魯斯（Brandon Bruce）分享了這份資料。資料庫內的所有資料，都會直接連結至當初執行長接受訪談時說出的話。

如果你不仔細觀察這些公司的帳目，就不可能得到可靠的資訊；而創投公司正需要這種資訊，才能達成投資目標。所以我朋友夢想加入創投公司、挖到金礦，我卻賣挖礦工具給公司。我的資料庫上線後，前三個月就賺了十萬美元，迄今這個數字又翻了好幾倍，而我就拿這筆錢去投

圖4-2　新創公司的資料整理

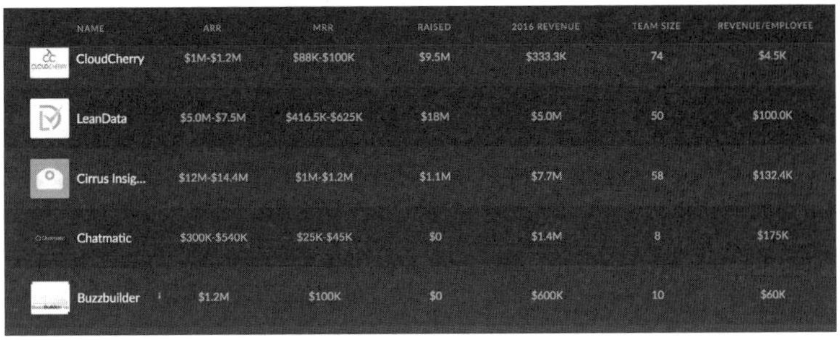

NAME	ARR	MRR	RAISED	2016 REVENUE	TEAM SIZE	REVENUE/EMPLOYEE
CloudCherry	$1M-$1.2M	$88K-$100K	$9.5M	$333.3K	74	$4.5K
LeanData	$5.0M-$7.5M	$416.5K-$625K	$18M	$5.0M	50	$100.0K
Cirrus Insig...	$12M-$14.4M	$1M-$1.2M	$1.1M	$7.7M	58	$132.4K
Chatmatic	$300K-$540K	$25K-$45K	$0	$1.4M	8	$175K
Buzzbuilder	$1.2M	$100K	$0	$600K	10	$60K

圖4-3　點選你想進一步了解的公司

圖4-4　收看執行長親口提供的資料

資其他事業點子。這個獲利與投資的循環還真是亮眼！

觀察這七個地方，讓你再賺五千美元

有些頂尖專家會要你去訪問消費者想要什麼，然後從中發掘有利可圖的事業點子；但這個建議爛透了。你去問顧客想要什麼，他們就會告訴你一些很大、很迷人的點子，「說不定」會讓你致富。每個人都可以問這種問題，這表示最大、最迷人的點子早就已經有人在做了。那你何必跳進去跟他們競爭，只為了「傾聽顧客的心聲」？這建議有夠爛，爛到害你破產。

你可以跟顧客談談，但不必照他們說的去做。假如顧客說他們希望每週都有食物外送到家門口，你該做的不是去跟 Thrive Market（按：美國電子商務會員零售商，以較低的成本提供天然和有機食品）、HelloFresh 與 Blue Apron 競爭，而是搞清楚這些事業模式所仰賴的事物，然後打造這些事物。從倉庫到消費者家中的「最後一哩路」外送服務，就是很好的例子。Onfleet.com 就是在做這件事，客戶人數剛突破三百家，二〇一六年營收為兩百一十萬美元，並且募得四百五十萬美元。它是一套B2B軟體產品，協助外送公司管理與分析當地的外送營運。而 HelloFresh 就是它的顧客之一。

冰山在水面上浮出的一角，又大又亮，所有人在討論它——接下來的故事你應該都知道了。**其實冰山絕大部分都沉在水裡，沒有人看見；而這裡才是你可以脫穎而出、進帳大把鈔票的部**

分。消費者完全沒察覺到這部分，所以你沒聽他們提過。

這種策略已經流傳了好幾個世代。請記住：淘金熱時期最富裕的人不是淘金者，而是賣十字鎬給淘金者的人。

就算找不到顧客群，或單純不想走這條路，也還是有很多機會可以找到十字鎬：

販售高人氣商品的附件。任何熱賣商品的受眾都能夠成為你的銷售對象。這就是為什麼在亞馬遜搜尋「iPhone 手機殼」這個詞，會跑出五萬筆結果。騎在大鯨魚（蘋果）背上賣 iPhone 手機殼——這招真的有效！

每天早上都用新角度讀新聞頭條。我寫這本書的時候，企業界在討論駭客；消費者醉心於無人機、共乘、即時食品外送；而且幾乎所有人都在談論加密貨幣。所以你不一定要買進加密貨幣，或自己弄ＩＣＯ（按：initial coin offering，首次代幣發行），而是打造一個儀表板讓大家追蹤ＩＣＯ，這樣你就搭到熱門市場（加密代幣淘金熱）的順風車了。你的十字鎬基本上就是用來追蹤ＩＣＯ的資料集，有點像公司上市時，紐約證券交易所為它們提供的服務。

Coinbase 公司的成立目的，就是希望大家能管理自己的加密貨幣，並將它們換成現實世界的錢，而公司做的是酌收交易費。Coinbase 成立於二〇一二年，它的成長，與媒體目前對於加密貨幣評價的熱衷炒作，有著直接的關聯。二〇一七年，Coinbase 募得一億美元，市值十六億美元。

放眼其他市集。如果你想提供諮詢服務給銷售員，你可以前往 SalesForce AppExchange 或 Hubspot（這兩家大型軟體公司的服務對象都是銷售員），看看這些社群流行什麼事物。我寫這本書的時候，SalesForce 上流行的 App 是 GetFeedback、Dropbox 與 HelloSign。GetFeedback 這套軟體幫助公司調查顧客的意見，然後將資料傳給公司的銷售團隊。這個 App 排名很高，顯然賺了不少錢。好吧，你可以推出一套諮詢服務，幫助銷售員理解意見調查的結果——這種銷售訓練不是很完美嗎？所以你不是加入淘金者的行列，與這套軟體直接競爭，而是提供專業服務，幫助大家更有效率的使用這套軟體——這樣你等於「借用」了軟體創造出來的市場。

你還有一個開發客戶的方法：在 SalesForce 的 App 中點選 GetFeedback，看看有誰留了評價，然後與這些人聯絡——他們就是你全新諮詢服務的第一批潛在顧客。

借助線上學習平臺。觀察 Udemy 這些電子學習平臺有哪些熱門課程。然後你可以稍微改編一下，推出類似的課程（假如你有別人想學的技能）；或是成立一家獨立公司，滿足類似的需求。馬克・普萊斯（Mark Price）的公司 Devalopes 算是兩種方法都用到一些，他一開始是在 Udemy 教大家寫程式，在教過四萬名以上的學生之後，於二〇一七年成立了程式教學軟體公司 Devalopes，頭一個月就有一百三十名學生願意支付他二十美元的月費，經常性收入為兩千六百美元。三個月內，他每月的經常性收入增加到一萬美元。

「偷聽」網紅說話。知名人士與身價百萬美元以上的網紅，都在談論什麼事情呢？你常看到他們在私人飛機與充滿異國風情的地點（透過 Airbnb 租的）貼文。於是 Guesty 公司就騎著 Airbnb 這隻大鯨魚，針對你出租的房子提供房地產管理軟體。AirDNA 也一樣，直接在 Airbnb 的清單上提供出租資料給你。JetSmarter 成立一個中心，讓大家可以出租飛機，或租別人的飛機，就這麼殺進私人飛機的社群。這些公司都在已建立的市場中服務高價值的客戶，真是高明！

圖4-5 智慧型助理的代理顧問機構

IPG MEDIA LAB
ISL
isobar
MATCHBOX
IPG Media Lab
The IPG Media Lab is a creative technology agency that builds conversational experiences for leading brands.
Learn more »
ISL (iStrategyLabs)
ISL invents digital & physical experiences for the world's biggest brands. Our designers, developers, marketers and makers build everything from apps, to connected devices, to wildly creative campaigns that reach audiences globally.
Learn more »
Isobar
Isobar is a global full-service digital agency driven to solve complex client challenges with ideas that transform businesses and brands.
Learn more »
Matchbox
Matchbox is an experienced voice interaction design and development studio, with several published Alexa skills and tools on developing for Alexa.
Learn more »

此外，你也可以研究某個專業領域內的部落格。他們都寫了哪些公司？

觀察 Kickstarter 募資活動與其他群募網站的流行趨勢。如果某件東西募到超多資金，你就知道這個領域很熱門，主流趨勢大概就是這個方向。消費者透過 Kickstarter 捐了一百七十萬美元給 Liberty+ Soundbuds 耳機，再加上 Apple AirPods 耳機，以及其他經營聲音／語音領域的公司，例如 Google Home 與 Amazon Echo，它們節節高升的財務數字都清楚的告訴你：聲音／音訊市場正在快速成長中。以下這些代理機構可以幫你建立一些 Alexa Skills（按：提供給智慧型助理 Alexa 使用的技能），使你能利用家裡的 Alexa 裝置，提供音訊內容給消費者。智慧型助理的顧問機構，正是挖掘語音／音訊金礦的十字鎬（圖 4-5）。

瀏覽 Patreon.com，看看哪些數位產品很夯。漫畫、播客等領域的創作者，會在這裡公開自己每月賺多少錢。這樣你就知道哪些點子可行、哪些不行。我寫這本書時，看了一下 Patreon 的播客區，發現《查波的毒窟》（*Chapo Trap House*）這個政治幽默節目每個月賺超過十萬美元。你可以前往創作者的頁面，研究他們的贊助者為何願意贊助他們。此外也要聽一下他們的內容，弄清楚他們高人氣

圖4-6　供用戶分享和發現產品的 ProductHunt.com

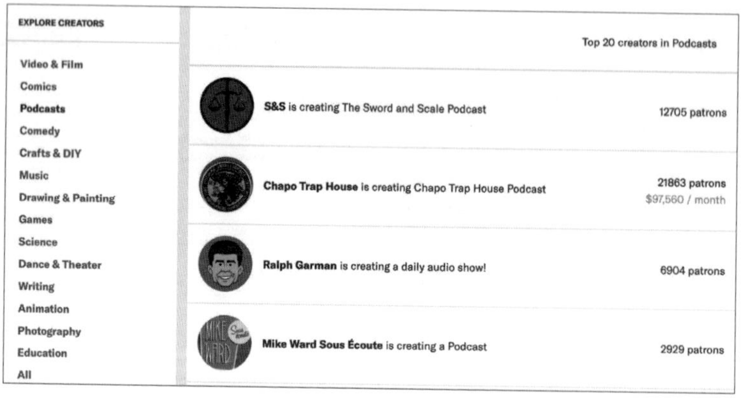

的原因。這樣做的話，你或許就能想出一些點子，幫助他們服務聽眾。如果你想在科技領域做點事，可以參考 ProductHunt.com 上那些得票數最高的產品（圖4-6）。

問你自己：這些事業模式依靠什麼事物？Patreon 上的所有藝術家，每個月都必須面對贊助者流失的問題。那你是否能打造一個 Patreon 的附件，幫助他們管理顧客流失呢？你可以這樣說：「嘿，播客主持人！你每個月都流失一百位贊助者，他們原本一人贊助五十美元，所以你等於一個月損失五千美元。假如你使用我們家的小工具，就能減少一〇%至二〇%的營收損失喔！想不想試試看？」這就有可能成為 Patreon 內容創作者的十字鎬，因為他們都會遇到訂閱者流失的問題。

當你透過這個角度來看產業，腦中就會開始浮現點子。你的任務就是要證實其他人想要的事物，也就是冰山露出水面那一角。等到你證實之後，就可以開始打造隱藏的部分，以維持整體的運作；或是銷售附件，騎在鯨魚上。你必須抓準一個已證實的市場，然後賣東西給它。這種事應該超明顯才對——淘金者需要十字鎬；

iPhone 使用者需要手機殼；咖啡機使用者需要咖啡杯。以下是一些方法，讓你明白一個點子或產業是否能產生穩健的營收：

- 利用工作軟體分享網站 Siftery.com，看看公司會花錢買哪些工具供內部使用。這樣你就可以比其他人更早察覺商機。
- 利用 App 商店的「銷售總額」清單，觀察消費者是否願意花錢買 App。
- 利用販酒執照網站，取得你周遭酒吧（烈酒、葡萄酒、啤酒）的營收資料。
- 利用網站上的投資人關係連結，觀察上市公司的銷售額。

這種方法的美妙之處在於，一但你證實過自己的資料之後，就不必親自「跳火圈」、說服大家購買你的商品；因為建立市場的苦差事，別人已經幫你做完了。現在你只要騎在鯨魚上建立事業，享受一切好處即可。

看看視訊吧。光從臉書的動態消息演算法，你就可以看出，視訊受矚目的程度在去年成長了多少。視訊行銷就是未來，若你想觸及社群媒體上的人，那更是如此。不過呢……影片其實還頗難製作的。這就是 Vidyard 與 Videoblocks 這類影片素材公司如此成功的原因。Vidyard 已經募得了七千萬美元，擁有一百三十二名員工，二〇一六年營收突破八百萬美元——因為它讓大家能夠更輕易購買與使用庫存影片；Videoblocks 也身在這個領域，募得兩千萬美元，二〇一六年營收一千六百萬美元，顧客超過十五萬人。

抄襲過往的模式

還有一個尋找十字鎬的好方法，就是將過往的成功事業模式，應用在今日的熱門市場。DroneDeploy公司就是這樣販售無人機軟體的。自從二〇一三年成立後，它已經募得三千萬美元，顧客超過一千人，年度營收一百萬美元。雖然它處於新市場，但它的做法跟十年前的App開發者幾乎一樣：熱門的新玩意都需要軟體，於是他們就賣軟體賺錢。

多研究偉人的事蹟，找出歷史上有利可圖的模式。多讀成功生意人的自傳，認清他們有哪些行為與策略使自己爬到頂點。你也可以欣賞紀錄片，例如《美國天才》（*American Genius*）與《造就美國的人》（*The Men Who Built America*），學習先驅們如何建立事業。

十字鎬加上收購，雙管齊下效果好

例如泰德・透納（Ted Turner）就從電視這個「金礦」賺到不少錢，進而建立了傑出的「十字鎬帝國」。透納知道廣告商（淘金者）亟欲透過電視觸及消費者，但他也很清楚：假如電視不夠吸睛，對觀眾就毫無價值。於是他開始打造驚人的節目內容。

為了讓觀眾一直盯著電視，透納做到走火入魔的地步：他從敵軍戰線後方報導伊拉克戰爭；

他買下運動隊伍的部分股權，以取得這些隊伍的電視轉播權；他收購世界冠軍摔角聯盟（World Championship Wrestling，簡稱 WCW），重新喚起摔角觀眾的熱情；他甚至還透過情境喜劇重播與老電影賺了一大筆錢。透納的每一筆資產都是十字鎬，再把它們賣給廣告商。他甚至還讓廣告商砸下更多的錢，在他的節目中置入品牌內容。

一九七〇年，初出茅廬的透納在亞特蘭大買下一家地方電視臺，然後藉由收購地方電視臺，創造出龐大的電視網投資組合，再利用這種手段持續成長。他排除萬難發射了 Satcom 2 衛星，藉此取得衛星連線，讓 CNN 成為全球播送的電視網。現在，他可以觸及所有家庭中的消費者。

透納建立帝國的模式，如今每個人都可以抄襲。他其實就是反覆做兩件事：

▼他透過收購使事業成長。透納很清楚：買公司比從頭建立公司簡單多了。

▼他知道該賣什麼十字鎬（廣告）給淘金者（廣告商）——這些廣告商渴望從成長中的熱門廣告空間（電視）獲取利潤。

無論你的事業或產業為何，請記住金礦就是熱門趨勢；它就是冰山浮出水面上的一角，每個人都看得見，也都想要得到它。而十字鎬就是冰山位於水面下的部分——這部分沒人看得見，但熱門趨勢需要靠它才能運作。

洛克斐勒的硫磺難題：將負債納入你的成長計畫

約翰・D・洛克斐勒（John D. Rockefeller）是另一位透過收購發財的商界偶像。他買進資產時也同時承擔負債，冒了很大的風險，可是他的計畫成功了。

多數人都記得一九一一年，美國最高法院命令洛克斐勒解散他的標準石油公司（Standard Oil Company），因為它觸犯反托拉斯法（按：防止企業意圖控制價格、壟斷市場的相關法律，以維護市場公平競爭）；但這只是故事的一部分而已。多數人並不曉得，洛克斐勒儘管被指控價格歧視（按：對於不同地區、時間、消費者，銷售同樣的商品或服務，但收取不同的費用）、派間諜滲透競爭者等罪名，卻也革新了石油產業。

十九世紀末到二十世紀初的熱門市場是「光」。每個人都希望用火點亮屋內（此時愛迪生還沒出現），所以他們需要煤油。因此煤油就是淘金者（任何想要「販賣光明」的人）的十字鎬。

洛克斐勒的其中一項策略，就是買下「無法提煉煤油的油礦」，因為它的硫磺含量太高。他背負這個風險，只希望能找到一名化學家，幫忙去除石油裡面的硫磺。為了解決這個問題，洛克斐勒僱用了赫爾曼・弗拉施（Hermann Frasch）——這位化學家發明了一個脫硫的方法，從自己的油礦中提煉石油。洛克斐勒為了激勵弗拉施，直接發給他標準石油的股票。結果弗拉施的方法替洛克斐勒與其公司「解鎖」了更多可用的石油，他自己也因此賺到龐大的財富。

如今當你建立事業的時候，可以思考該怎麼將負債納入成長計畫中。如果你能夠買進一筆或

圖4-7　麥當勞餐廳的流程布局

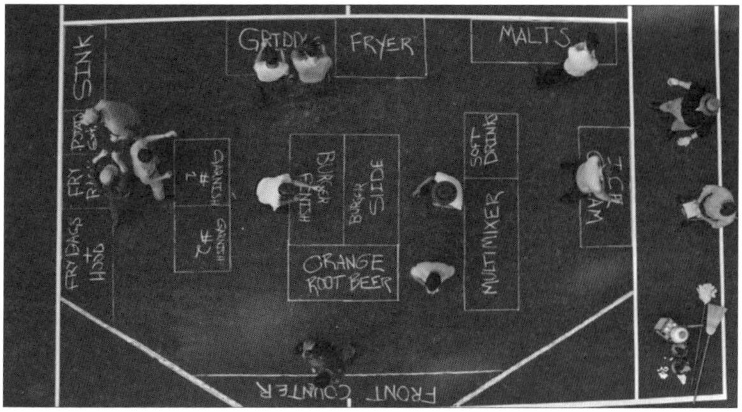

多筆資產，全都有共同的「負債」（例如硫磺），而且你有自信憑藉自身能力解決這筆負債，那你就能解鎖大量的價值。其實這就是私募基金的本質，也是你該從歷史中抄襲的模式精髓。我買下 The Top Inbox 的時候，它帳面上有十萬美元的負債，但我知道自己能夠透過重新協商來清掉這筆負債，而且我成功辦到此事，解鎖了一筆「橫財」。之後我會再詳談這個部分。

縮短時間差，減少動作

如果你從事速食業、食品業或加工業，可以讀一下《麥當勞：拱門之後》，或欣賞電影《速食遊戲》（*The Founder*）。當你看到雷・克洛克（Ray Kroc）與麥當勞兄弟把整間麥當勞「攤開來」，並盡可能以最少的步數在數秒內遞送一個漢堡，一定會覺得難以置信。

他們還真的用粉筆在籃球場畫了一張餐廳的布局圖（圖4-7），並盡可能改善從「顧客在櫃檯點漢堡」到

「顧客拿到漢堡」之間的流程，而且越快越好。他們執著於設立這套系統，而且瘋狂的替消費者節省時間——後來這就成為他們全力以赴的模式。

餐飲業的十字鎬就是系統。除了人事與食材費用，速食店最大的開銷通常都是空間的租金。因此，你一定要在最小的空間中做到最多事情。如今有許多軟體與工具可供使用；也有顧問，賣的是餐廳的布局規畫與系統；還有機器，將煎鍋、炸鍋、奶昔機、飲料機合併在一起，不但更有效率，所占空間也縮小為原本的十分之一。

二〇一八年的淘金熱？賣東西給亞馬遜與 eBay 的賣家？

如今亞馬遜也執著於幫大家省時間，程度不下於麥當勞。它在卡車運輸系統上建立創新；在倉庫配置機器人；派無人機從倉庫撿貨，再把它運送到顧客家裡——這全都是因為傑夫・貝佐斯全神貫注於一件事：將產品**更快送到**消費者手中，他們下次就會買更多。這樣你就知道貝佐斯為什麼超有錢了吧？

若你身處這個領域（供應鏈管理），那就騎在上述這隻大鯨魚上。此外，你也可以思考該怎麼幫賣家省時間。其實許多人就是這麼做，他們賣軟體給亞馬遜與 eBay 的賣家。二〇一三年，維克多・萊維坦（Victor Levitin）成立了 CrazyLister，因為在 eBay 上張貼商品的流程讓很多賣家深感洩氣。CrazyLister 讓賣家能夠拖放照片、文字與設計元素，藉此訂做自己的商品列表。完成後，賣家只要將 CrazyLister 產生的編碼複製起來、貼上 eBay 的後臺，就大功告成了。五年內，萊維坦就讓這間公司成長到這個程度：每月經常性收入兩萬五千美元、顧客兩千名、員工八位、創投基金六十萬美元。他的拖放式軟體也可以在亞馬遜使用。此外，還有一整批顧問替這個產業服務。無論採取什麼方式，只要能夠縮短銷售雙方的時間差（一邊是準備商品的賣家，另一邊是想要取得這些商品的消費者），你就能穩賺不賠。

歷史上每個成功的事業都有可以學習（抄襲）的地方，無論它們看起來有多麼陳舊。你只要觀察它們的致勝模式就好——這些模式總是顯而易見。

讓自己變成專家……不行的話就找一個

搜索十字鎬的感覺其實挺令人上癮的。雖然放眼四處都是機會，但先待在你自己熟悉的產業，還是比較容易成功……一點點啦。所以一開始，先從你的領域內尋找熱門市場吧。

作家塔克・馬克斯（Tucker Max）就在圖書出版業找到了十字鎬。他發現許多人（淘金者）想要把自己塑造成意見領袖，這樣他們就可以收取更高的顧問費與演講費（金礦），而出書算是一個簡單有效的辦法。問題在於：大多數人都沒時間寫書，或根本沒能力寫書。馬克斯立刻就發現了這株「十字鎬搖錢樹」，並於二〇一五成立 Book in a Box 公司（現改名為 Scribe Writing）。迄今這家公司已經與五百位以上的作家合作過，二〇一七年九月的營收突破一千一百三十萬美元。它向客戶收取最低為兩萬五千美元的費用，聽他們口述內容，再替他們寫書。客戶只要在訪談中回答幾個問題就好。後來馬克斯發現，Book in a Box 有可能比他自己寫的暢銷書還好賺，所以最近他花在這個事業上的時間比寫作還多。

如果你從事媒體工作，請觀察臉書、BuzzFeed、Google 與其他大型媒體公司的趨勢。如果你處於工程領域，就看看波音（Boeing）在幹麼，或勞斯萊斯又弄出什麼新玩意。請待在你的主場，並確保自己至少學到一點專業知識。

然後再強調一次——永遠都要放開心胸學習新事物。想要發展你從未接觸過的專業知識，最快的方法就是訪問那個領域的人；這也是我主持播客的原因，它讓我能夠深入聰明人的腦中（他們所處的領域是我不熟悉的），得知他們認為哪些事物現在很流行，而且熱潮能夠持續一年；然後我就跳進這個領域；我現在就是靠這樣涉獵加密貨幣的。我在播客訪談過許多頂尖的加密貨幣專家，問他們對於產業前景的看法、把時間花在哪裡、投資什麼東西。而他們的回饋，讓我對於冰山底部有了一些概念。

如果你想主持播客，那真是太棒了，你可以透過這個管道認識許多頂尖的思想家。別擔心自己要從頭開始打拚，在我下載次數超過六百萬次之前，我什麼也沒有。教你一個妙計：當你首次推出播客的時候，別跟你想邀的來賓說：「我讓你上第一集節目好嗎？」這樣他們會擺脫不了「你沒有聽眾」的印象；你應該說：「到了某年某月某日，我的下載次數會突破一百萬！」如此一來，你想聯繫的專家與人們，就會欣賞你這股自信，然後全部被吸引過來。等到你訪談他們的節目上線後，他們自然會幫你增加聽眾，因為他們自己就是大咖。換句話說，你的預言已經自我應驗了。

如果你想融入一個新產業，其實並沒有又快又有效的方法——但 Toptal 已經很接近了。雖然你對特定事業領域一無所知，但你可以把自己的計畫貼在 Toptal 上，它就會推薦專家跟你合作。假設你想「開發一個 App，讓美容院的預約制度更有效率」，你就可以將這句話貼在 Toptal 上，它就會幫你找到 App 開發人員。就這麼簡單。

如果你對某件事毫無經驗，你就必須花費額外的時間與精力，在 Toptal 尋找一位接案人員，因為你得跟他學習。但這樣做有個好處，就是他會傳授越來越多該領域的知識給你，而這個領域你原本一無所知。這樣下次你進行計畫的時候，就會更有效率。你對工作必定會熟能生巧，而且報酬絕對會隨著時間而增加。

第五章 新富人的軍火庫

「恐懼的製造成本為零，所以利潤特別高。」——奈森．拉卡

我在本書中給你的建議，總歸來說就是一句話：為你自己創造不公平的優勢。這就是你加入新富人一族的門票。

但我的「不公平」並非指「不誠實」。你只是大幅領先同儕與競爭者，所以他們追不上你，就像某個摔角手想挑戰高他兩級的選手——穩死的。

然而，你不可能一夕之間就獲得這種優勢。除了採納本書其他章節的策略，你還必須熟練一些招式，才能晉升重量級。

別擔心，我才不會拿那些廢到爆的商業入門課煩你——這些東西你應該大部分都會了，就算

不會，坊間也有一堆書可以教你。**新富人借助的關鍵策略**，雖然的確跟一般商業技能有關，但他們是透過非常獨特的方式來使用這些技能，以得到自己想要的東西。

首先是「精湛的說服力」。多數人平時使用說服技巧（或力量）的方式都是錯的。他們試圖說服別人做傻事，例如「請老闆幫你換一間更好的辦公室」或「讓臉書好友喜歡你的貼文」。

而訣竅在於，你應該將說服力用在「**能替你直接省下時間**」的事情上。想想看就知道：我們大多數人想要的就是自由。我們想掌控自己的生活。想獲得自由最快速、簡單的方法，就是說服別人替你做事，讓你能空出時間。

一旦你成功讓別人替你做耗時的事，你就可以專心替自己生出更多現金流量。這時你就需要協商的藝術。

接下來事情就會變得很有趣，而且有利可圖。行事曆一片空白，協商大獲全勝，你開始替自己的時間訂價——因為它「真的」是你的時間。這時候生產力就來了。你把時間的價格訂高一點，就會發現自己一小時值X美元，或一週值Y美元；換句話說，你知道別人要花多少錢才能把你請下床。這樣的餘裕能使你看清今天該專注於哪件事，以及你為什麼要把時間花在這裡。

你應該利用恐懼來賣東西嗎？

這可不是「說服力速成班」，但我會跟你分享一些特定的說服技巧，而我就是利用這些技巧，年紀輕輕就累積一大筆財富。我只瞄準一件事：恐懼。

我這麼做，是因為我們大部分的購買行為都是受情緒驅使的，而恐懼就是最強烈的情緒。當我們害怕某件事，就會想盡辦法來消解疑慮。獲利能力最強的銷售員都知道這一點，於是他們就**銷售「解藥」**，利用我們的恐懼來賺錢。想想看：你之所以購買租客保險、車險甚至「電腦險」，都是因為你**害怕那個理論上可能發生的錯誤**。

可惜許多人依舊試著「曉之以理」，結果使自己居於極大的劣勢。看看希拉蕊・柯林頓（Hillary Clinton）吧，她就試圖利用理性事實（真正發生的事）來贏得總統大選，結果輸給某個利用煽動性言語來操弄選民情緒的傢伙。所以你必須跟著情緒走。

這聽起來或許油腔滑調，但你不一定要搞成這樣。現在的人比以前更不理性、更情緒化，但你要利用這個機會為善還是為惡，是由你自己決定的。只要銷售一個很棒的產品，你就可以利用恐懼獲利，卻不必面對道德兩難。

關鍵在於述說一個故事來挑起恐懼，然後再補一句：「這種事也可能發生在你身上。」接著你就可以賣解藥給企業或消費者了。

其實我們每天都在咬這種餌。我們買魚肝油來預防癌症；買啟動電源來預防車子拋錨；買 AppleCare 保固服務預防 iPhone 摔壞；買滅火器預防火災。你現在就可以看看四周，應該至少有一樣東西你已經一年沒碰過，因為某人讓你覺得：「為了預防 XXX，我需要買這個東西。」

我已經找出以下七個恐懼原則，最能直接增加銷售額與現金流量。不過說服策略並不只有這些，你還有很多方法可以說服伴侶不要分手，或說服小孩寫作業之類的。我這裡的重點是說服別人買你的東西，或說服他們做事，讓你口袋賺飽飽。

當你思考自己的事業該怎麼利用這種概念，你會發現自己不太可能明目張膽的利用這些恐懼來銷售產品。但假如你了解自己想迎合哪一種恐懼，你就能夠傳遞訊息來反映它。若你想迎合「對於未知事物的恐懼」，就要使用「隱藏」、「聰明」、「前所未見」等字眼；若你想迎合「對於錯過事物的恐懼」，就要使用「下次請早」、「剩沒幾件」、「不買你會後悔」等字眼。

對於錯過事物的恐懼：我之前提過，清空行事曆的最快方法，就是找別人幫你做耗時的事。我在僱用某人加入我團隊的時候，就會巧妙使用恐懼說服法（這裡的例子是對於錯過事物的恐懼），說服他們跟我共事。我的說詞大概是這樣：「欸，我們公司成長速度很快喔！成立三個月到現在，就賺了十萬美元，到年底應該能賺到一百萬。我希望你從草創期就加入，但因為初期預算有限，你的薪資能夠低一點嗎？你能接管系統的這個部分嗎（例如播客剪輯或 GetLatka.com 的資料輸入）？這樣我就不用親自管理。」而我真正的訊息是：「**千萬別錯過我這間（未來的）大公司。給我早點加入！**」

你用恐懼說服法來增加銷量，也是同樣的概念。你會聽到許多大會主辦單位說：「只剩十張票了，今天一定會賣完。不想被黃牛坑錢的話就趕快買！」許多數位產品也會利用「開放購物車」的概念，說道：「哈囉，我們這臺購物車禮拜五就要關閉了。請在我們關閉之前先買好，因為我們不曉得以後是否會再開放。」這一招可以用在任何「錯過不再」的事物上，例如一場活動、特定日期開放的線上課程，以及限時服務。

對於未知事物的恐懼：當你挑起對於未知事物的恐懼，就會發現極大的商機。從保險到OK繃都是如此（尤其是健保，但現在先不提）。許多價值億萬美元的產業，都是靠賣物件保險（例如車子、住宅、手機）建立起來的；企業必須購買綜合責任險、董監事責任險、勞工賠償險；店家則提供各式各樣的附加保險，從玩具到冰箱都有。撇開保險，我們會買手電筒與電池預防停電，也會在浴室與手套箱（按：汽車副駕駛座儀表臺下方的儲物箱）內放置急救用具。

我們被「如果會怎樣」（what if）這種思維給觸動，因此花了一大筆錢；而公司最愛替「如果會怎樣」的情境加油添醋，以升高我們的恐懼。最厲害的廣告商都非常擅長將「如果會怎樣」深植於我們的腦海，讓恐懼揮之不去；當我們聽到商人的訊息，就會覺得很急迫。例如泰諾（Tylenol）止痛藥的廣告詞可能是：「準備要去海灘度假嗎？別忘了放一盒泰諾在口袋裡，確保頭痛不會毀了你的旅行。」

時事也有可能引起新的「如果會怎樣」恐懼。光看安全軟體就知道了。KnowBe4.com的駭客預防軟體，營收之所以會成長，最大功臣就是普丁跟俄羅斯。俄羅斯的駭客活動在二〇一六年美國總統大選時，成為眾所矚目的焦點，而在此之前，KnowBe4的銷售額為兩千萬美元。二〇一七年，它的銷售額突破六千萬美元，而且營收成長與遍布各地的駭客活動直接相關——例如目標百貨（Target）的信用卡漏洞、奇波雷燒烤店（Chipotle）的讀卡機慘遭入侵，以及俄羅斯駭入美國政府等事件。

對於生命的恐懼：你可以想想所有壽險保單，以及每一位提供遺囑服務的律師。而現今的公司對於挑起這種恐懼，也越來越有創意了。例如 Forever Labs 賣的是「儲存幹細胞的能力」，費用為預付兩千美元，之後每個月繳兩百五十美元。我訪問這家公司的時候，它才剛成立沒多久，銷售額就達到四十萬美元。他們的說詞是：「嘿，假如你不幸得了癌症，我們就可以用你之前儲存的幹細胞，在你體外生成乾淨的新細胞，再利用這些細胞治好你。」就這樣緩和了顧客對於生命的恐懼。

此外，還有一大堆產品也是利用你對生命的恐懼：滑雪的人穿戴的追蹤裝置，當他們遇到危急生命的狀況時，搜救隊可以找到他們；以防火災的折疊式窗梯；跳傘背包裡的備用降落傘；飛機上的氧氣罩等等。

當你發現皮膚長斑，心想「天啊！該不會是癌症？」的時候，會先做哪件事？你應該會去 Google 一下，然後看到網路醫生（WebMD）這類網站。它們看準人們擔心自己的身體會出問題，藉此海撈一筆，而且還「跨足」下一種恐懼……。

對於健康的恐懼：許多對於生命的恐懼，也跟對於健康的恐懼有關。健保就是這樣，當扣除額上限只有一千五百美元、理賠上限只有五千美元的時候，為什麼我每個月還要花八百美元，購買這套只涵蓋重大災變的計畫？因為：「萬一我得了癌症呢？萬一我遇到車禍變成殘廢呢？」我們有數百萬人付錢緩和這種「如果會怎樣」的恐懼，所以健保是價值上兆美元的產業。

維他命、補品、健身房會員、健身教練、蛋白棒——這一切都是在利用我們對健康與人生的恐懼。

接下來這三個恐懼，或許跟你的工作更相關：

對於失去自由的恐懼：整個生產力工具的市場都是靠這種恐懼吃飯的。暢銷書如提摩西・費里斯的《一週工作四小時》、大衛・艾倫（David Allen）的《搞定》（*Getting Things Done*，中文版由商業周刊出版），也是利用這種恐懼。我們害怕被別人控制──他們控制我們的時間，要我們一週工作八十小時，而且薪水永遠不會漲高。我們想奪回自己的時間與自由──這也是你想讀這本書的原因。

對於寂寞的恐懼：這就是社群網路突然爆紅的原因。它們恣意使用小小的紅色提醒圖示（按：例如 Line 右上角那個未讀訊息數的圖示），讓你覺得自己很重要──這就是在利用你對寂寞的恐懼。它們讓你覺得其他人在想你；但已經有很多人主張：這些小小的多巴胺刺激，根本就沒有幫助。

利用對於寂寞的恐懼來銷售商品，可不是社群網路的專利。每個約會 App 都在利用我們的恐懼：我永遠交不到朋友、我永遠找不到對象、我永遠約不到別人。於是我們打開 App，希望能認識別人。

再看看實體商品，你甚至可以說化妝品公司也在利用對於寂寞的恐懼。大多數人都會化妝來展現最美的自己，並因此感到自信。假如你出門時沒有自信呢？你覺得人們不會被你的神采吸引嗎？化妝品公司就是靠這種恐懼來對你行銷。

輝瑞藥廠（Pfizer）販賣威而鋼，利用男性對於寂寞的恐懼而大賺一筆。而任何承諾要協助我們與別人實際交往、培養自信並增進情趣的產品，都是同樣的道理——古龍水、香水、護髮產品、女性內衣、潔牙用具等。

對於失敗的恐懼：這種感覺每個人都有，因此從軟體到鞋子都可以利用對於失敗的恐懼。比方說，你決定跟朋友一起參加鐵人三項。你希望自己穿到對的鞋子，這樣你長跑十八英里時，就不會起水泡或扭傷腳踝。於是你去買了最好的鞋子。假如你成立一個事業，恐怕也得花好幾千美元——企業教練服務、線上投售課程、一流律師——緩和你對於失敗的恐懼。

假如你賣的東西能夠同時利用好幾種恐懼，那你的成功機率就會暴增。比方說，人們之所以花錢上健身房，可能是出自對於健康、失敗與寂寞（練不出好身材就沒人要）的恐懼；人們之所以參加票價昂貴的商業大會，可能是出自對於錯過事物、失去自由、失敗的恐懼，因為他們相信大會能幫助他們建立人脈，事業也得以進展。

恐懼的說服力真的超強大。它當然不是唯一的說服手段，但絕對是你現金流量的最大助力，甚至連訴求是「讓世界變得更好」的商家都是如此。這也是為什麼，想改變世界的慈善機構很難從一般消費者募到款；而銷售頭痛藥、壽險、幹細胞儲存或鞋子的事業，儘管沒有改變世界或治癒癌症，卻能夠索取高價。

說到恐懼，**你之所以輸掉協商，就是因為你害怕輸掉協商**。因此，你最好在還沒恐懼之前就開始協商。換句話說，就是在你不需要喬的時候去喬（按：借用臺語音譯，意指協商）。

在你不需要喬的時候去喬

等你殺進新富人的領域後，必定會一天到晚都在喬生意，而我之後會介紹一些應付這類情境的策略（第十三章就有截圖，說明我怎麼賣掉我的第一家公司）。不過你才剛起步，我希望能教你利用協商，現在就能立刻創造現金流量。你手上的現金越多，就有越多的閒錢能夠養肥你的金鵝們（下頁圖5-1）。

想要騰出現金，最立即見效的方法就是減少你的大型開銷。我猜你最大筆的開銷應該是租金、房貸、車貸或學貸。多數人繳這些錢的時候，都會覺得自己被「套牢」了，但它們其實比你想的還有彈性。我不是要你搬到比較便宜的地方住，買一輛破車，或合併你的貸款——這些都是理所當然的事，不必多說。就算你的生活已經節衣縮食，也還是可以透過協商來減少大部分的開銷。（假如你在星巴克工作，卻還敢貸款買BMW來開的話，連我都幫不了你。）

假設你銀行裡的錢可以支付兩、三個月的房租，就不會覺得自己有財務壓力，但你還是不想支付全額。而這裡，就是你可以喬的空間。喬事情的最佳時機，就是你不需要喬它的時候。假如你現在讀到這一段，我希望你去喬一件你不必喬的事。請寄一封信給你的房東，說詞如下：

圖5-1　我想賣掉公司的協商信範例

shutting heyo.com down

Nathan Latka [redacted]
to [redacted]

Hey [redacted] team and I have been focused on a totally unrelated (to social media, smb's/agencies) opportunity for the last 9 months and its growing fast now.

We've decided to shut down heyo.com as a result (distraction).

Interested in assets? (it competes with BrightKit).

Did $600k top line revenue last year, 10k customers (1,800 monthly recurring).

Ryan Holmes [redacted]
to Nathan

Hey Nathan,

We did some back of a napkin and estimates and I think we could get you somewhere north of $500k in bounty when we look at the current user base and cross-selling in some of our other products coupled with $50,000 upfront cash. We be happy to sign NDA etc regarding deal terms, and can help make this a good PR win.
We don't see much value in the technology and would also be able to get the team back to you. Let me know if you're interested in hearing more, and I can share some of the modeling with you.

> 主旨：財務問題
> 我這個月付不出房租了，您是否有辦法幫助我？

就這樣。寄出去吧。

這樣做，是在強迫對方思考他們的機會成本。你正在創造疑慮，而疑慮就跟恐懼一樣，製造成本為零，所以利潤特別高。

以目前的情況來說，你房東的機會成本很高。把你趕走不但很花時間，也會讓他有壓力；在他找到下一個房客之前，公寓可能會空著好幾個月，這段時間的房租也飛了。他還得先花錢粉刷牆壁、打掃室內，新房客才能搬進來。

你房東一想到這筆「房客流動成

本」，鐵定不希望你付不出房租，更不希望你搬走。他很清楚把你留下來的價值所在。因此，當他收到信的時候，他應該會降房租，以避免更大筆的房客流動成本。就算他不降房租，也會寬限你幾天，或是先少收一點，等到下個月一起付。不管哪個結果，都算你賺到！你的房租可以晚一點繳，或是繳少一點。光是創造疑慮，你就替自己喬出了空間，然後省錢。

如果你有房貸，而且貸方是小咖的話，也可以利用上述這封電郵。你房貸違約的話，信貸人員就頭痛了，因為有許多流程與程序要跑，壓力實在很大；而且他必須向主管報告這個問題，臉色還不能太難看。如果你是跟大公司貸款，就沒什麼協商優勢；但假如貸款給你的人跟你有私交，他應該會幫你少付一點錢。以上所說的一切，亦可應用於車貸或學貸。

還有另一個選項，就是把這招用在更新租約的時候——因為你的房東一定會藉著換約調漲你的租金（對啦，我就是這種惡房東）。房客用這招對付我的話，協商過程就會痛苦到快死掉。我有一間房子住了六個房客，每月支付三百七十五美元的房租。更新租約的時候，我試圖每月調漲四十美元，簡直獅子大開口；可是他們跟我討價還價，而且最多只願意每月漲十美元。要我再去找六個新房客實在太麻煩了，所以我只好答應他們。這樣你就知道，**你對房東一定有協商優勢**，要好好利用它！

這裡的重點就是「在你不需要喬的時候去喬」。千萬別等到你的銀行存款見底，才跟房東說你付不出房租；這樣把柄就全握在他們手上了。請在你不需要幫助的時候進行協商，這樣就算凹不到折扣，也頂多是支付原價而已。而且這樣做，反而會強化你跟房東之間的關係，因為你承諾的金額比預期還低，但真正支付的金額比預期還高。這不是在騙人，而是找到一個切入角度，增加你的優勢。

在你不需要喬的時候去喬，也能夠增加你的可行選項。創造選項就已經不只是討價還價而已了，但當你練習騰出現金的時候，你也會將這種心態套用在其他事情上。你會想出各種新方案來花費時間與金錢，也更容易做出非傳統的選擇，使你更接近自己想達成的事情。

這樣的觀念已經深植我心，以至於別人問我現在做什麼工作，我都會回答：「嗯……這很難講耶。」這其實是好事，因為他們若不知道我做什麼，就無法攻擊我。圓球與方塊的不同之處在於，人們知道怎麼攻擊方塊；他們知道你的邊界所在，所以知道你在做什麼。但是圓球沒有邊角，所以無法被定義，可以四處滾動。如此一來，你就會變得很有影響力，因為你能夠成為競爭者的矚目焦點。他們都想知道你想去哪裡、你在做什麼，也會擔心你跟他們競爭。為了產生這種影響力，你必須創造選項。你必須能夠前往任何方向，或是盡可能多一點方向，端看你的事業與生活中會發生多少事情。

我無時無刻都在替自己的播客創造選項。當執行長找上我，問我是否有贊助機會時（每個星期都這樣），**我的廣告空間通常已經額滿了**。既然贊助商好幾個月前就把空間訂光了，我當然可以說額滿。**但我何必這麼說**？同樣的道理，也可以套用在接到新客戶詢問的代理商，或是任何尋求銷售線索的事業。就算你沒有空間能夠提供給客戶或贊助商，或你基於某種理由想拒絕他們，你還是要跟他們談下去，看看有沒有新的方向。

只要有人問我贊助的事，我的答案一定是：「可以把你的想法告訴我嗎？」如此從對方口中套出一些條件，就大概知道他們每集願意付多少錢、想要贊助幾集、想要多少報酬。**我價格可以**

隨便開，反正他們不贊助我也沒差。

一旦我跟對方談到底，並且心中有選項之後，我就能決定是否該挪出空間給這位執行長，讓他成為贊助者。這樣總比立刻拒絕他還好得多。

人的一大盲點就在這裡：他們拒絕了自己沒興趣的機會，而不讓對話繼續下去。但你要記得，唯有從對方那裡拿到最好的提議，你才能做出最好的分析——無論對方是員工（你想僱用他）、執行長（你想賣公司給他）還是顧客（你想賣產品給他）。**在你做出任何決定之前，你必須盡可能談到底，這樣你才會得到最棒、最準確的資料；就算你不想要這筆生意**也得這麼做。請記住，協商失敗也無所謂的時候，就是最有利的協商時機。只要你占上風，就會得到許多超乎想像的優渥條件。

新富人利用時間的方式，跟你不一樣

等你開始熟悉本書的概念之後，一定會省下許多時間。這時，你就該好好做你的金鵝大夢：全心投入於「養鵝系統」，執行它，然後再生出另一隻鵝。你養起來的每隻金鵝，都會為你開啟更多選項。

可惜的是，大多數人什麼都養不起來。他們看到事業計畫的潛力之後，心頭湧上一股幹勁，就這樣一頭栽進自己的待辦事項清單內，然後被龐大的內容嚇到動彈不得；如果在他們放棄之前有做到其中的一〇％，那還真是可喜可賀。

待辦事項清單會毀了我們。我們試著靠它將事情一件件完成，結果卻一件件失敗。然後我們會想說：「假如我們連一天份的工作都做不完，又怎麼可能在短短幾個月內，就完成改變人生的大事呢？」這是因為我們高估了自己一天內能做的事，卻低估了一年內能做的事。

如果你不整理自己的思緒，你面對大型計畫時腦袋就會短路。**你必須整理你的點子，把它們分配成好幾段時期（每期一年）**，然後每週執行它們，並確保你每天都有好好生活，這樣你才不會錯過自己的人生。換句話說，你要這麼做：

以「十年」為單位來做夢↓以「年」為單位來思考↓以「週」為單位來工作↓以「天」為單位來生活

以「十年」為單位來做夢

在這個階段，你可以任由自己的思緒飛揚。請找個安靜的地方，一邊做你的金鵝（還有金蛋）大夢，一邊建構你的點子。你的夢想要夠長遠、具體：想像你十年後要走到哪裡，你的事業、人生與家庭會變成什麼樣子。

為了實際感受這種成功的感覺，你該做什麼就去做什麼。我在前一章警告你，把報酬當成動機會有什麼危險，但假如你必須專注於金蛋，才能在這個做夢階段感受到幸福感，那就這樣做吧！不過你必須確定自己的目標，是位在遙遠未來的大顆金蛋。

像我就很喜歡贏的感覺；它就是我的動機，所以我的大目標，都跟我與同齡人士的小型競爭有關。目前我個人的小型競爭有：

- ▼我希望自己第一本著作的銷量，贏過萊恩・霍利得（Ryan Holiday）銷量超過二十萬本的第一本書《相信我，我在說謊》（*Trust Me, I'm Lying*）。
- ▼我希望建立一家軟體公司，比瑪希德・柯林（Mathilde Collin）的 App 軟體公司 Front（月入九十萬美元）還要大。
- ▼我希望建立一個不動產事業，比奈特・保羅（Nate Paul）的世界級控股公司 World Class Holdings 還大（他出身奧斯汀，年僅三十歲就持有價值十億美元的不動產）。

以「年」為單位來思考

還記得我在第三章，教你把大膽的目標拆解成系統嗎？這就是以「年」為單位來思考。你必須好好規畫這塊十二層（月分）的千層糕，才能讓它生出大量的金蛋。它可能是你即將建立的新系統，或你即將改善的現有系統。你可以看看哪些系統可以彼此相疊，以達到最大產出。只要在

圖5-2　我尋找收購公司對象的系統

Likley to acquire?	I	L	Notes/Type	[redacted]	Type	Link	users	Action	[redacted]	Next Step	Acq. Price
3			B2B Leads	[redacted]	Buy	https://gainful.io/		Emailed 1/27/2017	[redacted]		$22,000
10		In	Dhruv chatting w	[redacted]	Buy			Emailed 10/28/2017	[redacted]	Dhruv chatting w	$100k
Done Deal			Direct	[redacted]	Buy		35,094	Emailed 6/20/16	[redacted]		$1,000
Done Deal			Direct	[redacted]	Buy	https://chrome.goo	7000	Emailed 10/28/2016	[redacted]		$100
Done Deal			Direct	[redacted]	Buy	https://chrome.goo	39493	Emailed 7/5/2016	[redacted]		-$15k
7			churn saas reduc	[redacted]					[redacted]		
		1/	Direct	[redacted]	Buy			Called 1/9/2018	[redacted]		
			B2B leads	[redacted]					[redacted]		
8			Direct	[redacted]	5/5/2016	https://chrome.goo	378,000 users 1/	Emailed 10/29/2017	[redacted]	com	1.4 cents per ma
8			Direct	[redacted]	5/5/2016	https://chrome.goo	11964	Emailed 8/7/2017	[redacted]		$1,200,000
7			Direct	[redacted]		https://chrome.goo	1700	Emailed 1/27/2017	[redacted]		$10,000
7		Sl	Direct	[redacted]	sold scripted to S			Emailed 8/7/2017	[redacted]	He's holding on t	$200k
7			Direct	[redacted]	Buy	https://chrome.goo	2337	Emailed 1/27/2017	[redacted]	Asked Trever Fa	like nothing
7			Direct	[redacted]				Emailed 8/7/2017	[redacted]	[redacted]	$250k total rever
7			Direct	[redacted]		https://chrome.goo		Emailed 8/7/2017	[redacted]	One of them goir	
6			Direct	[redacted]		https://chrome.goo	15,000	Called 1/27/2017	[redacted]	He's thinking for	
5			Direct	[redacted]	Buy	https://chrome.goo	98000	Emailed 11/10/2016	[redacted]		
4			Direct	[redacted]	not sure				[redacted]		
4			Direct	[redacted]		https://chrome.goo	26109		[redacted]		
4			Direct	[redacted]		https://chrome.goo	3439	Meet in SF, 212-729-7551	[redacted]		
1			Direct	[redacted]	5/5/2016	https://chrome.goo	1107530 users		[redacted]		
1			Direct	[redacted]	5/5/2016	https://chrome.goo	54300		[redacted]		

多個系統之間建立連結組織，你就能夠做到一加一等於五。

而我現在就是這樣擬定計畫，以成立一家新的軟體公司。我打算透過收購與合併來建構它，心想它需要什麼系統才能起飛？後來我終於想出來了：

▼首先要有一套吸引投資人的募資系統。我自己會出一大筆錢，但其他人也想參一腳。二〇一一年，我跟夥伴一起替我的公司 Heyo 募資的時候，我們的募資系統先把這個事業的財務與市場，概括成一頁文件（你可以在 NathanLatka.com/surprise 看到這份文件）。接著我們製作一張 Excel 表單，列出三十至四十位潛在投資人，再將剛才那份文件寄給表單上的每個人，而且截止日訂得很緊。等到其中一、兩個人承諾投資後，我就會聯絡表單上的其他人，然後說道：「假如你很好奇跟我合作會怎樣，我可以向你介紹兩、三位人士，他們都答應投資我

了。你喜歡我寫的公司簡介嗎？」於是他們開始口耳相傳，結果投資人數超乎預期。我們本來只想募到五十萬美元，最後竟募得五十五萬美元。

▼除此之外，還需要另一套系統，能夠試探、尋找其他公司，並加以收購。上頁有一張 Excel 檔的截圖（上頁圖 5-2），我就是用這個檔案來追蹤所有交易。你可以看到我的排名基準包括「最可能收購」、「公司類型」、「我應該買下這間公司，或賣公司給它」、「它們的用戶群」、「我上次對它們採取的行動」、「我認為收購價格是多少」。這就是我用來尋找收購對象的基本系統。

▼我手上要有合約的範本，才能迅速談成多筆交易。

▼最後還需要一個執行架構。我對剛買下來的公司的作為，都會透過這個架構化為系統，進而使公司成長。

上述每一項都是千層糕的一部分，而我可以在這一年內讓它們動起來。我已經感覺到這塊蛋糕烤好之後的滋味了。對我的軟體公司來說，「烤好的蛋糕」就是一條新的收益流，每年一百萬美元；而產生現金流量的系統，使我能夠投資更多錢在這間公司上，並繼續將「千層糕」建構成一筆資產，在我有生之年不斷成長下去。

以「週」為單位來工作

在這個階段，遠大的夢想會與現實緊密配合。你知道自己在十年內、一年內想做什麼事；你也知道自己必須啟動哪些系統來做到這件事。現在你應該來關注每個系統的日常工作，並執著於細節。假如你處於一個計畫的發展階段，你每週要做哪些事情讓它起飛呢？假如你的系統已經運作了，你每週要做哪些事情，才能讓計畫持續進展、成長？

所有的系統我都有做筆記，包括每個步驟的細節與所需時間。當一個系統開始占去我太多時間，或我認為要「加碼」一個系統讓它更有效率，我就會利用這些筆記，想出該怎麼將系統自動化，然後加進千層糕裡。這件事可能要找軟體幫我執行，或是僱用一個人來接手。

我的播客來賓預約系統，以前每週要花我四至五小時的時間。這段時間內，我會寫出鉅細靡遺的流程筆記，然後將它交給艾隆，也就是我僱來接手這份差事的人。艾隆每預約到一位來賓上節目，就可以賺到十二美元。

艾隆剛接手的時候，我先跟他介紹我的系統，再請他使用這套系統時要專心改善其內容。艾隆將自己改善過的地方寫成筆記，假如他離職的話，接手的人就可以使用這套流程。現在我已經不用花時間邀請來賓了——這是很自然的發展。千層糕又增添了一套美妙的系統。最棒的地方在於：播客預約到的來賓越多，我跟艾隆的荷包就越飽。

以「天」為單位來生活

在這個階段，你的心血有可能開花結果，也有可能化為烏有——因為待辦事項清單形同虛設。清單上大部分的事情都毫無進展，而我們卻繼續追加工作，把原本該做的延到明天，形成永無止境的循環。以前我會把待辦事項清單放進 Apple Notes，結果隨著日子一天天過去，清單也越來越長。

會發生這種事的最大原因，是因為我們沒有設立心理架構，將項目移出待辦事項清單。我的意思不是「工作完成後把它劃掉」，而是「把那些死賴著不走的項目砍掉」。

現在我評估待辦事項清單的方法，就跟整理衣櫃一樣，採用「三十天法則」。假如我過去三十天內沒有穿這件衣服，未來三十天也沒有打算要穿，那這件衣服就不要了。待辦事項清單也一樣，如果這件事我還沒完成，而且平常也沒去做，那它就可以砍掉。這種決策方法是非黑即白的。假如你沒有訂規則處理這些賴著不走的項目，就會花太多時間決定該怎麼處理它們。你必須快刀斬掉眼前這堆亂麻。

如果以「天」為單位來生活，就能夠專注於兩、三件當天就能完成的事，而這些事情，又能幫助你達成每週預計要做到的事。最後，這些成果就能餵養你的系統（你預計耗時一年將它們建立起來）。如果你的待辦事項清單上，有今天無法完成的事，而且無法餵養你的每週目標或年度目標，那你連三十天法則都不用了，立刻砍掉它吧！

只要確保你的日常工作對系統是有建樹的，你就能避免「錯誤的幹勁」——許多人整天下來做了一大堆簡單的工作，就會有這種錯覺。把清單上的事情劃掉，會讓他們感到興奮，但到頭來他們會元氣大傷，永遠成不了大事。

我自己遵循的快捷法則是：「永遠先處理大事，而且早上就立刻處理。」當你很清楚每天該做什麼決策，你就能省下大量的精力，並全神貫注於更長遠的發展——你這一週、這一年、這十年內，究竟想達成什麼事情？

我認識一位老兄，正要準備出道擔任旁白人員。他的計畫大致是這樣：

▼接下來十年，他將擁有完整的客戶群，而他的旁白工作，每年將替他帶來六位數的收入。

▼今年他預計要爭取到十位常客，並僱用一位經紀人。為了達成這個年度目標，他正在啟動五個系統：

1. 系統一：錄製樣本，包括有聲書、電臺／電視廣告、企業公關影片等。這些都是他打算涉足的領域。
2. 系統二：架設一個作品網站，展示他的樣本。
3. 系統三：透過 Voices.com 與 Voices123.com 等求職網站，每週試鏡三十個節目。
4. 系統四：每週接洽十位經紀人。
5. 系統五：每週接洽五位有聲書出版商。

▼本週的每一天都要將心力集中在建構系統上。如果他必須先啟動一個系統，才能啟動下一個（先錄製樣本，再架設網站，然後才去試鏡與接洽經紀人、出版商），他就必須花費一整週的時間，專心製作蛋糕的每一層；而這塊蛋糕將會確保他的旁白事業年年成功。

當你為了達成大目標而打拚了一整年，最後一定會想回頭看看自己做得怎樣。然後……你在除夕那天打開日誌，「分析」自己的成就？未免也太假掰了吧！我告訴你，不會有人真的這麼做，別相信那些暢銷的成功法書籍！

我要在此分享一個祕訣，讓你得知自己過去一年來的成就，而不用衡量其他事情。你只需要衡量一件事：**銀行存款**。如果這個數字在一年內增加了，那就確認一下你現在的生活，是否就是你想要的。只要問自己：「**我感覺爽嗎？**」

如果你問自己兩次，答案都是肯定的，那麼我恭喜你終於躋身新富人之列！

新富人如何用更少的時間做完更多事？

看來你的金鵝策略已經設定好了。你知道今天、這禮拜、今年、這十年內該做什麼。現在是早上九點，你依照「新富人行動計畫」第一天的預定行程，打開信箱，準備開始第一項工作——請某間中國成衣製造商報價，因為你想找它生產你要賣的T恤。

正當你要點擊「撰寫郵件」的時候，你發現有新郵件寄來。你決定快速處理它們：先刪掉十封，再打開三封稍微讀一下，然後全部標記為「未讀」，之後再看。接著你快速回覆一位賣家，跟他說款項已經匯出去了。

你以迅雷不及掩耳之勢，打開 Venmo（按：PayPal 旗下的一個行動支付服務，讓用戶可以使用手機或網頁轉帳給別人），依約匯款給那位賣家。但在此之前，你要先回覆三則手機簡訊，再飛快檢查一下推特（以免提示音一直「叮咚」），回覆兩個發推特給你的人。呼，終於可以回到 Venmo 了，匯款成功！

匯款的時候，你突然想到有兩個客戶還沒付錢。可惡……因為你沒有跟他們請款！於是你把發票整理好統統寄出去，又想起另一位客戶已經過了付款期限。

你準備寄信給這位拖欠的客戶，眼睛瞄了一下時間：早上十點半。準備寫給中國成衣廠的信件，現在依舊一片空白，縮在螢幕的角落——你甚至已經忘記要寫什麼東西。一個半小時怎麼就這樣過了呢？

這種情境你應該熟悉到不行，而且這還只是一個早上。突如其來的電話、閒聊與會面，還會繼續奪走你的專注力。這種情況是不會停的，直到你大功告成為止。

每次你切換工作，都要花費五至十分鐘才能重新接上之前的進度。假如你一天切換十次工作，那就要花一百分鐘，等於你每天會損失兩小時左右的生產力。

這世界上最有效率的人，都懂得「分批」時間。新富人光是這樣做，就遠遠勝過那些被分心所苦的人。其他人會四處奔波，每天進行上千個無關緊要的工作（而且沒完成任何有意義的事），新富人卻不吃這套。你先別管那些僱用助理處理小事的人，雖然你以後也可以這麼做，但假如你無法主宰自己的時間、讓自己完成大事的話，那還是別想了吧！

分批時間的概念很簡單：每件工作或專案都要分到一段能夠專注的時間（至少三小時），期間內不可以跑去做小事。假如你一次進行好幾個大型專案，那就以「天」為單位來分批時間，不要用「小時」。傑克・多西（Jack Dorsey）就是靠這樣來同時經營他的推特與電子支付公司Square。他在一次美國媒體公司 Techonomy 舉辦的會議專訪中，解釋自己如何同時經營兩家公司：

「唯一的方法就是要非常有紀律，而且駕輕就熟。**我的工作方式，是為每一天設立一個主題**。星期一我會專注於兩家公司的管理工作，我們會在 Square 召開定向會議，並於推特召開營運會議；星期二的重點是產品；星期三的重點是行銷與溝通；星期四的重點是開發者與夥伴關係；星期五的重點是公司文化與人才招募；星期六我會休息，出外健行；星期天則用來反省、提供回饋、擬定策略，並準備好下一週該做的事。我就這樣替公司建立了很棒的節奏感，所以我們能夠不斷遞送工作，並且總是知道上週的進度到哪裡、下週的預定進度又到哪裡。」

多西透過分批時間，以「天」為單位來生活，以「週」為單位來工作，這樣他就能持續關注兩家公司更長遠的未來。

而我是利用 Acuity Scheduling 這套工具來分批時間（你可以在 NathanLatka.com/schedule 看到它）。它能讓別人看見你什麼時候有空，也就能挑時間跟你見面。我撥出三小時給播客訪談，每次訪談為二十分鐘。來賓透過連結進到我的行程表，再從我的空檔中挑選時間。時間表確定之後，我每個小時會接見三位來賓，每位二十分鐘，一位接一位。當中沒有轉換成本，超有效率。

分批時間聽起來很簡單，卻很難從頭做起，因為我們的大腦已經習慣持續分心。所以一開始，請每兩週挑一天，專注於一件工作或主題，強迫自己無視那些三不五時的干擾。而且你也要自制；很多時候就算沒別人干擾你，你也會一直查看電郵、社群媒體、簡訊之類的，自己搞破壞。請把手機放在另一間房間，或是塞在包包底部；善用網路阻擋 App（例如 Freedom），你就無法查看你「覺得」很急的東西。這天結束之後，你會覺得自己好多了。你會省下更多精力，因為你沒有浪費太多時間來開始或結束事情。這樣一來，你應該就能夠做完更多事——非常多。

總結：新富人的工具箱

⇩利用恐懼銷售商品

⇩在你不需要喬的時候去喬

⇩丟掉待辦事項清單，建立你的系統

⇩分批你的時間

第二部

賺到錢、留住錢、錢滾錢

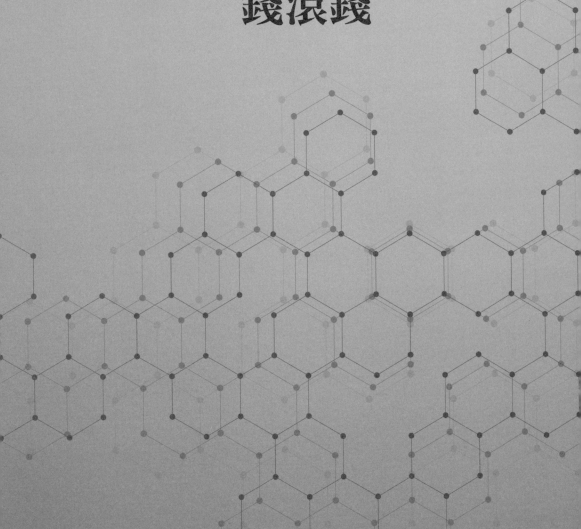

第六章 把你藏起來的錢找出來

「富人藉由犧牲最窮困的人而變得更富有。」

——普拉蒂帕・潘迪楊（Pradeepa Pandiyan），攝影師

「財務保障不在於你擁有多少事物，而是學會用低於收入的預算來生活，這樣你就能還錢，而且有更多錢可以投資。在你做到這件事之前，你都不算成功。」

——戴夫・拉姆西（Dave Ramsey），電臺主持人

你要費盡千辛萬苦才能夠清空行事曆。除非你苛求每個細節、建立你的系統並微調營運狀況，進而創造現金流量，否則沒有任何事情是能夠自行運作的。

但你可以靠自己讓事情輕鬆一點。創立新事業（或嘗試任何新事物）的最佳方法，就是把開銷壓到非常低。我知道這是常識，但能實踐的人並不多。減少開銷當然是很聰明的，但大多數人都遺漏了等式的另一邊：將你的負債轉為資產。

別跟我說你沒有資產。假如你真的這麼想，那八成是被人洗腦，或根本沒發現你擁有的事物藏了什麼商機。像羅伯特·清崎（《富爸爸，窮爸爸》的作者）這種老派的商業書作者，都會告誡你：**「房子、車子、船之類的物件都算是負債，因為它們每個月都會吸走你的現金。」但偏偏就是這些物件最有賺頭**。現在讓我們先忘掉清崎老兄吧！他在夏威夷學的那套「致富之道」，在現今的共享經濟中已不復存在。

共享經濟就是我們的神兵利器。因為有它，我們才能夠把自己擁有（或租來）的東西，全部化為印鈔機。假如清崎那一幫人的商場，位於現今這個「拿舊債印鈔票」的時代，他們大概會一敗塗地吧？總之，假如我們妥善運作系統，就能夠利用共享經濟來澈底減除費用。

我知道很多人讀到這裡，一定會覺得我說的概念不適合你。你眼中只有負債、租金跟你的那輛車。但還是請你繼續看下去吧！千萬別低估「將事物轉為資產」的可能性（因而跳過這個步驟）——它可是讓事業盡快成長的一大功臣。只要得到額外的現金，你就不必做你討厭的事，例如硬著頭皮接受一位魔鬼客戶，或是用你不喜歡的方式掙錢，只為了付帳單。此外，額外的現金也能讓你更有耐心：你可以花更多時間打造一流的產品，因為你不必靠它來支付費用。**讓你負債的事物，其實能夠還清它自己造成的債務**——有時甚至還能進帳額外的現金。

這個概念最令我喜歡的地方，就是它很簡單——只要知道有誰想使用你的物件，再跟他們聯繫就好。你已經知道 Airbnb 這類主流工具，但我還是能教你幾招，讓網站為你的利益效勞。此外，我也會介紹幾個鮮為人知的市集給你，使你的所有物件（車子、辦公空間、線上內容等）都能產生被動收入。相信我吧，你擁有的「隱性錢財」一定超乎你的想像。

先說清楚，本章並不是要把所有賺錢或省錢的方式都列出來——關於這些，你有一整櫃的書可以參考。我都是以自己的方法為主，因為我知道它們不但可行，而且不花力氣。

你從未想過的 Airbnb 妙計

只要你過去十年來保持意識清醒，就一定聽過 Airbnb。你可以在這個網站列出租屋資訊，把房子租給來訪此地的旅客。我很少在家，所以一個月內大部分的時間，我都把房子租給 Airbnb 的旅客。我寫這本書的時候，才剛在奧斯汀買了一間房子；我不但付得起房貸，還倒賺了五百至六百美元的房租。讓我算給你看：

▼房子售價四十二萬五千美元，我付了三%頭期款。

▼我每個月的房貸加稅金為兩千七百美元。

▼我每個月外出二十天左右，這些日子就把房子租給別人。我透過 Airbnb，每個月平均賺三千三百至三千五百美元。所以我等於自住免錢，還有租客付錢給我。

我知道不是每個人都可以這樣做，也不是每個人都能靠 Airbnb 賺到足夠的錢，來支應房子的開銷。如果你住在大城市或景點之類的地方（海灘、可以滑雪的山上、大學城等），就比較能夠吸引租客。但就算你住在偏遠地帶，也別小看你家的生財潛力——有些旅客會來附近探望家人，但還是希望自己住；也有些旅客是來見客戶的。或者，你不用打旅客的主意，因為當地人在裝修房子、水管破裂、或討人厭的岳母突然跑來的時候，或許會需要一個過夜的地方。

如果你家方圓三十公里內有旅館（按：表示這個地方旅客很多），那你就有機會利用 Airbnb 賺錢。如果沒有呢？呃……既然你家如此偏遠，說不定會有人想來隱居啊！你想想那些作家、藝術家、瑜伽老師！只要你願意分享空間的話，都值得嘗試看看。

如果你想試試看，我在這裡教你幾招我自學的方法，大幅提高租屋的生財潛力：

圖6-1　我透過 Airbnb 租屋來生財

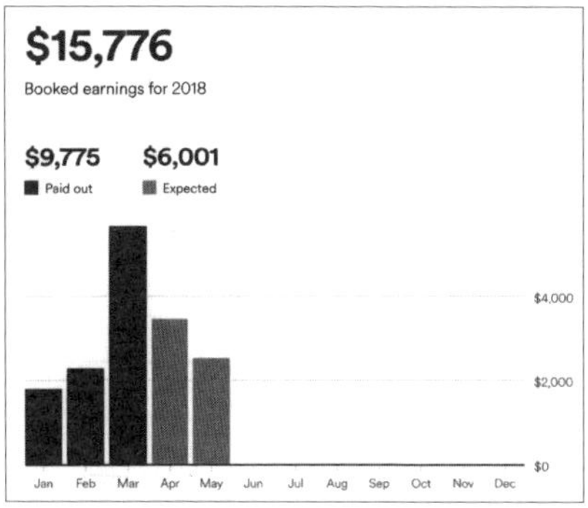

降低每晚住宿費，但增加清潔費。Airbnb 的推薦是以「最高價值」為基礎，所以費率最低、房間最多、評價最好的租屋，就會成為熱門搜尋結果。可是清潔費並沒有被考慮在內。你可以把住宿費從一晚兩百美元調降為一晚一百美元，然後把清潔費從一晚二十五美元調升為一晚一百二十五美元，藉此提升你的排名。你的收入其實沒變（或是賺更多），但租客只看到住宿費，就會覺得比較便宜。我剛把房子租出去的前三個月，賺了一萬五千美元（圖6-1），而且只有二〇%的時間有住人。一萬五千美元之中，清潔費就占了兩千美元。

省下「我自己」的清潔費。我每晚跟 Airbnb 租客收一百五十美元的清潔費，但每次租客離開後我只花五十美元打掃，所以有一百美元進了我口袋。假如你經常使用 Airbnb 出租房子，請記得跟清潔人員協商，看他們有沒有「數量折扣」。請跟他們這樣說：「你每次打掃要七十五美元，對我來說太貴了，但我可以付你五十美元，而且每個月我保證找你打掃五次。」他們一聽到每個月可以固定賺你兩百五十美元，應該就會答應你殺價了。像我就是請珊蒂（Sandy）幫忙打掃，每次打掃後，我就用 Venmo 匯給她五十美元。她掃得很乾淨。

照片就是一切。你要投資在美麗的照片上。如果你沒有才華橫溢的攝影師朋友，可以到 Snappr.co（全球性的接案攝影師網站）僱用一位——這裡的價碼是最便宜的。你也可以利用 Thumbtack.com 尋找在地的攝影師。不管你怎麼做，列表上一定要放最漂亮的照片。

上班的時候，這三個網站幫你把車租出去

如果你開車上班，那你的車子大概是這樣用的：

九點開車到公司。

停車。

車子停在停車格裡，到晚上五點才開走。

當然你也有可能是搭火車上班，然後車子有大半時間都晾在火車站的停車場……重點在於，你上班跟度假的時候，車子都沒人用。

那你為什麼不趁這個時候把車租出去？Turo.com 是最好的出租工具之一，而 HyreCar.com 與 GetAround.com 也是很可靠的汽車共享平臺。只要張貼出租列表，你那一區就會有人付錢（以小時或天數計價）使用你的車；而且這些出租窗口通常都有附保險。如果你願意分享你的車子，它每個月都可以幫你賺個幾百美元——否則它真的就只是負債了。

除了車子以外，船（GetMyBoat.com、BoatSetter.com）、機車（Riders-Share.com、TwistedRoad.com）、腳踏車（Spinlister.com）都有可靠的線上市集。你甚至還能出租你的停車格（Parklee.com）。因為本書出版已經隔了一段時間，所以我無法把最新的共享市集全列出來。所以囉，假如你擁有（或租了）某件東西，而別人覺得它有價值，你就有機會把它租出去。去問問 Google 大神吧！

我的黑色T恤怎麼幫我賺錢？

其實我的衣服不會幫我賺錢，但我的「極簡穿搭術」可以幫我省錢。我每天都穿同一套衣服：黑色T恤搭配黑色緊身旅行褲（牌子都是香蕉共和國的）；如果天冷的話，再添一件巴塔哥尼亞牌（Patagonia）黑色夾克。這些衣服我都有好幾件（下頁圖6-2）。

我這樣穿是有理由的。如果你把舊衣服（但也不能太舊）退給香蕉共和國，下次你跟它訂衣服就享有三〇%的折扣；它還會幫你把衣服捐出去。而且香蕉共和國經常在全館五折特價，我就趁這時候囤積我的黑衣黑褲。我的T恤零售價為三十五美元，但這樣算下來，我等於只花十二美元就買到了。

節省服裝費的方法當然不只這一招，但這起碼是我的方法。

另一個簡單的方法是捐衣服給救世軍（按：Salvation Army，國際性宗教及慈善公益組織），利用捐贈來節稅。雖然金額不大，但積少成多，訣竅在於「捐一整堆」。你平常可在衣櫃角落放個桶子，把不要的衣服丟進去。然後每年（或每半年）把這桶衣服捐出去，並且留下收據來退稅。

如果你願意花時間賣掉自己的舊衣，你可以到地方上的格子店（按：在一個小店鋪內設有很多方格櫥窗，出租給不同的寄賣者，或作為產品陳列室）租一個格子，衣服售出時店家會抽成。只是你要記住，**這裡的目標是「投入極小化」**。你可以把販賣舊衣變成全職工作或是副業，但那

圖6-2　我身穿「招牌一身黑」，坐在臉書總部的小房間

又是另一回事了。如果你只是在找被動的方法，讓衣服替你賺錢，那麼折扣與捐贈就是最簡單的方法。

辦公空間

如果你擁有（或租了）一間辦公室，你也可以將它轉化為資產。許多小公司都有多餘的空間（因為員工還沒有那麼多），或是沒有每天使用這些空間。你可以在工作空間網站 Breather.com 列出自己的空間（以小時與天數為單位），而且什麼都可以列——從一張辦公桌，到一整間附會議室的辦公室。假如你不想整天都把空間租出去，卻又不想看它好幾天都空著，那就讓Breather幫你忙吧！

當然，Breather 對租客來說也很好用；假如你臨時要跟顧客會面或舉辦董事會，有它就不必擔心場地了。

但請別搞混了：這不是「共同工作空間」——專門出租辦公桌與辦公室的地點。Breather 的概念很類似，

但它是讓你租用私人辦公室；這兩者的差別就像旅館與 Airbnb。Breather 讓你可以租用世界各地的辦公室，而不必擔心共同工作空間的共用問題（或甚至在當地找不到這種空間）。

旅館房間

本書讀者當中應該沒有旅館老闆吧？好吧，如果你剛好是，那你應該參考一下 Recharge.co。當你的旅館房間沒人使用，你就可以利用這個網站，把房間租出去幾個小時。比方說，有位舊金山希爾頓飯店（Hilton）的房客於早上十一點退房，而下一位房客要晚上六點才到。雖然你必須分配時間打掃，但房間還是有整整五小時空著。同時，可能有人只在這座城市待一天，他想睡個午覺、沖個澡再去開會。於是他前往 Recharge.co 租那間房間，從下午一點待到下午四點；如此一來，你還是有時間整理房間，迎接晚上六點的房客。就這樣，你盡可能又從這間房間多榨出了一些現金。

我旅行的時候，假如沒必要在飯店過夜，就會使用 Recharge.co。為了開會而當天來回一座城市的情況，其實還蠻常見的。你可以洗去搭飛機的疲勞、休息幾個小時，費用卻遠低於一晚的住宿費用。

自動收入：透過 Patreon 與其他管道，銷售你的數位產品

我在先前的章節提過 Patreon.com，但這裡值得再提一下。假如你在部落格、播客或其他數位平臺，創造任何數位內容，你絕對要有一個 Patreon 的頁面，讓你的粉絲每月捐款給你的計畫。我最近就替我的播客架設一個頁面，當作測試（你可以在 NathanLatka.com/patreon 看到）。兩天後，我們就有十三位贊助者，每月贊助我們五百九十三美元。兩個月後，我們有二十九位贊助者，每月贊助我們兩千三百美元以上。

Patreon的模式會透過一個獎勵系統來鼓勵贊助者。贊助者越多，他們的獎勵就越大。吸引贊助者的關鍵，在於創造獎勵的稀少性。例如我的簡介就寫著，每一級別的獎勵只有十個人可以獲得。我想傳達的訊息是：「獎品是價值非常高的某某物，數量有限，把握機會！」我的獎勵都是市面上買不到的，例如大眾無法接觸到的內容、人物或機會。最高級別的獎勵，就是贊助者可以來上我的播客節目，但他們必須每月贊助五百美元才有這個機會。我只開放兩個名額，結果頁面才開張兩天就被搶光了。

請記住，本章的目標是幫你把現有資產化為金錢。因此，除非你已經投入時間創作數位內容，否則借助 Patreon 是沒意義的。雖然你也可以擬定一個新計畫，再利用 Patreon 產生現金流量，但那完全是另一回事；我現在是在鼓勵那些事業已經開始運作的人。總之，你其實有錢，但你要想辦法把它找出來。

第七章
一無所有，也能活得像皇帝

「人只要持續以某種方式行動，就會得到獨特的特質。」——亞里斯多德

假如你想變有錢，你的行為舉止就要像個有錢人。「可是奈森，我現在沒錢，行為舉止怎麼可能像有錢人？」所以囉，**你必須先假裝自己有錢，直到你真的有錢為止**。本章我要跟你分享的獨門絕活，就是**免費得到你想要的東西**。像我就免費得到一輛白色勞斯萊斯 Ghost 跑車，價值三十五萬美元，嚇到你了吧？接下來我會花幾頁篇幅來解釋這件事。不過裝有錢也要裝得聰明一點，只有笨蛋才會裝到傾家蕩產——其實有很多人真的就這樣把自己毀了，幸好你不會。

想假裝有錢，你必須免費取得新富人最愛的奢侈品。就算之後你真的有錢了，也還是要繼續免費取得這些東西，或只花一點點錢。這就是新富人的另一個祕密：他們之所以有錢，不是因為

他們賺很多錢、花很多錢；而是因為**他們賺很多錢，然後存起來，再想辦法以低價取得自己想要的東西**。

我也會教你輕鬆賺現金的方法，這樣就算你無法免費取得自己想要的東西，起碼也知道怎麼輕鬆賺錢，讓你的事業成長，或資助你的生活方式。

我希望你在負擔得起之前，就先開始過新富人的生活，理由有兩個。第一，你本來就可以過這種生活，只是你以為不行。但更重要的理由是：**只要你散發出成功者的氣質，自然就能獲得更多成功。這可是宇宙真理！**

這裡介紹的策略，大都只是推薦工具給你，讓你得到自己想要的東西；至於剩下的策略，例如免費得到一棟 Airbnb 豪宅，就需要投入更多心力——但其實你只需要「大膽」與「敢拚」。你願意要求多少，就能夠得到多少。

輕鬆賺現金

有些錢是放著等人去拿的，只是你要知道去哪裡拿。你無法光靠這一招就成為新富人，但明明有錢拿你為什麼不拿？把這筆錢收下、存起來，然後用它打造你的帝國吧！

用這招，下次你搭飛機可以賺四百美元

我一整年都在旅行，每次只要旅程中遇上航空公司出包，我就會使用這兩個超棒的工具：ClaimCompass.eu 與 AirHelp.com。這兩個網站都一樣，你只要提交登機證，然後填寫一個簡短的表格，就可以申請賠償了。我每次申請賠償都能要回幾百美元（平均約四百美元）。如果班機延誤，就算你最後有搭上飛機，也還是能得到賠償。

這兩家公司是怎麼運作的？就法律上來說，航空公司因為**遺失行李與班機延誤**，必須賠款給數百萬名消費者。可是你必須僱用法律團隊，深入研究航空公司的服務條款與最終用戶授權協定，才能拿到這筆賠款；理智的人絕對不肯這樣做。所以這兩家公司僱用律師來幫你處理這種事；**它們會再三對航空公司提出集體訴訟**，然後把打官司得到的賠款，還給在網站上申請賠償的人。你可以透過這些網站，快速又輕鬆的進帳四百美元——假如你原本的機票只要三百美元，那更是賺到了！

發起 Kickstarter 募資活動，保證募得一千美元

如果你喜歡群眾募資，FundedToday.com 會讓你得到的捐款暴增好幾倍。雖然 Funded Today 會跟你抽成，但你沒有它幫忙也募不到錢，所以找它是值得的。Funded Today 執行長查克・史密

斯（Zach Smith）表示，它的募款成功率超過九五％。之所以能夠辦到這一點，是因為它握有好幾百萬人的電子信箱——這些人都曾捐款給 Kickstarter 與 Indiegogo 這些募資平臺的活動。如果你跟 Funded Today 合作，它就會將你的提案，行銷給它的口袋名單，這樣幾乎保證能募到錢。

利用聰明的 eBay 買低賣高策略，把一百美元變成一千美元

這招很有趣，而且你想玩到什麼程度都沒問題。請上 eBay 看看，有沒有商品的拍賣或首次銷售快要結束了？然後再去亞馬遜找到同樣的商品。如果 eBay 的標價比亞馬遜還貴，你就在亞馬遜購買一、兩件商品，再立刻拿到 eBay 去賣。

不過這招還是有點麻煩。eBay 會抽成，而且你要自己出運費，買家也可能想退貨給你。但如果你是轉售高價商品（如電子產品），那保證值得。如果你專心轉賣高價商品，光是一個週末就可以賺一千至兩千美元。

我去亞洲旅行四十五天，幾乎沒花半毛錢

如果你想旅行，一定要盡量少花錢，或甚至不花錢。但這不表示你要過得很克難。差遠了。

我最近離開德州奧斯汀，前往曼谷旅遊四十五天。我飛機坐頭等艙，Hello Kitty 主題的床、餐點與電視節目都令我很滿意。不懂新富人祕訣的一般人，必須花九千美元才能買到頭等艙機票，但我的機票是免錢的。怎麼可能（下頁圖 7-1）？

首先，我的商務支出都是刷「大通藍寶石卡」（Chase Sapphire Reserve），這樣就能盡量累積點數。商務支出包括臉書廣告、付款給電郵行銷公司……幾乎所有支出都算在內。我知道你一定想說：「奈森，你這個建議好棒棒！我花錢買了這本又臭又長的書，結果你只教我用信用卡累積點數？」別急，我還沒說完。

接著，盡量不要把點數用掉。請到 Flightfox.com，這個航班諮詢網站的專家會想出最有效率、最奢華的方式，帶你全球走透透。我花五十美元買它的服務，最後它卻送我四千八百美元。

我自己能找到的最佳提案，是一張三千美元的商務艙機票。沒有床、餐點普普、也沒有 Hello Kitty 的睡衣讓我穿著自拍。點數幫我省下兩千美元，所以我要自付一千美元。但是 Flightfox.com 可以用同樣的點數，省下八千八百八十美元的票價，所以我只要自付一百二十美元。

我每次旅行都會使用 Flightfox。你只要跟它說你有哪些飛行常客點數，以及你想去哪裡，它的旅遊專家就會替你找到最棒的方案。你只要這樣說就好：「哈囉 Flightfox，我想在接下來半年內前往中國、日本或雪梨，旅費低於五百美元，並且使用點數。請問哪些日子最便宜呢？」然後他們就會幫你想辦法處理。

我這趟橫跨三個國家、為期四十五天的旅程，只有給 Flightfox 以下的指示（下頁圖 7-2）。

圖7-1　是的，免錢的機票與頭等艙！

圖7-2　我寫給 Flightfox 的諮詢信

Description

Need to land in Bali Feb 10th. Flying out of Austin Texas. Would land back in Austin sometime late Feb.

Have booked these hotels for their respective dates:

Bali:
http://www.samabe.com (Feb 10 and 11)
http://jamahal.net (Feb 12 and 13)
http://www.alilahotels.com/manggis (Feb 14, 15, 16)

Would love to try and figure out how to also get to:
Australia 3-4 days
Bangkok Thailand 3-4 days
Japan 2-3 days

I don't care about order except that Bali is first.

Can you help?

「換」到新富人人生

本章開頭的內容還挺簡單的。只要利用我提到的資源，任何人都可以賺進現金或省錢，而且幾乎不花任何力氣。

你可以就此打住，心滿意足。**但假如你願意用聰明的方法再多拚一下，就能低價（或免費）得到任何奢侈品——**豪宅、車子、衣服、假期等。

每次我看到 Instagram 或臉書的網紅，在新車或豪宅面前擺姿勢，或是貼出異國假期的自拍照時，我都有一股想吐的衝動。你其實很清楚，這些東西都不是他們自己買的（因為他們負擔不起），但他們還是打腫臉充胖子——所以大多數網紅都破產了。網紅如果願意對你坦白，你就可以從他們身上學到新招，讓自己活得像皇帝，卻不必跟皇帝一樣花錢。可惜他們絕對不會承認這件事，所以我要在此揭開他們的祕密。

網紅煩歸煩，卻也聰明到不行。他們手上有一件商品，每家公司都搶著要，而他們已經知道怎麼將它極大化。**這件商品就是「影響力」**。

公司必須設法讓大家看見它們的產品，這已經是老觀念了。以前若要聯繫群眾，廣告就是最有效的方法——泰德．透納就是靠廣告，在一九七〇至八〇年代建立了電視帝國。但你也知道，現在已經不是這樣了。你上次因為看了廣告而去買東西，是什麼時候的事？你的購買決策比較可能是受到網路評價的影響，或某個你欣賞的人推薦給你的。例如目標百貨可以砸好幾百萬美元打廣告，宣傳它新推出的家飾品，但它也可以寄免費樣品給 Instagram 的網紅，以交換一篇上頭標記著「#targetstyle」的貼文。最棒的地方在於，消費者會把這種置入性行銷當成好友的推薦（即使他們根本沒見過這位「好友」）。就這樣，目標百貨得到免費宣傳，網紅撿到免費商品，可謂皆大歡喜。

網紅只要追隨者夠多，就會借助自己的影響力來換取免費的商品。如果他們否認，那就是在說謊。例如我去峇里島度假的時候，曾經免費入住好幾間奢華的五星級別墅，加起來總共有十五個晚上。

就算你不是網紅，也還是有可能獲得影響力。關鍵在於創造一些事物，讓人願意跟你交換。**而最常見的籌碼，就是提供曝光率**。例如我有播客，可以請對方上節目，但對方必須拿東西跟我換；而我的電子信箱清單與 Instagram 帳號，也都可以拿來交換。

假如這樣超出你的能力範圍，你還可以借助**有力的人脈**。

什麼？你連這個都沒有？那就出門去建立人脈啊！想想看，誰（或哪些公司）擁有你想要的東西？他們想跟什麼樣的人接觸？比方說，有位旅館老闆很重視貓途鷹（TripAdvisor）這類旅遊部落格的評價，因此你可以跟他說：「我可以在網站上介紹你的旅館，但你要讓我去住幾個晚上。」（專業小建議：記得跟他索取「媒體優惠價」，每個旅館都有，折扣通常都超過七折。）與此同時，你就直接把介紹文推薦給部落格——部落客看到這種免錢的高品質內容，一定會很愛你，於是你又交到一位新朋友。這樣不就三贏（你、旅館老闆、部落客）了嗎？

這一招可以套用在任何事情上。你毛遂自薦的對象，可以是 XX 公司想要接觸的執行長、Instagram的網紅，或任何大型社群的領袖。接著你再跑去跟 XX 公司說：「我可以幫你拍照、寫文章之類的，然後分享給某某人。」這樣你等於利用了行銷服務，免費換到你想要的東西。你可以直接看下一頁，看看我是怎麼談成這種交易的。

假如你懷疑這種交換的可行性，那我的五星級別墅體驗應該能讓你改觀。

旅館

比斯瑪艾特酒店（Bisma Eight）位於峇里島的烏布城（Ubud），網站上的標價為一晚三百二十五美元。它坐落於繁忙的小巷，小巷的路面是由四平方英尺（一．二平方公尺）的水泥路面磚鋪成，中間長出雜草。這座度假村的游泳池，「高掛」在森林上方三十英尺處，而森林前方就是我入住的別墅。我在這裡待了三個晚上，住宿費本來超過九百美元，**但我每個晚上都會在 Instagram 貼一張照片，以換取免費住宿**（圖7-3）。

圖7-3　我貼在 Instagram 的酒店入住照

這封電郵你一定要讀

如果你想抄襲我，以下就是我的夥伴關係經理——查克（Zach）寫的電郵草稿。他後來把這封信寄給比斯瑪艾特的經理，希望能喬到免費住宿。

主旨：「合作」

內容：

嗨，我是XXX，

我想替貴旅館拍幾張照片，然後在我的帳號分享住宿經驗，藉此替您吸引名人與企業界朋友入住。至於交換條件，我希望能免費入住貴旅館最好的房間，人數為兩人，時間為二〇一七年一月二十二日至二十七日。如果您願意再提供其他服務（機場接送、餐點、Spa 體驗等），我們也欣然接受。

我們可以做的事情有以下這些：

1. 每個晚上在 Instagram 貼一篇好評文章（最少兩晚）。

2. 在貓途鷹與臉書寫一則正面評價（五星）。

我們的社群媒體管道為 @nathanlatka、@mygoodtravel2。

Instagram 觸及人數超過一百萬人，這些人尤其關注好萊塢的網紅。樣本：七〇%十八至四十歲的美國女性（我們的追隨者有八五%來自美國，一五%來自歐洲）。

我們的貼文將會在 Instagram 置頂。所以當人們搜索 #balihotels、#bali、#balispa 之類的關鍵字，就會先看到我們的貼文。他們將會點擊我的照片、閱讀圖片說明，進而點擊您的 Instagram 頁面或網站，這樣您的潛在顧客與營業額都會增加。我跟許多旅館合作過，包括四季酒店（Four Season）、喜來登酒店（Sheraton）、精品旅館、別墅，以及薩爾斯堡的卡爾頓別墅酒店（Hotel Villa Carlton）、曼谷的繆斯酒店（Muse Hotel）、長灘島的 Mandala Spa 等度假村。

若您需要任何參考資料，請不吝告知。感激不盡！

後來查克得到了回信（下頁圖 7-4），我們如願獲得了免費住宿。

你可以善用在第五章提到的協商祕訣，等到下個週末，你就能享受到昂貴的奢華體驗了！

我們跟峇里島的 Alila 度假村也談成類似的交易：我貼出它的照片，然後標記它，並且在貓途鷹寫一則評價。附帶一提，它的住宿費為每晚四百美元起跳。這樣你曉得前因後果了吧？每個人

圖7-4　酒店經理的回覆信

Robbie Woodward
To: Zach Benson
Re: Personal email

New contact info found in this email: Robbie Woodward [redacted]

Hey Zach

Do you mean us Ohana? or Bisma Eight?? either way that would be awesome.

Also please accept this email as formal confirmation of stay for Nathan Latka

Influencer exchange of:
3 night stay in Canopy suite
17th - 20th February 2017
Inclusive of daily breakfast
1 x evening dinner

In return for:
1 x daily post on IG during stay - @mygoodtravel
1 x post on IG after stay (max. 2 weeks after) #throwback - @mygoodtravel
1 x TripAdvisor Review for Bisma Eight
2 x Snapchats
2 x IG Stories

Can you confirm that Nathan would like to go ahead with this?

Best

--
Robbie Woodward
Managing Director
....

T: +44 (0) 121 408 7496 - **M:** +44 (0) 773 444 1716
E: [redacted]

OHANA
COMMUNICATIONS
....part of your travel family

Connect with us on: Instagram | Facebook | Twitter

看到照片都會想說：「這小子怎麼敢砸錢住在這裡？」

其實根本我沒砸錢。我只是用自己的資產換到免費的住宿。

提升影響力的妙計：沒有粉絲？那就去買粉絲！

我不是建議你買那些假的社群網路追隨者喔！更有效率的做法，是買下「握有知名社群媒體帳號」的小公司，然後借助它們的追隨者，進行我在本章提到的交易。

收購公司的時候，我一定會看它們有沒有社群媒體帳號。比方說，我用三千美元買下 My Good Travel 公司，因為它有一個 Instagram 帳號，追隨者超過十萬人。買下這家公司之後，我開始銷售 Instagram 業配文，每篇收費幾百美元。結果賣掉十篇之後，我的三千美元投資就回本了，而且還可以到比斯瑪艾特免費住三晚（見前文）。

Instagram 帳號的美妙之處在於它沒有庫存問題。你想賣（或交換）多少篇業配文都可以。一旦你拿到這個帳號，就等於擁有一份無盡的資源。

許多試圖透過 Instagram 或 Pinterest 等圖片網站賺錢的人，都犯了一個大錯：他們想靠自己累積追隨者，而不是用低價買下一家已經有粉絲的公司。

這種買粉絲的做法其實很間單：

1. 找一家 Instagram 追隨者十萬人以上的小公司。他們的簡介通常會寫著：「有問題請直接寄信給我們。」有時還會直接附上電子信箱的連結。

2. 寫一封信寄給它們，主旨為「我想收購貴公司」，然後內文可以這樣寫：「嗨，我無意間看到您的 IG 帳號，對貴公司非常有興趣，想要收購。」買賣社群媒體帳號是遊走在法律邊緣的，所以你最好整間公司都買下來——通常不會比它的社群媒體貴多少。

3. 你可以多寄給幾家公司。曾經有人回覆我：「我不賣，但我知道有人想賣。」然後他把我加進一個群組聊天室，裡頭都是想賣掉小公司（握有知名 IG 帳號）的人。我就靠這個聊天室，用三千美元買下 My Good Travel。

第九章我會教你一整套買賣公司的方法，但你也不必搞得太大、太複雜。多接洽幾間小公司，然後四處打聽吧！就算被拒絕，對方也可能把你輾轉介紹給有意願的人。

拿到 Airbnb 頂層豪華公寓的折扣

好吧，你既沒有一大批線上追隨者，也不打算收購公司，讓自己一夕之間就獲得現成的粉絲。別擔心，你還是可以借助有力人脈拚到奢華生活（尤其是 Airbnb）；**就算你自己沒人脈也無所謂**。**我認真的**。這招叫做「獵大象」，也就是**用某件東西去換另一件**。

請上 Airbnb 尋找你很想住的豪宅，依照價格從高到低來分類。然後寄信給屋主，說你想利用這個空間舉辦私人聚會，受邀者都是城內的上流人士。這群上流人士可以是執行長、藝術家、創投公司老闆之類的，總之要讓屋主想見他們。你就隨便講幾個名字（就算你根本不認識），說你「打算」邀請他們就好。等你拿到大折扣之後，就用這間房子的美照，邀請那些你根本不認識的名人——這群賓客與屋主必定會互蒙其利，於是你就成了兩方之間的仲介。這一招誰都可以用，但你的膽子要夠大、臉皮要夠厚，才能真的去跟對方談。

以下是我跟一位 Airbnb 屋主的信件往返，我就靠這樣，喬到舊金山某間頂層豪華公寓的住宿費折扣——本來一晚要七百九十九美元，最後被我殺到低於半價。

我找上這位素昧平生的屋主，然後跟他協商（下頁圖 7-5）。

總之，本來兩千四百美元的住宿費（住三天，每晚八百美元），被我殺到只剩一千美元（每晚三百三十三美元）。才四折多耶！

聽起來很扯嗎？但我還是建議你試試看。任何人都可以去接洽素昧平生的人。其實你只要敢開口，大多數人（包括執行長）都願意跟你見面，甚至還會參加你在奢華公寓舉辦的派對！找上他們，給他們一個出席的好理由（例如可以遇到其他志趣相投的執行長），然後看看後續發展吧。雖然在這個過程中要花錢租豪宅，但你別在意，因為你很有可能跟這些人建立長期關係，而他們將會成為你「新富人之路」上的事業夥伴、客戶或導師。

圖7-5　與豪宅屋主協商的往返信件（續下頁）

Hey Tommy -

I'm looking for a place I can both stay at in SF and host a 10-15 person mastermind in (will do over dinner one night).

The quoted price is above my budget though. Are you willing to be flexible? What is the best price you could offer for the night of the 24th, 25th, and 26th (last day check out at 9pm).

Thanks,

Nathan

Mar 5, 2014

Nathan:

What you are asking for is 3 nights. We can't let you stay beyond noon on the last day and not pay for it. that night is lost if we do.

the price quoted is already deeply discounted for us for 3 nights. I'm a fellow entrepreneur so i'm sensitive to costs. give me an idea what a "mastermind" is so i have some sort of idea what your use case is for the rental.

cheers!

tommy

Mar 5, 2014

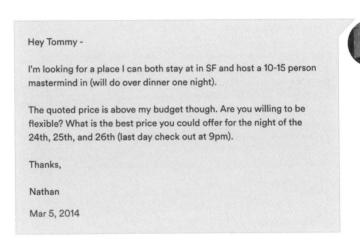

圖7-5（接上頁）

Hey Tommy -

My intent is to host a 10 person mastermind the night of the 23, 24, and 25th*.

24th night: Will be inviting CEO's of San Francisco based Creative Agencies, will have dinner catered via http://www.kitchit.com/bay-area
25th night: Will be inviting CEO's of SF based Tech Companies, will have dinner catered via Kitchit
26th night: Will be inviting thought influencers and speakers I am sharing the stage with at eMA summit, dinner catered by Kitchit

I absolutely don't want to take advantage of the gorgeous property you own. $799/night puts me over my budget though.

Do you have interest in joining in on the masterminds (these will all be movers and shakers, for example Rick Rudman, CEO of Vocus $200MM market cap came to the last one I had - this is the profile of folks I'll get there) in exchange for a discounted rate?

All the folks I'll be inviting are also all potential future renters of your penthouse too - great marketing opportunity.

Let me know. I understand if you don't have flexibility though.

Thanks,

Nathan

Mar 5, 2014

Nathan:

that sounds like a deal. lets do $1500 for all nights and I'll plan on sitting in. I'm actually running something called Miinsu, which is a hosting and hospitality layer on top of Airbnb-like services for apts like this one, and networking is both a need and a despised activity :)

Let me know if that works. The cost includes cleaning which is normally $180 on top of everything else.

tommy

Mar 5, 2014

圖7-5（接上頁）

Hey Tommy -

My total budget for the 3 nights and 3 masterminds is $2200. Below is me thinking through the math.

10 plates x $50 = $500/night on food (three masterminds)
Your offer (thank you!) = $500/night (three nights)
Total cost: $3000

I could do:
10 plates x $50 = $500/night on food (two masterminds)
$500/night for two nights
Total Cost: $2000

I'd hate to loose the third mastermind though. Would you be willing to do the following?

10 plates x $50 = $500/night on food (three masterminds)
3 nights for $1000 to you
Total cost: $2500
You'd be at each mastermind, get exposure to the folks I'll work to invite, get exposure for Miinsu, and hopefully land a few future renters!

If this works for you, I can work hard today to increase my budget $500 and likely commit tomorrow.

Really appreciate the flexibility. I hope we can create 3 nights of really cool experiences at your place!

Mar 5, 2014

Nathan:

yeah, wtf, why not? sounds interesting.

do me a favor and work a bit harder and grab me the $180 cleaning cost, thats a direct pass through for my cleaners. i'll manage my partner's expectation on the rent.

cheers,

tommy

Mar 5, 2014

巴黎 Balmain 牌夾克，四千五百美元

我最喜歡的浴室自拍照，是穿著 Balmain 牌騎士夾克的這張；雖然夾克要價四千五百美元，但我是穿免錢的。頭髮梳好了，自拍也上傳了，然後我開著勞斯萊斯 Ghost 跑車馳騁於奧斯汀的街道；這輛車要價三十五萬美元，但我也是開免錢的。

我輕輕鬆鬆就得到這兩件東西，實在是很不好意思。老實說，我根本沒有開口要這件夾克，是有人鼓勵我穿的。

是啦，幾天之後我就要歸還這兩件東西了，但誰在乎啊？我的 Instagram 追隨者當中，沒有人知道夾克不是我買的，尤其我還站在浴室自拍，好像我剛從衣櫃裡拿它出來穿一樣——大家還會以為它旁邊掛著湯姆・福特（Tom Ford，美國時裝設計師）的品牌西裝（下頁圖 7-6）。

我不需要裝有錢（因為我已經很有錢了），但假如你還在努力變有錢，你可以透過服裝來假裝有錢人的生活方式。其實這種做法，你隨時都可以在社群媒體上看到，只是你不知道而已。你是否懷疑過，某人怎麼買得起那件貴死人的衣服？其實那件衣服根本不是他買的。就算買得起好了，他們可能也不會買。既然你可以免費借到，為什麼要買？我寧可把這四千五百美元拿去投資新事業。

下次你需要購買西裝或禮服的時候，就跟造型師買吧。這是你最容易獲得新潮服飾的方式；因為你跟他買一件，他就會希望你買更多，於是每個月都會帶新衣服來給你試穿。如果裡頭有你

圖7-6 我穿著 Balmain 牌夾克的自拍照

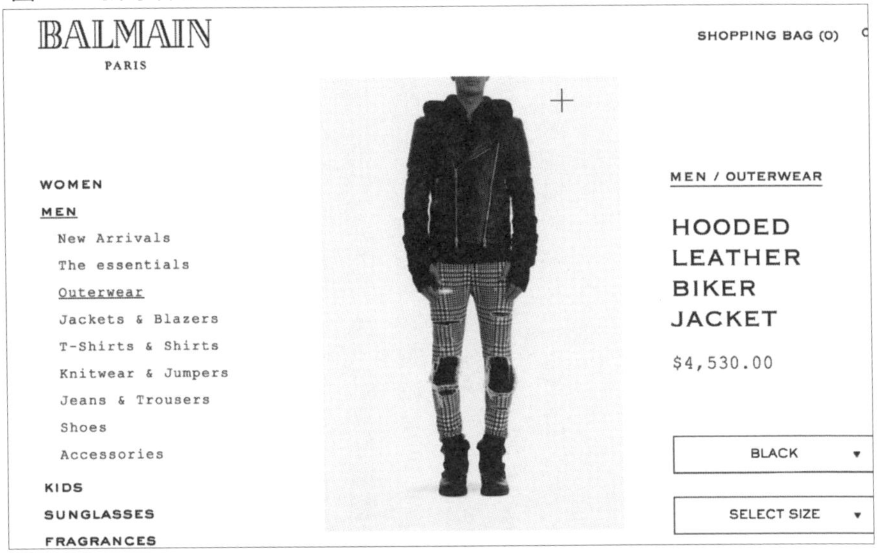

喜歡的衣服，就跟他說你要考慮看看，通常他會請你把衣服拿回家試穿個幾天。

我的 Balmain 夾克就是這麼來的。最近我跟造型師買了一套西裝，他告訴我他剛拿到這件夾克。我說我不想花這麼多錢，應該不會買，他回答我：「不是啦……你週末拿回去試穿看看！」然後我就在浴室自拍了。

這就是你不花半毛錢就能過得像皇帝，「感覺」自己很有錢的方法——我名為「協商優勢」。只要你跟對方買過衣服，你就握有這種優勢。你要將它極大化。

如果你太常利用這種優勢，造型師一定會懷疑你。但假如你只是偶爾要幾件超貴的衣服來穿，這招倒是很可靠的方法。就算你還想多炫耀幾套名牌服飾，也不必花錢買——共享經濟又來當你的靠山了。你可能有聽說過 Rent the Runway，它就是讓你租名牌服飾的網站（在幾個大城市還有實體店面）。你也可以利用共享衣服的管道，例如 StyleLend.com、DesignerShare.com、LeTote.com、TheMrCollection.com 與 TheMsCollection.com。你雖然要花錢租衣服，但好處是隨時都有最新款的服裝可以穿、不必支付原價，也沒人知道這件衣服並不是你的。

一封電郵，讓我免費得到勞斯萊斯白色跑車

我順便來談談，我是怎麼得到那輛三十五萬美元的勞斯萊斯。這招實在是太創新了，搞不好可以提名下屆的諾貝爾獎。你準備好了嗎？

圖7-7 租車公司針對我業配建議的回信

From: Tobe Nguyen [redacted]
Date: 12 January 2017 at 2:00:23 AM GMT+9
To: [redacted]
Subject: Rolls Royce

Hi Zach,
My name is Tobe. I'm the main contact for marketing for Auto Exotic Rental. Thank you for reaching out to us. We can definitely work with you. We have the Rolls Royce Ghost. Is there a particular date that you're looking at? So I can check the availability for you. Please feel free to contact me at any time. Hope to hear from you soon.

Regards,
Tobe

我只是開口跟對方要而已。就這樣。

以下是事情的來龍去脈（圖7-7）：

圖中這封電郵，是奧斯汀 Auto Exotic 租車公司的員工托比（Tobe）回信給我的經理查克。查克之前跟托比提議：「嗨，我跟一位網紅共事，他在 Instagram 有一萬五千名追隨者。他想幫你拍一張跑車內裝的照片，請問您可以把車免費借他開一天嗎？」

托比非常樂意。

這臺車的租金為每天兩千美元左右，更別提售價高達三十五萬美元。但我連租金都不用付，因為我幫它在 Instagram 業配（下頁圖7-8）。

這一切又回到我之前提到的重點：找到其他人（或公司）願意跟你交換的東西。假如你自己沒有大批線上追隨者，那你可以接洽有追隨者的人嗎？要不然，你能夠撮合一群大咖聚會，讓租賃公司慕名而來、爭取潛在客戶嗎？

其實你想找誰都可以——只要你願意開口。

圖7-8　我幫勞斯萊斯跑車業配拍攝的內裝照

奈森，我聽你在放屁！一般人不可能免費得到這些好康！

我知道一定會有人酸我：「好棒喔！你只要炫耀自己有多少 Instagram 粉絲，或是打電話給你的執行長好朋友，就可以得到你想要的東西。又不是每個人都有這種好康！」

如果你擔心本章的策略不適用於「像你這樣的一般人」，我勸你最好放棄當一般人。**你既不想走出舒適圈、又不想建立人脈與吸引粉絲（偏偏你又很愛抱怨自己缺這些東西），那你永遠都無法成為新富人**。

如果你不先努力，就不可能「一無所有，也能活得像皇帝」。本章的標題不是「什麼都不做，也能活得像皇帝」。你建立的人脈、社群與粉絲，都與你的新富人計畫密切相關，因為他們會成為你的事業夥伴、客戶、顧客、聽眾、讀者與追隨者。如此一來，你就能夠得到更多免費的好康，形成正向的回饋迴圈。

第八章
如何投資不動產？（你沒錢、沒頭緒、沒時間）

「百萬富翁當中，有九〇％是透過持有不動產致富的。不動產賺到的錢，比所有產業投資加起來還多。現在的年輕人與上班族如果夠聰明，就會投資不動產。」

——安德魯・卡內基（Andrew Carnegie），二十世紀初的世界鋼鐵大王

假如你在餐廳後方發現一臺故障的ATM，每分鐘吐出二十美元，你會跟別人講嗎？

當然不會！同樣的道理也適用於不動產投資人。他們不會透露自己靠不動產賺了多少錢，因為他們不希望你跟他們競爭，然後搶走他們的錢。

如果你是學生，那讀到這部分真的算你好運。我現在（二〇一九年）二十九歲，而我在離開大學的那一年，買了第一棟房子。在這之前，我聽過有人靠不動產賺錢，但我覺得沒時間親自經營這件事，所以一直沒接觸這個領域。當我抵達奧提街（Otey Street）二〇九號的時候（後來它成

為我首次買進的房地產之一），有一位學生來應門。我鬍子刮得很乾淨，身穿維吉尼亞理工學院的T恤。沒有人看得出來：我正要輟學打造我的帝國，而且包含不動產在內。

我問道：「嗨，我下學期要租個地方住，請問這裡還有空房嗎？」對方說沒有，我就請她給我房東的聯絡資料，這樣我以後還可以詢問有關空房的事。我留下電話號碼之後就離開了，接著便開始我的計畫。

我請房東出來喝咖啡，希望能多認識他一點。他的房子不打算賣，但我希望他想賣的時候，會最先想到我。他也在經營一間慈善機構，正在設法替它籌到更多錢。自己有房子的慈善機構？這再好不過了！

「好吧，如果你想賣，我願意出二十萬美元。」我說。

過沒多久，我們就重新聯絡上，並且談成交易。現在這棟房子變成我的，對方的慈善機構也因此不再缺錢。繼續讀下去，你就知道我沒有真的出到二十萬美元——差遠了。

這種情節其實並不罕見。最棒的不動產交易都是靠著登門拜訪來敲定的。如果你是首次購屋的話，這就是我最推薦你的方法。我會教你怎麼找到人生一間房（就算市面上找不到），怎麼融資買這間房子（就算你沒錢），以及怎麼管理你的房子（就算你沒時間）。

不動產令我喜歡的地方在於：不管你是沒有積蓄的學生，還是沒什麼錢的人，只要你投資得當，就能替自己省下住宿費，而別人卻要付你房租。

我在買房之前最擔心的問題，就是我要花多少時間管理它。當時我並不曉得，大部分的工作都可以外包出去，這樣還是會有被動收入。我現在每個月只花十五分鐘在投資房地產上，分析房屋管理人寄給我的收入與費用報告。以下是我的兩棟房子在二〇一八年二月的報告。

我的第一棟房子的收入報告

奧堤街二〇九號的每月報告（二〇一八年二月），自由現金流量為六百六十一美元，這就是我美麗的黃金屋一號（下頁圖8-1）。

羅阿諾克街（Roanoke Street）七一〇號的每月報告（二〇一八年二月），自由現金流量為每月一千美元，則是我的黃金屋二號（第一六四頁圖8-2）。

唯一花時間的工作（只要十分鐘），就是在每年年底，要把這些報表拿給我的稅務律師，請他幫我報稅。重點在於，我只要花個十至十五分鐘，就可以每個月帶來一千六百美元的自由現金流量。而且這還只是現金的部分，沒有把增加的資產淨值算進去——我剛才不是說這是「黃金屋」嗎？

我利用一些表格，幫助我透過歷史資料，預測未來的現金流量與報酬。你可以參考奧堤街二〇九號（第一六五頁圖8-3），以及羅阿諾克街七一〇號（第一六五頁圖8-4）的明細表。

你當然也可以這麼做，但在我教你之前，我想先提出一些關於不動產的常見迷思，它們令多數人望而卻步：

圖8-1　黃金屋 1 號

Pointe West Management

Period: 11 Jan 2018-08 Feb 2018

[redacted]

Owner Statement

[redacted]

[redacted]

Date	Payee / Payer	Type	Reference	Description	Income	Expense	Balance
				Beginning Cash Balance as of 01/11/2018			-3,120.45
01/24/2018	[redacted]	eCheck receipt	26B8-921A	Prepaid Rent - Online Payment	650.00		-2,470.45
01/30/2018	[redacted]	eCheck receipt	DEE1-2630	Prepaid Rent - Online Payment	650.00		-1,820.45
01/31/2018	[redacted]	eCheck receipt	A5C0-0DD6	Prepaid Rent - Online Payment	650.00		-1,170.45
02/01/2018	[redacted]	eCheck receipt	A063-41E0	Rent Income - February 2018	650.00		-520.45
02/08/2018	[redacted]	Check	2	1st Mortgage Expense - February 2018		1,743.00	-2,263.45
02/08/2018	[redacted]	Check	1086	Repair - The toilet in the bathroom on the main level is broken. The lever inside the tank that attaches to the "flush" handle on the outside of the tank snapped off. Also, the outlet to the right of the kitchen sink even though it seems like everything else that		40.00	-2,303.45
02/08/2018	[redacted]	Check	1086	Management Fees - Management Fees for 02/2018		156.00	-2,459.45
				Ending Cash Balance			-2,459.45
Total					**2,600.00**	**1,939.00**	

Property Cash Summary

Required Reserves	0.00
Prepayments	0.00

Please Remit Balance Due **2,459.45**

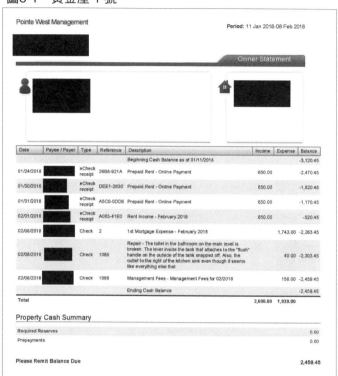

圖8-2　黃金屋 2 號

Pointe West Management

Period: 11 Jan 2018-08 Feb 2018

[redacted]

Owner Statement

[redacted]

[redacted]

Date	Payee / Payer	Type	Reference	Description	Income	Expense	Balance
				Beginning Cash Balance as of 01/11/2018			7,752.38
02/01/2018	[redacted]	eCheck receipt	A6C7-7A88	710A Roanoke Street - Rent Income - February 2018	375.00		8,127.38
02/01/2018	[redacted]	eCheck receipt	950A-ABC4	710A Roanoke Street - Rent Income - February 2018	375.00		8,502.38
02/01/2018	[redacted]	eCheck receipt	6247-F3FE	710 Roanoke Street - Rent Income - February 2018	367.00		8,869.38
02/02/2018	[redacted]	eCheck receipt	F9B7-38AE	710 Roanoke Street - Rent Income - February 2018	366.00		9,235.38
02/02/2018	[redacted]	eCheck receipt	6388-E5BE	710 Roanoke Street - Rent Income - February 2018	367.00		9,602.38
02/05/2018	[redacted]	Receipt	43750575	710A Roanoke Street - Rent Income - February 2018	241.00		9,843.38
02/05/2018	[redacted]	Receipt	43750575	710A Roanoke Street - Prepaid Rent - Prepaid Any	134.00		9,977.38
02/08/2018	[redacted]	Check	2	1st Mortgage Expense - February 2018		1,082.00	8,915.38
02/08/2018	[redacted]	Check	1086	710 Roanoke Street - Repair - Bathroom sink is clogged. Also the shower is not maintaining hot water for more than 2-3 minutes. After that there isn't any hot water for anybody else needing a shower. Spoke with Sean.		105.00	8,810.38
02/08/2018	[redacted]	Check	1086	Management Fees - Management Fees for 02/2018		111.25	8,699.13
				Ending Cash Balance			8,699.13
Total					**2,225.00**	**1,278.25**	

Property Cash Summary

Required Reserves	0.00

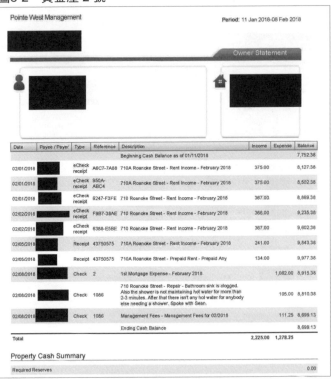

圖8-3　未來現金流量報酬與預測：黃金屋 1 號

Cash Upfront	$30,000
Annual Appreciation	2%
Loan amount Y1	295,200.00
Annual rent increase	5.00%
NOI relative to rent	30.00%

Time	Year	Start of Year Market Value	Annual Price Appreciation	Year End Appreciated Market Value	Annual Principal Debt Pay Down	Year End Accumulared Equity	Monthly Rent	Fixed Monthly Exp	Prop Man. Fee	Annual Cash Flow	Return on Investment	Return on Equity	Equity Position	Total Annual Return
							2100	$736	6%					
1	2014													
2	2015													
3	2016	$328,000	$6,560	$334,560	$3,241.41	$32,800	$2,400	$2,200	$144	$672	34.91%	31.93%	10.00%	$10,473
4	2017	$334,560	$6,691	$341,251	$5,125.84	$44,617	$2,600	$1,830	$156	$7,368	63.95%	43.00%	13.34%	$19,165
5	2018	$341,251	$6,825	$348,076	$5,250.00	$56,692	$2,730	$1,830	$164	$8,834	70.80%	37.46%	16.61%	$21,239
6	2019	$348,076	$6,962	$355,038	$5,579.76	$69,233	$2,867	$1,830	$172	$10,374	76.38%	33.10%	19.89%	$22,915
7	2020	$355,038	$7,101	$362,139	$5,788.51	$82,123	$3,010	$1,830	$181	$11,991	82.93%	30.30%	23.13%	$24,880
8	2021	$362,139	$7,243	$369,381	6,072.44	$95,438	$3,160	$1,830	$190	$13,688	90.01%	28.29%	26.35%	$27,004
9	2022	$369,381	$7,388	$376,769	6,072.44	$108,898	$3,318	$1,830	$199	$15,471	96.44%	26.57%	29.48%	$28,931

圖8-4　未來現金流量報酬與預測：黃金屋 2 號

Cash Upfront	$50,000
Annual Appreciation	2%
Remaining Loan EOY2016	97,418.67
Annual rent increase	5.00%
NOI relative to rent	30.00%

Time	Year	Start of Year Market Value	Annual Price Appreciation	Year End Appreciated Market Value	Annual Principal Debt Pay Down	Year End Accumulared Equity	Monthly Rent	Fixed Monthly Exp	Prop Man. Fee	Annual Cash Flow	Return on Investment	Return on Equity	Equity Position	Total Annual Return
									6%					
1	2014	$218,000	$4,360	$222,360		$52,000	$1,500	$1,261	$90	$6,000	20.72%	19.92%	23.85%	$10,360
2	2015	$222,360	$4,447	$226,807	20000	$81,902	$1,600	$1,261	$96	$6,000	60.89%	37.18%	36.83%	$30,447
3	2016	$226,807	$4,536	$231,343		$86,438	$1,800	$1,261	$108	$5,177	19.43%	11.24%	38.11%	$9,713
4	2017	$231,343	$4,627	$235,970	2853	$93,918	$2,225	$1,261	$134	$9,971	34.90%	18.58%	40.60%	$17,451
5	2018	$235,970	$4,719	$240,690	2,981.99	$101,620	$2,336	$1,261	$140	$11,226	37.85%	18.63%	43.06%	$16,927
6	2019	$240,690	$4,814	$245,503	3,115.87	$109,549	$2,453	$1,261	$147	$12,544	40.95%	18.69%	45.51%	$20,473
7	2020	$245,503	$4,910	$250,413	3,115.87	$117,575	$2,576	$1,261	$155	$13,927	43.91%	18.67%	47.89%	$21,953
8	2021	$250,413	$5,008	$255,422	3,115.87	$125,699	$2,705	$1,261	$162	$15,380	47.01%	18.70%	50.20%	$23,504
9	2022	$255,422	$5,108	$260,530	3,115.87	$133,924	$2,840	$1,261	$170	$16,905	50.26%	18.76%	52.43%	$25,130

- ▼你要很懂不動產投資，才能夠成為真正的不動產投資人。
- ▼你要有錢才能買下第一間房。
- ▼你要會修所有東西。（奈森表示：打死我也不會去碰馬桶！）
- ▼管理不動產要花很多時間。
- ▼現在還不是時候。

請繼續讀下去吧，我會華麗的粉碎這些迷思。關鍵在於找到你買得起的房子，而且就算支付每月費用之後，也還是能產生足夠的收入。這表示你要聰明融資，買對房子，還要管理得當。

如何找到一棟值得投資的房子？

我每次的不動產交易都是從登門拜訪開始

的。雖然很多人會用 Zillow 或 Trulia 這些房地產 App 來找房子，但我會親自拜訪屋主，這樣我在房子還沒公開在網站上之前，就可以搶先購入。

登門拜訪不但能得到比較好的價錢，還能揭穿網站列表無法掌握到的細節——而屋主與房仲最怕你知道這些事。你必須了解房子所在的社區（列表上說「歷史悠久」，是指房子保存得很好，還是「沒落」的委婉說法？）；房客是哪種人（安靜的學生或家庭，還是沒規矩的少年幫派？）；房客有沒有整理住處（他們應門的時候會有一大群貓狗衝出來嗎？還是門廊的欄杆上擺了一整排啤酒罐？）；這裡是不是很多人想租（你詢問空房的時候，得到什麼答案？）。

至於搜尋範圍，我只會考慮距離大學十英里（十六公里）內的房子（我在奧斯汀買的房子都鄰近德州大學，而在黑堡買的房子都鄰近維吉尼亞理工學院），這樣你光靠租房子的學生就能抵抗不景氣。有一個快速的確認方式，就是搜尋一座城的租金與房價，自二〇〇八年之後有沒有下跌過。如果你找不到可以搜尋房地產的地圖，可以在 Google 輸入關鍵字：「房地產資料 ＋ 2008 ＋ 你想買房的縣市」，然後瀏覽結果。

假如你買不起熱門大學城附近的房子，那就看看比較偏遠的大學城；這附近的房價比較低，但租屋需求還是很高。等你多做幾次交易之後，就會培養出自己的模式，找到適合你的地點；但對我而言，大學城是最棒的。

家人與朋友也可以幫你找房子。如果你有親友剛好住在熱門的出租地點，就可以請他們親自走訪，看看有沒有適合的房子；到時候你如果真的買了，他們也可以幫你處理緊急狀況。

一開始，請先開車到你買得起的區域，然後挨家挨戶拜訪。與屋主會面，記下你中意的社區，然後開始研究數字。稍後我會把我登門拜訪的說詞秀給你看，但現在，我們先討論怎麼找到買得起的房子。

怎麼知道這棟房子會幫你賺錢？

跟所有投資一樣，你要先知道一件東西可能幫你賺多少錢，才能決定你要花多少錢在它上頭。租金收入就是你透過不動產賺錢的方式，但很多時候，你很難弄清楚房客究竟願意出多少錢租某棟房子。

弄清楚你可以賺到多少錢：請當地房仲給你看MLS

房仲會透過「多列表服務」（multiple listing service，簡稱MLS）來找生意做。他想代表你買房，因此目標就是幫你找到交易對象。你就問房仲說：「你可以把我的電子信箱加到你的MLS裡嗎？這樣我就可以看到郡內各地，有哪些多家庭住宅（按：內部有兩至四間公寓，可同時住好幾戶家庭）想賣。」

等到列表一進來，你就會自動看到屋況資料，其中包含租金的資訊。列表看起來大概是長這

圖8-5　MLS 呈現的屋況範例

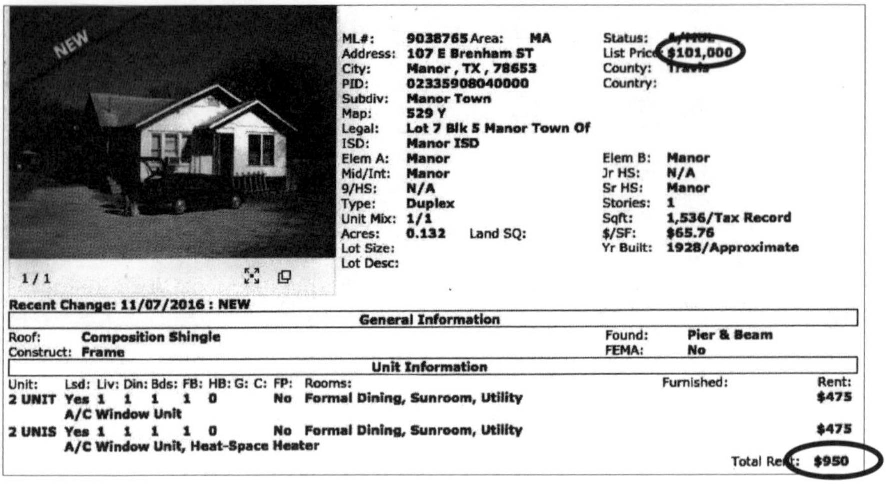

樣（圖8-5）：

MLS很適合拿來研究資料與市場，但我要再次強調，別指望它們能幫你談到好交易。所有列在MLS上頭的好房子，都會很快成為熱門的競價標的，價格也因此飆漲。所以除了挨家挨戶拜訪，**你還要拿到房仲的「口袋名單」**——房仲知道這些房子要賣（或很快就要賣），但沒有列在MLS上。這表示一般民眾沒機會看到它們，也就不會毀了你的划算交易。

你要跟當地的所有房仲打好關係，這樣他們一有口袋名單會先想到你。如此一來，當他們有朋友或客戶說想賣房時，就會打電話給你——搞不好在他們把房子放上MLS之前，這筆交易便談妥了；這就是你最希望的結果。

但你也不必把MLS列表全部排除，只要知道上頭沒有值得談的交易就好。你還是可以從列表中的資料學到很多事情。例如在上圖的列表中，我看到總租金（九百五十美元）是建議售價（十萬零一千美

圖8-6　美國各郡的地產紀錄查詢

元）的一%，所以這種探索是值得的（如圖圈示處，稍後我會詳談計算過程）。如果數字看起來挺棒的，我就會利用地產稅入口網站，看看這棟房子以前什麼時候被買賣過，以及當時的成交價。好啦，讓我們來好好研究下一步吧！

弄清楚要花多少錢買這棟房子

列表上的售價，只不過是賣家希望的價碼。你可以藉由搜尋公開紀錄，得到更真實的概念：這棟房子值多少錢？扣除費用後它有幫你賺到錢嗎？美國每個郡都會在稅務入口網站張貼地產紀錄。雖然每個郡的情況不太一樣，但你還是可以在Google輸入關鍵字：「你的郡名＋你的州＋地號（不動產登記用的土地編號）」，找到你的郡的稅務入口網站。比方說，我的第一棟房子位於維吉尼亞州蒙哥馬利郡的黑堡，所以當初我的關鍵字就是「蒙哥馬利郡＋維吉尼亞州＋地號」。

你會找到一個頁面，長得像上面這樣（圖8-6）。

接下來你要這麼做：

第一步：把頁面拉到最上方。通常你會找到一張地圖，可以放大、縮小各土地，來閱讀它們過去的銷售資料。

第二步：將你有興趣的房地產（與附近的區域）放大。一個區域的同類房地產，售價也會差不多，所以這份綜合資料會告訴你：房地產的建議售價是高是低？你想成交的價格跟市價接近嗎？你當然想低價買進，這樣你以後才能高價賣出。

第三步：估算租金。一個區域的同類房地產，租金也會差不多。你可以記下MLS列表上的租金，然後拿它跟附近同類房地產的租金相比。你可以利用Craigslist（大型免費分類廣告網站）快速搜尋一下有哪些房子出租，也可以搜尋當地大學的校外租屋列表。如果列表上的租金比你搜尋到的還低，就表示這棟房子的租金收太低了，而你買下它之後，可以隨著時間漲租，從這棟黃金屋多挖一點黃金出來。

如何找到適合的賣家、談成更好的交易？

每個屋主都是賣家，無論他們是否有自覺。訣竅在於找到一位「不知道自己想賣的賣家」。一旦你做好特定地區的研究，知道該地的平均房價與租金收入之後，就等於準備好登門拜訪了。

有一次，我發現我的大學城裡有個區域還不錯，於是我立刻把鬍子刮乾淨（這樣就能善用我的娃娃臉），穿上大學生的衣服，然後沿街挨家挨戶敲門。

我敲門的時候會說：「嗨！您好，我在這裡讀書，想租個好地方來住，**請問這棟房子還有空的房間嗎？」**

假如對方說有，那就不太妙，因為空房表示這裡沒什麼人想租。空房會扼殺你的現金流量。假如對方說沒有，就問他可不可以把你介紹給屋主，這樣等到有空房的時候，你就能跟屋主租。你還可以再「偷渡」一個問題：「往後幾年我都要在這一區租房子，所以你方便告訴我，你的房租是多少嗎？」

等到你取得屋主的聯絡資訊，就請他喝咖啡，問他們想不想賣房。至於你開的價碼，大概是對方月租收入的一百倍。例如對方每個月靠房租賺兩千美元，你就出二十萬美元。

有個一般原則能夠快速分析不動產交易：租金收入應為房價的一％。如果賣家出價十萬美元，它的月租應該要有一千美元左右（按：這是美國行情）。這個原則還頗有用的，因為你的房租假如不到成交價的一％，那麼每個月等你繳完所有費用（與銀行交涉的費用、房貸或其他，我們之後再談）之後，是不太可能擠出現金流量的。

想清楚價格之後，請記得使用上述的神奇原則，來決定要不要出價。價碼千萬別超過月租的一百倍。例如月租兩千美元，就不要出超過二十萬美元。

如果你想買棟房子，每月替你產生被動收入，那我就來跟你解釋上述原則的合理之處。

融資：沒有錢怎麼買下第一間房？

老派的人會告訴你，如果你想買一棟十萬美元的房子，就要自備兩萬美元的頭期款，大概是二〇%左右。但這完全是錯誤觀念。你可以不花錢（或只花一點錢）就買下不動產。若要辦到這一點，首先你必須分析各種籌資對象，它們要求的頭期款金額都不同。

如果你有家人貸款給你，你就不用支付頭期款；但銀行貸款則會要求你自備五%至二五%的頭期款。

你可能無法跟家人借錢，一定要跟銀行借；但假如你願意找一棟多家庭住宅，然後自己只住一間，其他租給別人，就能抵銷一些頭期款。如果是單家庭住宅，那就找一棟四個房間的，然後自己住一個房間，其他三個租給別人。

只要自己住在房子裡，銀行就會認為你是想借款的屋主，而不是做投資。如果是投資，銀行會求二五%的頭期款，但自住的話只要五%——有時還更少（按：此為美國國情）。

我會教你找到資金來源，並且舉出我自己買房的例子，包括零頭期款、五%頭期款，以及最近剛談成的交易——我選擇付二五%的頭期款來增加現金流量。

跟銀行貸款

銀行貸款有幾個關鍵字：

頭期款：銀行要求你在成交日支付的金額。如果房價是十萬美元，那麼頭期款之外的額外費用（如律師費），大概要五千美元（下頁圖8-7）。以下是我上次交易時的真實成交費用，我買了一棟四十二萬五千美元的房子，成交費用為六千八百一十一・五三美元。

利率：銀行賺錢的方式，也是你借錢所要付出的代價。如果房價是十萬美元，而銀行貸給你八萬美元，那你每個月大概要支付六百美元；其中三百美元是償還那八萬美元的貸款（稱為「本金」），另外三百美元則是付給銀行的利息。

我上次在德州奧斯汀買房，跟銀行貸了四十萬三千七百五十美元，利率四・三七五％，所以我可以買下四十二萬五千美元的房子。每個月我要支付兩千零一十五・八六美元（本金加上利息，下頁圖8-8）。附帶一提，我每個月靠這棟房子賺五千美元，所以現金流量是正的，每月一千至兩千美元。

償還期間：你還清貸款所需花費的時間。如果期間越長，每個月要支付的金額就越低，因此你每月的現金流量就會增加。同樣十萬美元、利率四％的貸款，如果期間為二十年，每月支付的金額就比三十年期還多。

圖8-7　我買房貸款的結算成本明細

Closing Cost Details

Loan Costs				Borrower-Paid At Closing	Borrower-Paid Before Closing	Seller-Paid At Closing	Seller-Paid Before Closing	Paid by Others
A. Origination Charges				$1,840.00				
01	0% of Loan Amount (Points)	to						
02	Application Fee	to	Everett Financial, Inc. dba Supreme Lending	$150.00				
03	Closing Fee	to	Everett Financial, Inc. dba Supreme Lending	$345.00				
04	Processing Fee	to	Everett Financial, Inc. dba Supreme Lending	$695.00				
05	Tax Service	to	Everett Financial, Inc. dba Supreme Lending	$89.00				
06	Underwriting Fee	to	Everett Financial, Inc. dba Supreme Lending	$561.00				
B. Services Borrower Did Not Shop For				$585.00				
01	Appraisal Fee	to	MYAMC, LLC		$425.00			
02	Appraisal Management Fee	to	MYAMC, LLC		$100.00			
03	Document Preparation	to	Black, Mann & Graham, L.L.P.	$60.00		$100.00		
C. Services Borrower Did Shop For				$3,076.40				
01	Title - Escrow Fee	to	Ishmael Law Firm, P.C.	$300.00		$300.00		
02	Title - Express Mail Fee	to	Ishmael Law Firm, P.C.	$30.00		$20.00		
03	Title - Lender's Title Insurance	to	Independence Title Co.	$2,735.90				
04	Title - State of Texas Policy GARC Fee	to	Texas Title Insurance Guaranty Association	$4.50				
05	Title - Tax Certificate	to	Texas Real Tax Services, Ltd.			$43.30		
06	Title - eRecording Fee	to	Independence Title Co.	$6.00		$3.00		
D. TOTAL LOAN COSTS (Borrower-Paid)				$5,501.40				
Loan Costs Subtotals (A + B + C)				$4,976.40	$525.00			

圖8-8　貸款利率與每月支付金額

Closing Disclosure

This form is a statement of final loan terms and closing costs. Compare this document with your Loan Estimate.

Closing Information		Transaction Information		Loan Information	
Date Issued	1/2/2018	**Borrower**	Nathan Latka	**Loan Term**	30 Years
Closing Date	1/3/2018			**Purpose**	Purchase
Disbursement Date	1/4/2018			**Product**	Fixed Rate
Settlement Agent	Independence Title Company	**Seller**	Pendleton Plus LLC	**Loan Type**	☒Conventional ☐FHA ☐VA ☐________
File #	1743565-ILF				
Property	1005 Mansell Unit B Austin, TX 78702	**Lender**	Everett Financial, Inc. dba Supreme Lending	**Loan ID #**	830170738861
				MIC #	
Sale Price	$425,000.00				

Loan Terms		Can this amount increase after closing?
Loan Amount	$403,750	NO
Interest Rate	4.375%	NO
Monthly Principal & Interest *See Projected payments below for your Estimated Total Monthly Payment*	$2,015.86	NO
		Does the loan have these features?
Prepayment Penalty		NO
Balloon Payment		NO

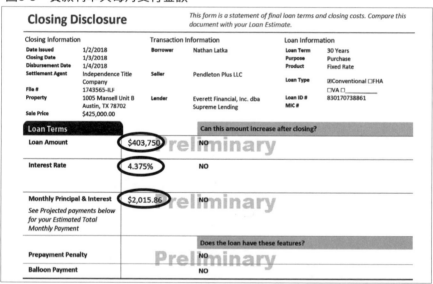

圖8-9 貸款交易總明細

Summaries of Transactions Use this table to see a summar

BORROWER'S TRANSACTION

K. Due from Borrower at Closing		**$431,286.53**
01	Sale Price of Property	$425,000.00
02	Sale Price of Any Personal Property Included in Sale	
03	Closing Costs Paid at Closing (J)	$6,286.53
04		
Adjustments		
05		
06		
07		
Adjustments for Items Paid by Seller in Advance		
08	Property Taxes	
09	City property taxes	
10	County property taxes	
11	School property taxes	
12	MUD Taxes	
13	HOA Dues	
14		
15		
L. Paid Already by or on Behalf of Borrower at Closing		**$413,055.64**
01	Deposit	$3,000.00
02	Loan Amount	$403,750
03	Existing Loan(s) Assumed or Taken Subject to	
04		
05		
Other Credits		
06		
07		
Adjustments		
08	Owners Title Policy Paid by Seller	$2,680.50
09	Seller Concession	$3,606.03
10		
11		
Adjustments for Items Unpaid by Seller		
12	Property Taxes 1/1/2018 thru 1/3/2018	$19.11
13	City property taxes	
14	County property taxes	
15	School property taxes	
16	MUD Taxes	
17	HOA Dues	
CALCULATION		
Total Due from Borrower at Closing (K)		$431,286.53
Total Paid Already by or on Behalf of Borrower at Closing (L)		-$413,055.64
Cash to Close ☒ From ☐ To Borrower		**$18,230.89**

成交現金：我成交當下必須支付一萬八千兩百三十・八九美元（上頁圖8-9），才能買下這棟月入兩千美元的房子。九個月內我就回本了，之後每個月都淨賺兩千美元（每年兩萬四千美元），而且我還利用保險來預防重大災情。這筆交易真是值得！

假設你今天有一萬八千美元，你願意犧牲它（而且九個月就回本了），換取以後每年都賺兩萬四千美元嗎？

氣球（Balloon）：貸款利率固定的年數。假如十年後發生某件事，使利率升到一〇%，而銀行當初給你的利率是四%，這樣銀行就要設法提升你的利率。氣球就是銀行重設利率之前，利率固定的那段期間。為了盡可能減少風險、增加確定性，你一定要盡量喬到更長的「氣球期」。能夠拿到固定利率當然最好，但銀行通常不會給你。

我與銀行協商的實際經驗

以下是我實際與一家銀行的經理強納森協商時的電郵。當時我二十二歲，就是利用這家銀行買下了第一間房。看完你就知道，這些貸款條件是怎麼相輔相成的：

奈森：

以下是我所能開出的最佳條件。請在詳閱之後，讓我與艾隆知道您的決定，這樣我們才能在今早通知買方的房仲。您的利率會再寬限兩年才上漲，而且貸款期間依照您的意願訂為二十五年，但您必須支付二五％的頭期款，起始利率也從四．三七五％變為四．五％，因為利率上漲的時點將延後兩年。我已經無法再做出任何變更了，請見諒。

借款人：奈森．拉卡

貸款額：十六萬一千兩百五十美元（買價二十一萬五千美元的七五％）

貸款期間：二十五年

條件：七年後調漲利率

利率：四．五％

沒有銀行手續費與提前還款罰款（**按：提前還款的借款人支付罰款，以補償出借人的利息損失**）

每月本金加利息支出：九百美元（不包含我們每月替您代扣的稅金與保險費）

感謝

強納森

圖8-10　頭期款 5% 的每月支付金額

Purchase Price	$215,000	Estimated Appraised Value	$215,000
Loan Amt	$204,250.00	Interest Rate 4.500%	Term 300 months
First Mortgage (P&I)	$1,135.29		
Other Financing (P&I)			
Real Estate Taxes		Estimate - depends on sales price / assessment by county	
Hazard insurance		Estimated Yearly Premium	$840.00
PMI			
HOA	$0.00		
TOTAL PITI	$1,135.29		

我決定接受這筆貸款，因為我的目標是提升現金流量，所以最後我付了二五%的頭期款。

讀到這裡，你一定會想說：「可是你這樣要付二五%耶！我哪來五萬五千美元付頭期款啊？」如果是這樣，你就要設法喬到五%的頭期款，然後跟別人住同一棟房子（如同之前提到的）。這樣雖然會減損你的每月現金流量，但至少你買第一間房的頭期款會少很多。我稍後會介紹一個零頭期款的例子。

在我列舉零頭期款、五%頭期款與二五%頭期款的例子之前，請你先記住：頭期款越低，每月支付額就越高，每月現金流量也就越少。

以下我列了兩筆交易來比較，任何交易我都使用 Excel 文件來評估。

我們假設房價為二十一萬五千美元，每月租金收入為一千八百美元。

假設頭期款五%（約一萬美元）的話，每月要支付一千一百三十五・二九美元（圖8-10）。

假設頭期款二五%（約五萬五千美元）的話，每月要支付八百九十六・二八美元（下頁圖8-11）。

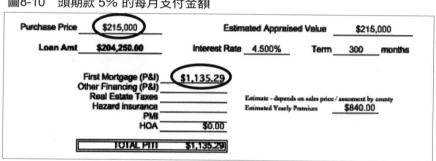

圖8-11　頭期款 25% 的每月支付金額

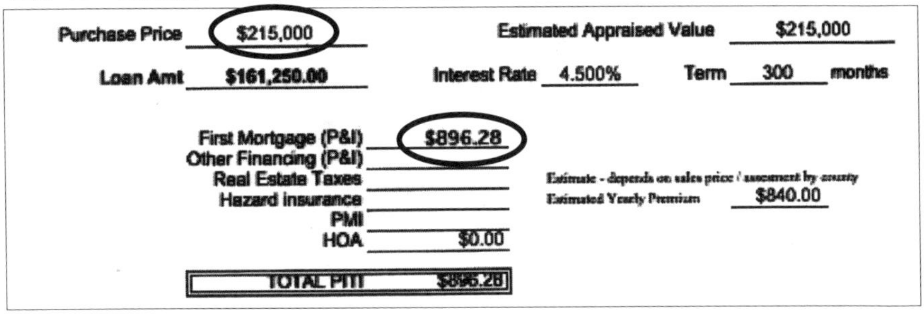

請記住，你現在能負擔的頭期款越多，每月費用就越低，每月現金流量也就越高。

在這次交易中，我選擇二五%頭期款來增加現金流量。由於租金收入為一千八百美元，就算減去八百九十六・二八美元，我每個月還是可以大賺九百美元；換句話說，我花了五萬五千美元投資這棟房子，每年可以賺一萬一千美元——現金報酬率高達二〇%！稍後我會讓你瞧瞧這棟房子的美照，但現在我先讓你瞧瞧零頭期款的例子。

零頭期款購入二十萬美元的房子

假如你是窮光蛋大學生，或剛好沒有閒錢，我現在就來講你想聽的東西。

以下介紹幾個買房不用頭期款的策略。我們得設法讓銀行那五%的頭期款消失（一棟二十萬美元的多家庭住宅，頭期款為一萬美元左右）。

1. **跟家人借錢**。如果你的家人有存款，看看他們的銀行存款利率是多少。如果他們存了十萬美元，而且利率只有一％，你可以跟他們借個五千美元，並且支付二％利息，這樣對他們來說就算多賺。如果這樣能幫助你買房，你就一直借下去吧。

2. 跟家人借錢可能會有罪惡感，但你要記住，你是提高利息幫他們賺錢。你可能無法跟銀行談成一筆好交易，但家人信任你，因此這種人情就是你可利用的優勢——他們幫你買房，你也幫他們賺更多錢。但是你要有借有還，否則過年過節的時候會很難堪喔！

3. 請賣家在成交之後貸款給你。你可以使用以下說詞：「先生，我們剛剛成交，讓你賺了二十萬美元。所以你現在能借我一萬美元嗎？我很勉強才湊到頭期款，因此手頭有點緊，如果你能幫我這一回的話，那就太感激了！我很快就會連本帶利還給你的！」

4. 成交之後，請房屋管理公司的老闆貸款給你。房屋管理公司會替你打理租屋（例如修馬桶），這樣你就不用親自處理。它通常會收取租金的一〇％（如果月租一千八百美元，它們每月就收一百八十美元）。換句話說，你要請它管理房子，它才有錢賺——這個誘因使它們非常樂意貸款給你。你可以這樣說：「某某公司好，如果您願意貸給我一萬美元，我就把這棟房子交給您管理。貸款我很快就會連本帶利償還。」

下頁的表格8-1會讓你有個概念：在房價二十萬美元、零頭期款、三十年期、利率四・五％的條件下，你每個月要繳多少房貸。無論利息付給銀行或家人都一樣。

這棟房子每月租金收入為一千八百美元，所以你沒付頭期款的話，每個月付完房貸之後，就只剩八百美元可以支付管理費、修理費、房貸保險費，以及其他損及現金流量的費用——這個我

表8-1 頭期款、應繳房貸與每月現金流量

頭期款%	頭期款金額	每月房貸	每月增加的現金流量	每年增加的現金流量
0%	$0	$1013.37	$0	$0
5%	$10,000	$962.7	$50.67	$608
25%	$50,000	$760.03	$253.34	$3,040

們之後再談。

十萬美元（五％）頭期款購入二十萬美元的房子

如果你是跟銀行貸款，而且無法使用上述策略來籌措銀行要求的五％頭期款，那你每月支付的房貸應為九百六十二・七美元。只要在成交當天支付一萬美元，往後三十年間，每年可以省下六百零八美元——還真是一筆不小的數目。如果你有資本的話，我建議你透過這種方式買房。

五萬美元（二五％）頭期款購入二十萬美元的房子

假如你資金充裕，現在就有五萬美元的現金，可以購入售價二十萬美元、月租收入一千八百美元的房子，那你長期下來的報酬會更優渥。如果你這五萬美元沒有其他方式（例如其他商業交易或投資之類的）可以獲取報酬，就盡量多拿一些來付頭期款吧！

如此一來，你往後的三十年間，每年現金流量都會多出三千零四十美元。此外，頭期款超過二〇％還有個隱藏好處，就是不必支付私人房貸保險費（private mortgage insurance，簡稱PMI）。

當你計算每月可以靠投資賺多少現金的時候，必須考慮到PMI等許多額外費用。我們現在來看看其他管理費用吧！

託管：每個月只要坐著數錢，不必花時間應付房客與修馬桶

你透過不動產投資所產生的每月現金流量，會因為許多事情而減少。我們剛剛談過最大、最重要的開銷——房貸，而以下這些費用也會減少你的每月現金流量：

房屋管理費：你要付錢請別人幫你處理事情，例如更新房客租約、修馬桶、接房客電話（還有聽他們抱怨）、除草等。這筆費用大概是月租的五至一〇％。

房屋稅：如果你有房子就要繳稅給政府。一棟二十萬美元的房子，每年要繳兩千至四千六百美元的地稅，端看你住在哪裡。

災害保險：房子因為火災、風災、地震或其他天然災害而受損時，這種保險能夠保障屋主。一棟二十萬美元的房子，每月要繳五十至八十美元的保費。

私人房貸保險：如果借款人違約，這個保險能夠保護出借人。如果你跟家人借錢就可以避開這個費用；但如果你跟銀行貸款，而且頭期款低於二〇%，那就要付這筆錢。每月保費介於九十至一百五十美元之間，視你的狀況而定。

管委會費用：如果你的房子買在有管委會的住宅區，那你每個月都要支付這筆費用。例如花一萬美元修理整棟公寓大樓的屋頂。

修理費：我固定假設月租有二%要花在修理東西上——小至水槽阻塞或漏水，大至換冰箱。根據我的經驗，二%是個準確的平均值。

我們來一一拆解這些費用，先從**房屋管理費**開始：

許多人從未考慮投資不動產，因為他們以為自己必須很會修理爐子、電扇、馬桶，還有門。請記住，新富人最重視的事情，就是建構被動收入流。修東西要花時間與精力，所以我們必須找別人來做——這就是房屋管理公司的存在意義。他們會打理你的房子，然後從租金中抽成。此外，他們的賺錢方式還包括替你找房客、更新租約與管理維修工作。

為了增加你的每月現金流量，你必須把房屋管理費殺低一點；**但你要在成交之前就先殺好**。你可以利用以下籌碼，讓管理費低於一〇%：

1.「如果你每月管理費只收五%，以後我買的所有房子都給你管。」

2.「可惜啊……你不幫忙我的話，我就不能買這棟房子！付你一〇%我就虧錢了，可以只收五％嗎？」

你也可以透過房屋管理公司，了解房租要收多少，以及未來可能調漲多少。

若想確定你的房子有人租，最快的方法，就是交易之前先讓一位房屋管理人加入。只要讓房屋管理人早點做出承諾，你就可以對他產生心理影響，讓他覺得最好能把你的房子租出去，因為他在你買下這裡之前，就跟你說這裡租得出去——之後他會為了這個保證而忙得焦頭爛額。話雖如此，你還是要為最糟糕的情況做打算。根據我一般的預估，房子一年內會有兩個月沒人租。我不必靠租金收入吃飯，但假如你無法承受這種現金流量的折損，那就別買這間房。

我在成交之前，都會問房屋管理人一些問題，讓他們掌握狀況：

我說：

好吧，我接受以下兩個選項之一：

1. 四位房客，月租六百美元（總租金兩千四百美元）。每個月的水電費由我出。
2. 四位房客，月租五百五十美元（總租金兩千兩百美元）。水電費他們出。我比較喜歡這個選項。

明天我一整天都帶著手機。如果你覺得更換租約會讓我更花錢，那我們來跟他們一起想辦法吧！

圖8-12　房屋稅最低的州

Rank ⇕	State ⇕	Effective Real-Estate Tax Rate ⇕	Annual Taxes on $176K Home* ⇕
1	Hawaii	0.28%	$489
2	Alabama	0.43%	$764
3	Louisiana	0.48%	$841
4	Delaware	0.53%	$929
5	District of Columbia	0.57%	$1,005

圖8-13　房屋稅最高的州

46	Connecticut	1.91%	$3,357
47	Texas	1.93%	$3,392
48	Wisconsin	1.97%	$3,459
49	New Hampshire	2.10%	$3,698
50	Illinois	2.25%	$3,959
51	New Jersey	2.29%	$4,029

房屋管理人說：

他們想要第一個選項。你希望我就照這樣簽訂租約嗎？我知道你短期內會虧錢，但今年都快過完了，你假如還想換房客的話，恐怕會虧更多錢。所以我建議你先接受第一個選項，等到明年再漲房租，這樣在他們搬走之前，你就有時間準備把房子租給其他人。

感謝！

只要詢問房屋管理人是否同意你對於房租的想法，無論他同不同意，他跟你的目標都會趨於一致。

我的房屋管理人會更努力調漲房租，因為他已經跟我承諾：「等到明年再漲房租。」

房屋管理人是你最強的盟友。他們既幫你壓低費用，也幫你調漲房租。無論任何交易，他們都是你的「樁腳」，所以請對他們好一點，生日的時候記得寄卡片喔！

房屋稅也會吃掉你的每月現金流量。至於繳多少稅，要看你的房子買在哪一州。

根據 WalletHub 個人理財網站（https://WalletHub.com/edu/states-with-thehighest-and-lowest-property-taxes/11585/），房屋稅最低的州是這些（上頁圖8-12），房屋稅最高的州是這些（上頁圖8-13）。

你在預測每月現金流量的時候，記得考慮這些數字。

至於其他費用，如災害保險、私人房貸保險、管委會費用，通常都是固定的，而且沒有很明確的標準供參考。所以在你成交之前，務必要做好功課，找出這些費用的實際數字。千萬別等到嚴重低估費用之後，才學到教訓。

既然我們已經更了解每月平均費用，那我們就來回顧一下，房價二十萬美元，零頭期款、五％頭期款、二五％頭期款的每月現金流量各為多少。

以下表格是假設為**最佳狀況**：房屋管理人抽五％房租，房屋稅率〇・四％，沒有管委會費用，災害保險為最低額度，不需要修理費（下頁表8-2）。

最差狀況：修理費二％，房屋管理人抽一〇％房租，房屋稅率二・三％（下頁表8-3）。

最差狀況的每月現金流量低很多，因為房屋稅從每月六十六美元變成每月三百八十三美元，而房屋管理人抽成從五％變成一〇％。無論評估任何交易，最好都要評估最佳與最差的狀況。

如果最差的狀況下無法產生現金流量，那就別買這間房了——這種判斷算是買房版的「壓力測試」。

別忘了，你買任何房子都有兩種方法可以增加現金流量：減少費用，或增加收益。請重用你的房屋管理人，每年替你漲房租。

表8-2　每月現金流量（最佳）

%頭期款	0%	5%	25%
租金	$1,800	$1,800	$1,800
房貸	$1013.37	$962.7	$760.03
私人房貸保險	$100	$80	
房屋管理人抽成	$90	$90	$90
房屋稅0.4%	$66.67	$66.67	$66.67
管委會費用			
災害保險	$70	$70	$70
無修理費			
總費用	$1,340.04	$1,269.37	$986.7
每月現金流量	$459.96	$530.63	$813.3
每年現金流量	$5,519.56	$6,367.6	$9,759.64

表8-3　每月現金流量（最差）

%頭期款	0%	5%	25%
租金	$1,800	$1,800	$1,800
房貸	$1013.37	$962.7	$760.03
私人房貸保險	$100	$80	
房屋管理人抽成	$180	$180	$1800
房屋稅2.3%	$383.33	$383.33	$383.33
管委會費用			
災害保險	$70	$70	$70
2%修理費	$36	$36	$36
總費用	$1,782.7	$1,712.03	$1,429.36
每月現金流量	$17.3	$87.97	$370.64
每年現金流量	$207.56	$1,055.60	$4,447.64

在我們的最差狀況中，零頭期款時我們每月只賺十七・三美元（每年兩百零七・五六美元）。假如我們明年把房租調漲兩百美元，我們每月就能賺兩百一十七・三美元（每年兩千六百零七・六美元）——還是很值得！房租漲一〇%是有點誇張，但我以前就這樣做過啦！

三個常見問題

1. 現在是我買房的最佳時機嗎？

買房（而且永不脫手）的最佳時機，就是在你結婚有小孩之前。這樣你比較方便搬進其中一個房間，再把其他房間租給別人，然後只要付五%的頭期款（因為你算自住）。你平常一定要存夠六個月的生活費，至於多出來的錢，就拿去投資吧！

2. 如果我要支付高額修理費呢？

換新屋頂大概要花五千至一萬美元。只要你事前就檢查過屋況，就能將支付修理費的風險降到最低。其實不管怎樣都要檢查一下屋況，這樣你才清楚哪些地方可能要修繕或違反建築法規，然後在你購入之前，要求賣方處理這些問題。

3. 我怎麼確保房子一直有人租？

除非你或房屋管理人確定這棟房子會有人租，否則你就不要買。你可以利用 Revestor.com 之類的不動產服務網站，來查詢該地區的現金流量機會。但就算是最佳狀況，我還是假設一年內會有兩個月沒人租，當作預算的緩衝。

比較我買的頭兩棟房子：一間賺很大，另一間虧很大！

二〇一四年一月八日，我二十四歲，透過房仲買下第一間房（圖8-14）。它是雙層公寓，有六個房間與四個浴室，售價二十一萬五千美元。

直到現在，這棟房子還是每月幫我賺七百五十美元。我一開始投資五萬五千美元（頭期款），現在已經淨賺了兩萬七千美元（每月七百五十美元 × 三十六個月）的現金流量。此外這棟房子的資產淨值也增加了，這跟現金一樣讚。請記住，每月房貸的一千零六十・五七美元包含本金與利息。

如果我每個月償還本金五百美元，三十年後，這棟二十一萬五千美元的房子就全歸我所有，再加上租金帶來的現金流量（每月七百五十美元 × 三十年 ＝ 二十七萬美元左右）。而且這還只是保守估計。

等到你擁有這種「黃金屋」替你賺錢之後，就可以考慮該把租金收入投資在哪裡，以創造更多被動收入。

圖8-14　賺很大的房

每月概況：

租金收入：1,990 美元

房貸：1,060.57 美元

管理費：100 美元

草坪維護：45 美元

修理費：35 美元

淨收入：750 美元

但我們還是先來談談那棟「虧」很大的房子吧……

二〇一六年四月十四日，我二十六歲，透過登門拜訪買下第二間房（圖8-15）。這棟房子有五個房間、四間浴室，售價三十二萬八千美元。

我犯了一個錯誤，就是成交時誤以為房客會負擔水電費，因為一般的安排都是這樣。結果後來是我要付，所以我的現金流量大打折扣。

好消息是，儘管我每月損失一百三十六美元的現金流量，但透過清償房貸而增加的資產淨值，超過了這筆損失。

此外，當我們更新這些租約的時候，月租漲成三千美元，而且房客要付水電費。

我買這間房只付了一〇%頭期款，所以現金報酬不至於太難看。所以我跟銀行來回交涉是有價值的，以下是雙方的說詞：

圖8-15　虧很大的房

每月概況：

房貸：1,747.45 美元
管理費：144 美元
瓦斯費：29 美元
水費：136.96 美元
電費：398.48 美元
草坪維護：45 美元
修理費：35 美元
淨收入：-136 美元

行員說：

為了看你的訊息，我連球賽都錯過了！我們約上午十一點五十五分談談如何？讓我吃個午餐，到下午三點你的貸款就批准了。你看下面這樣可不可以。

借款人：奈森・拉卡

貸款額：二十九萬五千兩百美元（買價三十二萬八千五百美元的九〇％）

償還條件：每月支付本金與利息共一千四百九十六美元，期間為三十年，並代扣稅金與保險費。每月你的支票帳戶會自動扣除兩百四十八美元。不收私人房貸保險費。

利率：你可以從中挑選一種。

⇩起始利率四％，每三年調整一次

⇩起始利率四・五％，每五年調整一次

⇩起始利率五・二五％，每十年調整一次

手續費：三百五十美元，借款人需負擔一般的成交費用（產權保險、信託契約登記費、估價費、律師費）。

擔保品：奧堤街二〇九號、維吉尼亞州黑堡鎮羅阿諾克街七一〇號E。根據估價，這兩棟房子的最低價值，加起來不低於五十四萬三千六百美元。

如果你同意，我就來安排估價與產權保險，然後在律師事務所成交。我們應該能在四月第一週成交，但你要儘早回覆我。

感謝！

我說：

謝謝你這麼快就回覆我！

以下這些條件我能立刻接受：

⇩七％頭期款（如果你堅持要一〇％，我在羅阿諾克街的那棟房子就要轉賣了，這很傷耶！）

⇩前五年利率固定為四％，三十年期間利率不高於五・五％。

至於你拿我兩棟房子當擔保品，我沒有意見。

行員說：

老弟，我已經沒什麼空間給你喬了。我講清楚一點，讓你更好進入狀況吧！

我必須收你一〇%頭期款。我拿你兩棟房子做擔保，所以基本上，它們的資產淨值已經幫你負擔一些頭期款了；要不然，我覺得頭期款至少要二〇%才比較可行。既然你的租金帳戶有錢，你應該可以拿它來付頭期款吧！

至於利率，我可以幫你再調整，希望你會滿意。

我給你四・二五%的起始利率，然後每五年調整一次，但我每次調漲不會超過二%，而且三十年間的漲幅不會超過八%。

每五年調整一次利率，就是利率每次調整後都固定五年，等於一年期國庫券（美國財政部發行的公債）的利率再加三・七二%。照這種算法，起始利率就是四・二五%。

實際上，你可能不到五年就提前把貸款還完了，到了某個時點，你的收入會變得簡單、穩定，於是你的籌資對象就會換成次級市場（投資人相互買賣證券等資產的市場）。所以調整利率其實沒那麼嚴重。

老弟，我最多只能幫你到這裡了。你應該知道，我會及時幫你順利完成這件事，因為你的時間太寶貴了，不能拿來蒐集文件、或是回答次級市場仲介的狗屁問題——搞不好最後還談不攏。

請讓我知道你的想法。這已經是我能想出的最好提議了。

我說：

那就這麼說定囉！

頭期款一〇％

起始利率四・五％，每五年調整一次，每次調漲不超過二％，三十年間的漲幅不超過八％。

接下來還需要什麼？書面資料嗎？

你看到這段協商內容，或許會覺得這筆交易很虧。但到了二〇一八年年初，現金透過其他方式進帳的時候，這筆交易就變得很賺了。如今我靠這棟房子，每月產生六百美元的自由現金流量，因為我做了以下兩件事：

1. 調漲租金。
2. 把水電費轉嫁給房客。

如今我的租金收入是兩千六百美元，費用約為一千九百三十九美元（下頁圖8-16），所以每月都有六百六十一美元自動送到我手上！

圖8-16 和銀行協商後，租約更新的明細

[redacted]

Period: 11 Jan 2018-08 Feb 2018

Owner Statement

[redacted]

Properties

[redacted]

Date	Payee / Payer	Type	Reference	Description	Income	Expense	Balance
				Beginning Cash Balance as of 01/11/2018			-3,120.45
01/24/2018	[redacted]	eCheck receipt	26B8-921A	Prepaid Rent - Online Payment	650.00		-2,470.45
01/30/2018		eCheck receipt	DEE1-2630	Prepaid Rent - Online Payment	650.00		-1,820.45
01/31/2018		eCheck receipt	A5C0-0DD6	Prepaid Rent - Online Payment	650.00		-1,170.45
02/01/2018		eCheck receipt	A063-41E0	Rent Income - February 2018	650.00		-520.45
02/08/2018		Check	2	1st Mortgage Expense - February 2018		1,743.00	-2,263.45
02/08/2018		Check	1086	Repair - The toilet in the bathroom on the main level is broken. The lever inside the tank that attaches to the "flush" handle on the outside of the tank snapped off. Also, the outlet to the right of the kitchen sink even though it seems like everything else that		40.00	-2,303.45
02/08/2018		Check	1086	Management Fees - Management Fees for 02/2018		156.00	-2,459.45
				Ending Cash Balance			-2,459.45
Total					**2,600.00**	**1,939.00**	

Property Cash Summary

Required Reserves	0.00
Prepayments	0.00
Please Remit Balance Due	**2,459.45**

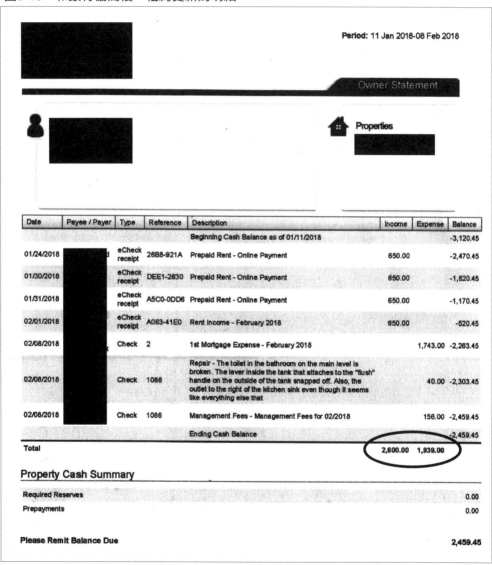

當你考慮投資不動產的時候，務必要思考怎麼將現金流量極大化。從上述的協商當中，你可以看到我做了幾件事：

1. 利率固定在四．二五％（或其他數值），然後越久越好（五年）。利率越低代表你的融資成本越低，對我而言就是現金流量增加。
2. 讓利率漲幅不超過八％（八％是最糟糕的狀況，但我要避免更糟糕）。
3. 將頭期款壓到最低（一〇％）。

所以你懂了吧！我買的頭兩棟房子，一棟很賺錢，另一棟就沒那麼賺！

現在該你去買第一間房了，我來教你怎麼談到超好的條件，只要遵循以下步驟即可。

步驟總結

▼第一步：找到很棒的出售資訊。請房仲帶你直接進入「後端ＭＬＳ」。他會將你的電子信箱輸入系統中，只要市場有新的出售資訊，你就會收到電郵。

▼第二步：弄清楚你能賺多少錢。三不五時就看一下屋訊，然後將售價與租金收入做比較。如果房子有租人，ＭＬＳ都會列出租金收入。請尋找租金為售價一％以上的房子。例如售

價二十萬美元，而租金有二千美元的話，你就可以考慮。

▼第三步：以零頭期款為前提，替這筆交易籌措資金。盡可能減少開銷。不動產交易當中，最大筆的開銷就是頭期款。如果你是自住，頭期款應為五％；如果你租給別人，頭期款應為二〇％。下一步我會詳細介紹怎麼付頭期款。

▼第四步：管理你的房子，但別花自己的時間。買房之後，找一家房屋管理公司替你管理，它每月大概會跟你抽一〇％租金。如果你月租為兩千美元，房屋管理公司每月就會跟你收兩百美元（每年兩千四百美元）。如果你要一輩子持有這棟房子（假設五十年），管理公司這筆收入累積起來就很可觀。因此，你可以要求管理公司借你四千八百美元（用來付頭期款），否則你就不找它顧房子，它也就不能抽一〇％抽到你過世為止！

▼第五步：成交。舒舒服服的坐著收錢吧！我的話是每月收五百美元。

第九章
用超低價收購別人的事業
（如何找到它們，並讓它們自行運作）

「你要投資那些連笨蛋都懂得經營的事業，否則總有一天會有別人投資它們。」

——彼得・林區（Peter Lynch），美國投資客、共同基金經理、慈善家

我知道有些讀者想跳過這一章，因為你認為自己用不到。你深信收購事業是「別人的事」——「別人」就是那些可以四處撒錢的人，或是在商場做了幾十年生意的人。但這個典型的思考陷阱，會使你損失巨大的收益流。新富人深知這一點，而且很希望你繼續這麼想，這樣他們就有更多機會可以運用，讓自己更富裕。

大多數的新富人都不會跟你講這件事，但我跟你同一國，所以我會拉你進場——你可以的。讓我們拋開錯誤觀念，這樣你的思維就會更開闊。

＊＊＊

✘ 窮光蛋的思維：你要有一大堆錢才能買下一間公司。

✔ 新富人的思維：你可能不花錢就買下一間公司。

✘ 窮光蛋：你必須具備協商與提案的經驗。

✔ 新富人：你用基本的信件就能提案了（我會給你範本），而且只要學會幾招，就能跟對方協商（我會教你）。

✘ 窮光蛋：你必須知道怎麼經營公司。

✔ 新富人：你買下的公司會有簡單的基礎建設，讓它們自行運作。你不需要被日常工作煩擾，也不需要員工，因為根本就沒有日常維護工作。如果一間公司需要每天看管，你就別買它。

✘ 窮光蛋：收購公司的時候，要了解它所屬的產業。

✔ 新富人：若要收購一家公司，你只需要知道它的財務、基礎建設與觸及範圍。至於它屬於哪個產業，以及你對這個產業的熟悉度，統統都不重要。

讓我親自當你的第一件個案研究吧：

▼我二十八歲時已經買下三家公司。

▼其中有一家公司——The Top Inbox，我甚至沒花半毛錢。事實上，它的創辦人反而還倒貼我一萬五千美元，要我接手。同一年，我又買下一家類似的電郵服務公司——SndLatr，只花了我一千美元。

▼**這三家公司都是搞科技的，但我對程式一竅不通。**

▼每次收購都以簡短的信件來開始與結束。不用請律師，也沒有煩人的手續。

以下就來說說 SndLatr 這筆交易是怎麼開始的。我在二〇一六年六月寄了一封電郵，首次接洽對方（圖9-1）。

圖9-1　收購 SndLatr 的詢問信

potentially acquiring sndlatr　Inbox x　tti-bumps x

Nathan Latka [redacted]
to mb
Manuel, do you have any interest in selling Sndlatr?

Manuel Braun [redacted]
to me
Hi Nathan,
that depends, what do you want to do with it?
I do get many of such requests, usually obviously from super-shady adware or data-collection companies that I usually delete right away.
You don't appear to be one those though.
I originally planed to build this into a commercial product, but currently lack the time to put any resources into it, so I'd be open to the idea.
Best,
Manu

我買公司不用錢，不請律師

四天後，我們就成交了。我們沒有請律師與會計師，只寫了一封信作為協議，然後我用 PayPal 匯了一千美元給對方。這一千美元超划算的，因為對方附送一個好用的 Chrome 網頁瀏覽器擴充程式，外加七萬五千人份的電子信箱名單——行銷人員要花兩萬至三萬美元才能建構這種規模的名單，結果對方把它當成伴手禮送給我。以下就是我跟對方的完整對話：

奈森．拉卡說：

我有興趣收購你的公司，然後投入更多時間、心力與金錢來將它商業化。

我們用 Skype 聊聊如何？你的用戶名稱是什麼？

幾分鐘後我就聯絡上創辦人曼紐（Manuel），然後詢問了一些事情（本章稍後我會詳細說明一遍）：年度營收（零，因為 SndLatr 當時是免費工具）、用戶群（七萬五千人）、他每週花多少時間開發軟體（只須幾個小時），以及他的團隊規模（只有他一個人。我喜歡！他願意賣掉這家公司，因為他只是玩票性質，不知道怎麼靠這個賺錢。但我知道）。

後來我們又透過電郵聊了一下：

奈森．拉卡說：

我們聊得很愉快！

我會支付一千美元，買下 SndLatr 公司，包括但不限於以下事物：

1. 你會讓我使用 Chrome 擴充程式。
2. 你會寄一份 Excel 檔給我，裡頭約有七萬五千名用戶。
3. 你會將原始碼原封不動寄給我，不做任何更新或變更。

這份文件簽字之後，我會先匯五百美元到你的 PayPal 帳戶。等到上述三個步驟結束後，我再把剩下五百美元匯到同一個帳戶。

曼紐，如果你接受，請回覆「我同意」當作簽字，我們就可以開始跑流程了。

奈森

曼紐回我一個小小的技術問題，但我覺得這不是問題，因為它不影響我運作軟體並將其商業化（我買下它的唯一理由）的能力。

曼紐．布倫

哈囉奈森，

有個疑慮我之前沒想到。SndLatr 使用的原始碼，跟我其他專案的原始碼是相同的。所以我必須確定以後還能維持這種做法。請問你同意將原始碼透過 APACHE2（按：開放原始碼的網頁伺服器軟體）授權給我，而不是買斷它嗎？

曼紐

圖9-2　SndLatr 收購成交信

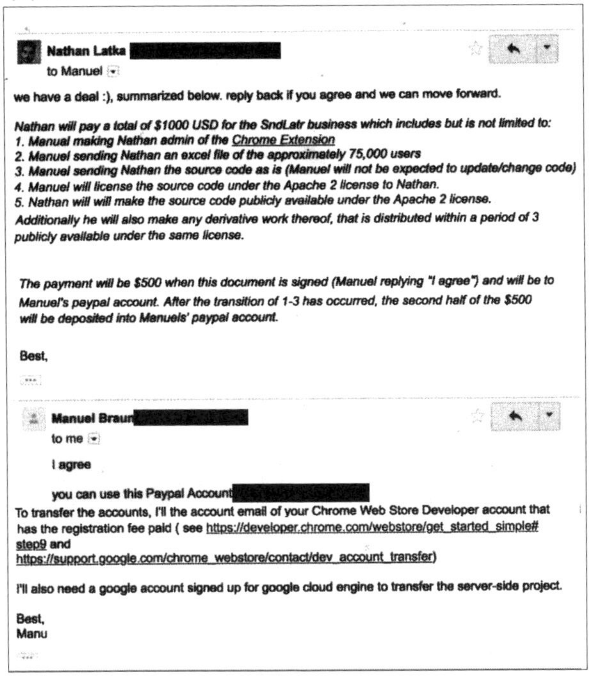
Nathan Latka [redacted]
to Manuel

we have a deal :), summarized below. reply back if you agree and we can move forward.

Nathan will pay a total of $1000 USD for the SndLatr business which includes but is not limited to:
1. Manual making Nathan admin of the Chrome Extension
2. Manuel sending Nathan an excel file of the approximately 75,000 users
3. Manuel sending Nathan the source code as is (Manuel will not be expected to update/change code)
4. Manuel will license the source code under the Apache 2 license to Nathan.
5. Nathan will will make the source code publicly available under the Apache 2 license.
Additionally he will also make any derivative work thereof, that is distributed within a period of 3 publicly available under the same license.

The payment will be $500 when this document is signed (Manuel replying "I agree") and will be to Manuel's paypal account. After the transition of 1-3 has occurred, the second half of the $500 will be deposited into Manuels' paypal account.

Best,

Manuel Braun[redacted]
to me

I agree

you can use this Paypal Account[redacted]
To transfer the accounts, I'll the account email of your Chrome Web Store Developer account that has the registration fee paid (see https://developer.chrome.com/webstore/get_started_simple#step9 and
https://support.google.com/chrome_webstore/contact/dev_account_transfer)

I'll also need a google account signed up for google cloud engine to transfer the server-side project.

Best,
Manu

奈森・拉卡說：

我同意透過這個授權條款，將原始碼授權給你。

我們又在 Skype 聊了一下細節，然後我寄了一封信給他（圖 9-2）。

成交！幾週後 SndLatr 就開始替我印鈔票了（稍後我會再詳談）。

接下來，我會教你收購公司的一切必備知識——從挑公司到交易協商。就算你覺得頭很痛，也還是跟著我看下去吧！其實並不難。我媽稱讚我既傑出又特別的時候，我總是覺得不敢當。難道這是我比你成功許多的原因嗎？呃，或許吧。

或者我再講清楚一點：我就是膽子夠大，敢拋出一些收購公司的提議，再看看有什麼後續。雖然不是每次都有效（有一次我想用五百萬美元買下《成功》雜誌〔*Success*〕），但就算失敗，我還是能學到經驗。**我跟你唯一的差別，就是我願意嘗試**。希望你別再懷疑了。

我們來談錢吧！

既然要談收購事業，就一定要談錢。我有好消息也有壞消息。

好消息：人們經常拘泥於一個概念：「你要有錢才能賺錢。」這雖然沒說錯，但你不需要「很」有錢。想買一間八百萬美元的公司，你不用真的去湊齊八百萬美元。你可以完全不付錢就買下一間公司，而且還合法；本章我就會教你怎麼做。

對某些人來說可能是壞消息：雖然你不用錢就能買公司，但你還是要有錢把事業做起來。你不會去買那種必須從頭來過的公司，所以你不需要花太多錢，但你可能每週要付六十五美元，請Toptal的開發人員改良你剛買到的App，或是從Fiverr僱用一群接案團隊來改善你的網站。這些就是你的起始成本，但已經比你從頭創立一個事業要省錢多了。

問題在於，大多數人都欠缺自律，連五百美元都存不到。這沒有捷徑可以抄，你每天都要做點犧牲，才有錢從事那些高報酬的小投資。一旦得到報酬，你要立刻把其中一部分存下來（五％至五〇％，視你的經濟狀況而定）。直到現在，每一條收入流我都還是有拿來存錢，所以我可以持續投資自己的公司。好消息是，只要你能存到五百美元，就可以借助它來買下第一間公司。

有些「受害者」會嘀咕：「可是奈森，我有兩個小孩、房貸、車貸、學貸……（以下略）而你的錢可以拿來做你想做的事，想必很爽吧！」

每次聽到這些話，我都氣到快中風。

小孩是你自己想生的，房子是你自己想買的（所以房貸也是你自己想背的），而車子跟學貸也是你自己的選擇。人們喜歡把自己當成財務狀況的受害者，但幾乎所有帳單都是他們自找的。沒錯，確實有例外，例如發生意外的醫藥費，但我這裡是在說自願的開銷。

我選擇在三十五歲前不生小孩，所以我不用花錢養小孩。我買的第一間房（羅阿諾克街七一〇號）不是我自己要住，而是租給別人，每月賺一千美元以上。至於我開的豐田 Prius 汽車，是我十八歲時用積蓄買下的（我去當足球裁判，一場比賽賺四十美元），所以沒有車貸。

這樣你懂了吧？**你目前的財務狀況，是你自己的選擇所造成的結果**。但未來也是操之在你。

你要拿現實當藉口，把自己鎖死在窮困的窘境，還是要接受現實，然後集中心力來改變它？由你自己決定。

有些事情你能改變，有些則不行。我選擇抱持「富足」的心態，並專注於我能改變的事情。你父母的經濟狀況不會改變，所以你要適應這個現實，這真的沒辦法。但你可以改變外食的開銷、你開的車子，以及你花多少錢用手機追劇。

我不是來教你編預算的，所以我只講重點：如果你認真想成為新富人，卻沒有五百美元讓你建立價值六位數美元的事業，那你就必須審視自己開銷的優先順序，這樣你才能夠開始存錢。

該買哪一間公司呢？

▼買公司，超簡單。其實這也是**收購公司時最重要的信條：一切從簡**。如果一筆交易或一間公司的狀態太複雜，就不值得你耗費心力。只要從簡，你的財富就會由十條、二十條，甚至三十條被動收入流所構成（我就是三十條左右）。持有公司的話，對你的投資組合大有幫助，但前提是你不從事複雜的計畫。

▼**我收購公司有一條不容妥協的原則**：只追求天生就有不公平優勢的事業。若想找一臺簡單的印鈔機，這原則就是最明確的方法。我收購的公司與一般事業相比，還有著以下的先天優勢。

▼**數位比實體好**：數位公司光是經常性費用就遠勝實體公司了。你不必支付店面的房租、水電費與保險費；不必處理存貨；不必遵照一般的營業時間。而且吸引網路流量，要比吸引

顧客上門簡單多了。

- **沒有員工**：員工通常是組織最大的開銷，因此一家公司的事業模式若仰賴員工，我就不予考慮。沒有員工的公司最適合推出數位產品，因為你可以前往 Toptal.com、Freelancer.com、Fiverr.com 等網站，僱用它們提供的大量接案人員，以專案的形式進行必要的工作。工作完成之後，你就讓產品自行印鈔票，直到你決定進行另一次更新為止（然後微調、測試，再回到自行運作的狀態）。
- **已經建立好的用戶群**：你絕對不想花時間從頭累積粉絲，或等到發現產品沒人買的時候，才學到教訓。
- **獨占一整條配銷通路**：我物色的公司都是獨占一整條免費的配銷通路，這樣我就不必買臉書或 Google 的廣告來衝流量。而數位方面的配銷通路通常都是市集，例如 Google Play、蘋果的 App Store、Chrome 的線上商店，以及 Salesforce AppExchange。數百萬計的公司出沒於這些市集，等著你來收購，但你要知道怎麼找到它們。我在二一〇頁會詳細介紹。

免費的 App 與網路擴充程式，就是初學者**最適合收購的對象**。它們符合上述所有條件，而且可以用低價購入，因為業主沒有靠它們賺到太多錢（我就是在說 The Top Inbox 跟 SndLatr）。此外還有另一個好處：業主通常都是一個人或小公司，他們打造這套軟體只是玩票性質。既然這筆資產不是他們的主要焦點，他們就比較願意脫手。

我的基本策略如下：

1. **收購一個用戶群很大的免費數位資產**。
2. 從Toptal僱請一位開發人員設置「付費牆」（pay wall），只要某人使用此產品達到一定次數，這面牆就會攔下他，並要他付費。
3. 若有必要，利用營收再回頭投資這間公司。我也可以利用這個事業賺到的錢，收購其他公司，讓我的荷包賺飽飽！

聽起來太簡單了嗎？其實真的很簡單。大家都不這麼做，是因為壓根就沒想到，或以為太過複雜。繼續讀下去吧，我會把我的方法拆解得更細來告訴你，我是怎麼買下The Top Inbox的。

一窺我的每月收益流

我希望你看一下我賺錢的方式，這樣你才清楚知道我的多元程度。我的收入來源從食品卡車、旅社到軟體公司都有。但訣竅只有一個關鍵字：動能（momentum）。你可別被我的收益流給沖昏頭，然後想立刻全部照抄。請先專心經營一個事業，再利用它的動能發展其他事業；如此一來，你就不會用到自己的錢，而是利用第一個事業（最初的五百美元就是投資在這裡）所賺到的錢。以下就是我一開始只花一點錢投資的事業，如今它們都在幫我印鈔票：

- ⇩不動產：每月一千六百美元
- ⇩GetLatka.com 資料庫：每月五萬美元以上
- ⇩電子工具：每月一萬美元
- ⇩The Top Inbox／SndLatr：每月六千美元
- ⇩Airbnb：每月兩千美元
- ⇩透過律師幫我朋友買賣軟體公司：每月五萬美元以上
- ⇩旅社分紅：每月八百美元
- ⇩食品卡車使用費：每月八百美元
- ⇩餐點準備服務使用費：每月八百美元
- ⇩播客贊助：每月五萬美元以上
- ⇩臉書實境秀：每月兩萬美元以上

搜尋這三個地方，物色你想收購的公司

彼得・提爾（Peter Thiel，PayPal 共同創辦人之一）在自己的著作《從0到1》（*Zero to One*，中文版由天下雜誌出版）中，談到創立一家獨占公司有多麼重要。他的意思是要你打造自己

圖9-3　Mail2cloud（The Top Inbox 前身）在線上商店的評價

的 Google——也就是一家超棒的公司，沒有人可以跟它競爭，市場就是它的。我們當然很愛這種公司，可是它們不但難找，也很難買下。但有一種與之相近，而且更容易收購的公司，就是**獨占一整條配銷通路的公司**；當我分析該接手哪一個事業時，最先考慮的就是這件事。

The Top Inbox（以前叫做 Mail2cloud）與 SndLatr，都完全符合上述這條原則。它們兩個都是 Google Chrome 的擴充程式，幫助大家更有效率的使用 Gmail。它們的功能相同，卻是兩家分開的公司，而我個別收購它們。這是一種策略，只要收購兩種功能相同的工具，我就能使用同樣的程式來運作它們，因此省下一半的開發成本。而且這兩家公司占據同一條配銷通路，所以把它們全買下來，我就可以免掉許多競爭。

當我發現 Mail2cloud 的時候，它已經在 Chrome 線上商店上架了五年。它在「生產力」類別名列前茅，並且擁有兩千則以上的五星評價（圖 9-3）。

Mail2cloud 雖然不如 Google，但顯然它在這條特定配銷通路（Chrome 線上商店的生產力商品目錄）的地位是很穩的。我透過應用程式商店 ChromeBeat.com 查詢 Mail2cloud 的用戶資料，發現它最近四年，每天都持續增加一百名新用戶。這些資訊已經使我願意繼續探索下去。

獨占整條通路的形式有很多種。一家公司推出的產品，可能是蘋果

App Store 最夯的文件簽署 App，也可能是 G2 Crowd 等 App 評價網站的類別榜首。

如果某個事業自然獨占整條配銷通路，通常就表示它一枝獨秀，或至少不會太糟糕。如果 App 無法順利運作，人們絕對不會持續下載它，並給予高評價。這一點很重要：**如果一家公司需要你的才智或血汗才能經營，那就不要買；找幾個接案人員微調後就能自行運作的公司，才是你該收購的對象。**

圖9-4　The Top Inbox 付費方案選擇

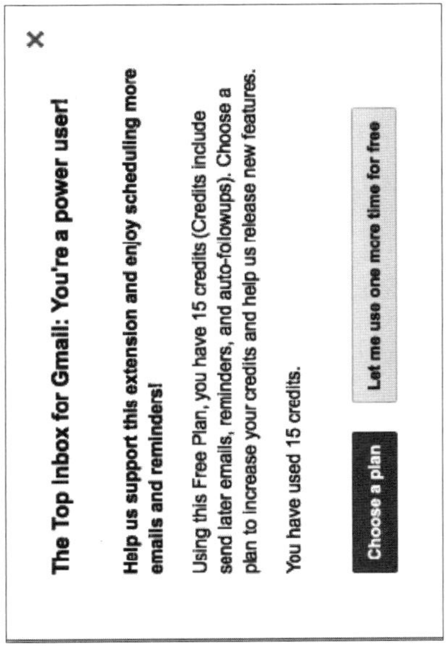

假如你能找到一家公司，它位居配銷通路榜首、卻不懂怎麼靠自己的地位賺錢，那就更棒了。The Top Inbox 與 SndLatr 就是這樣。這兩家公司都沒有跟用戶收費，所以我接手之後，立刻僱用開發人員設置每月五美元的付費牆，每使用五十次會跳出一次；我馬上就靠這樣賺到錢了。收購不到兩年，現在 The Top Inbox 與 SndLatr 已經產生了十三萬美元以上的營收。其實這並不難，你可以在 NathanLatka.com/toptal（我自己會使用 Toptal，也幫它打廣告，這樣可以抽佣金）僱用接案開發人員，只要花幾百美元就能建構付費牆。

我光是設置付費牆，The Top Inbox 與 SndLatr 的營收就在一年半之內，從零變成十三萬美元。至於點選「選擇方案」的人，可以挑選「月費五美元」或「年費五十美元」兩種方案（圖9-4）。

我不必懂軟體也能這樣做。不燒腦、不費力，鈔票一直飛進來——這是何等美妙的光景！

這種公司明明就在你眼前，你卻看不到。你可以搜尋幾個免費的配銷通路，看看會出現什麼結果。Google 或蘋果這些大公司會排在前面，但你不是要找它們；請往下捲動，直到你找到小公司或中型公司提供的工具。只要你發現一個 App 或工具的評價很高、而且用戶眾多，就查詢它上次更新是什麼時候（這我稍後再詳談）。你現在就可以搜尋這些地方：

- AppAnnie.com、Chrome 線上商店、Salesforce AppExchange、Intuit App Center、蘋果 App Store 等瀏覽網站，可以找到不同產業與類別的熱門 App。
- 看看平價網站 G2 Crowd 排名前幾名的公司是哪些。
- 搜尋 CrunchBase.com，尋找已經籌到資本，但過去三年內沒有新資金挹注的公司。它們可能快倒了，因此你比較能夠划算的購入。像我就有幾位朋友，用三萬美元以下的價碼，買下起始資本至少一千萬美元的公司。我不推薦初學者這樣做，但假如你累積了足夠的收購經驗，請務必找出這類公司的失敗原因，以及有沒有能夠輕易扭轉頹勢的癥結（見二二〇頁更詳細的介紹）。

此外，你也可以寄信給企業聯絡人，或在臉書上貼文，讓大家知道你想收購公司。

有人請我接手這家公司，還倒貼我一萬五千美元

我之前已稍微提及 The Top Inbox 的收購過程，許多頂尖顧問都稱讚我很高明。超簡單，我連律師都不用請。而且就算我不懂怎麼經營，也能使它立即獲利。

我只不過是跑到 Chrome 線上商店，瀏覽「生產力」類別下的擴充程式。Mail2cloud 高居榜首，擁有兩千則以上的五星評價，以及三萬名活躍用戶（按：active user，在一定期間內真正用過這個產品的用戶）。根據簡介，這個擴充程式已經超過一年半沒更新了，因此我就知道，開發人員與業主並沒有繼續改善它。也許是因為他們忘記了，或是不把它當成資產。無論如何，我都覺得自己或許能低價收購它。

我必須花時間進行單調的搜尋動作，才能找到這些收購對象，但它們真的存在。假如它們很好找的話，應該所有人都會搶著收購才對。

搜尋 App 或 Chrome 擴充程式的時候，我會全盤觀察它們的評價、用戶人數與軟體上次更新的日期。如果評價很高，用戶人數也很多，而且距離上次更新已超過好幾個月，我就把它們視為可收購的對象。

假如你看好某間公司，請把它放進 Google 文件，然後每半年聯絡業主一次。如此一來，當他想把公司賣掉的時候，就會想到要聯絡你。我有一張試算表，上頭列了我持續關注的公司、App 與擴充程式，總共兩百項。下頁圖 9-5 就是我的檔案：

圖9-5　我持續關注的預收購公司列表

Likley to acquire?	I	L	Notes/Type	[redacted]	Type	Link	users	Action	[redacted]	Next Step	Acq. Price
3			B2B Leads	[redacted]	Buy	https://gainful.io/		Emailed 1/27/2017	[redacted]		$22,000
10		In	Dhruv chatting w	[redacted]	Buy			Emailed 10/28/2017	[redacted]	Dhruv chatting w	$100k
Done Deal			Direct	[redacted]	Buy		35,094	Emailed 6/20/16	[redacted]		$1,000
Done Deal			Direct	[redacted]	Buy	https://chrome.goo	7000	Emailed 10/28/2016	[redacted]		$100
Done Deal			Direct	[redacted]	Buy	https://chrome.goo	39493	Emailed 7/5/2016	[redacted]		-$15k
7			churn saas reduc	[redacted]					[redacted]		
		1/	Direct	[redacted]	Buy			Called 1/9/2018	[redacted]		
			B2B leads	[redacted]					[redacted]		
8			Direct	[redacted]	5/5/2016	https://chrome.goo	378,000 users 1/	Emailed 10/29/2017	[redacted]	com	1.4 cents per ma
8			Direct	[redacted]	5/5/2016	https://chrome.goo	11964	Emailed 8/7/2017	[redacted]		$1,200,000
7			Direct	[redacted]		https://chrome.goo	1700	Emailed 1/27/2017	[redacted]		$10,000
7		Sl	Direct	[redacted]	sold scripted to S			Emailed 8/7/2017	[redacted]	He's holding on t	$200k
7			Direct	[redacted]	Buy	https://chrome.goo	2337	Emailed 1/27/2017	[redacted]	Asked Trever Fa	like nothing
7			Direct	[redacted]				Emailed 8/7/2017	[redacted]	[redacted]	$250k total rever
7			Direct	[redacted]		https://chrome.goo		Emailed 8/7/2017	[redacted]	One of them goir	
6			Direct	[redacted]		https://chrome.goo	15,000	Called 1/27/2017	[redacted]	He's thinking for	
5			Direct	[redacted]	Buy	https://chrome.goo	98000	Emailed 11/10/2016	[redacted]		
4			Direct	[redacted]	not sure				[redacted]		
4			Direct	[redacted]		https://chrome.goo	26109		[redacted]		
4			Direct	[redacted]		https://chrome.goo	3439	Meet in SF, 212-729-7551	[redacted]		

一旦你找到真正心儀的公司，就利用以下電郵去接洽對方。這是我每次都會使用的草稿。

首先，利用 Etools.io（其實這套工具的業主也是我）找到對方執行長的信箱。而我收購 Mail2cloud 的時候，寄了這封信給它的執行長：

主旨：我想收購 Mail2cloud

訊息：XXX執行長您好，我想收購 Mail2cloud，請問您願意跟我聊聊嗎？

這就是交易的開端。

一開始他說不要，於是我請他記住我是誰，然後就放著不管他。

幾個月後，這位執行長正在為新的計畫籌資，但投資人覺得 Mail2cloud 是個拖油瓶。於是他重新聯絡我，說他有意願出售。我說好。

在一次 Skype 上的交談中，Mail2cloud 說他們的資產負債表上有十萬美元負債。他們說這是與另一家公司「合夥」，但講白了就是負債。我非常在意這件事，就說：「哇塞！假如我接手這家公司，就要負責償還這十萬美元了，這可是一大筆錢哪！」假如我能重新協商這筆負債，那我就占上風了。

每間公司都有負債，而你要找出這些負債，再借助它們談成一筆好生意。在這個案例中，我請 Mail2cloud 的執行長將我介紹給債主，因為我每個月都要付錢給他，所以這個要求很合理。後來我跟債主打好關係，並問他說：「假如我要買下 Mail2cloud，我們是否有辦法重組負債？」

重組負債的方式有很多，因此當你在一間公司的資產負債表上看到負債，請記得好好利用它。債主寧可與「想讓公司成長的人」合作，也不願意因為公司倒閉而虧掉投資（也就是他們出借的錢）。

後來我跟對方喬定，讓 Mail2cloud 的還款期再延長兩年。這樣我每個月就能少付一點錢，也就能單靠營收來償還負債。

與此同時，我向 Mail2cloud 提議：如果倒貼我一萬八千美元，我就接收 Mail2cloud 與它的負債；如此一來，它就可以擺脫那十萬美元的負債，實在划算。這明明對大家來說都是雙贏，但一開始對方竟然拒絕。他們說很喜歡這個提議，也覺得很划算，但董事會不同意。於是我就直接「打臉」他們（下頁圖 9-6）。

當你收購一間公司，尤其是有董事會的健全公司，創辦人通常會請董事會扮黑臉來拒絕交

圖9-6　我回信要求他們別拿董事會當擋箭牌

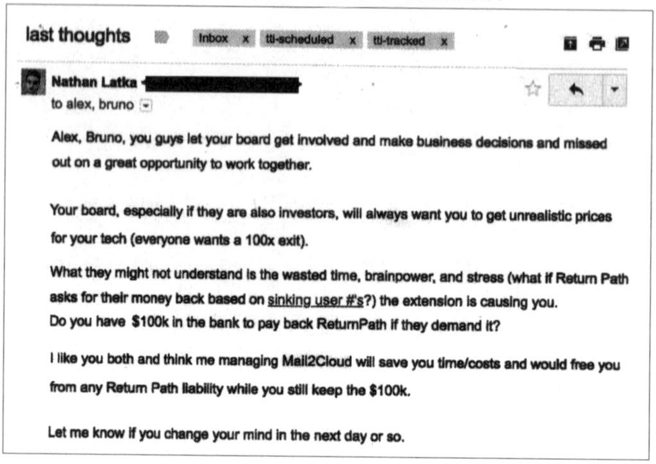
last thoughts　Inbox x　tti-scheduled x　tti-tracked x

Nathan Latka [redacted]
to alex, bruno

Alex, Bruno, you guys let your board get involved and make business decisions and missed out on a great opportunity to work together.

Your board, especially if they are also investors, will always want you to get unrealistic prices for your tech (everyone wants a 100x exit).

What they might not understand is the wasted time, brainpower, and stress (what if Return Path asks for their money back based on sinking user #'s?) the extension is causing you.
Do you have $100k in the bank to pay back ReturnPath if they demand it?

I like you both and think me managing Mail2Cloud will save you time/costs and would free you from any Return Path liability while you still keep the $100k.

Let me know if you change your mind in the next day or so.

易。你必須弄懂他們在交易中怎麼利用董事會，然後請他們別來這套。你的目標是讓他們別再拿董事會當擋箭牌，或是請他們多貼一點錢給你。

果不其然，幾個月後他們又回頭跟我說：「好啦奈森，我們來敲定這筆交易吧！」

他們把倒貼我的錢殺到一萬五千美元，然後我們就成交了（一開始少賺三千美元，並不影響我的大局）。我們把條件談好之後，他們立刻付我一萬五千美元，並且把公司的所有檔案全部轉給我。我只花兩小時左右就搞定了。

我成交時的信件上列了六個要點，你可以抄去用，它在法律上站得住腳，而且說實在話，就是要這麼簡單扼要才行。假如對方用冗長費解的條件來惡搞你，想必你也不想收購他們的公司。

以下就是我跟 Mail2cloud 之間的成交信，包含我說的六個要點（下頁圖 9-7），過了幾次後續追蹤後，我們進行了最後一次意見交換（下頁圖 9-8）。

圖9-7　收購 Mail2cloud 成交信，短線處為 6 要點

Bruno Santos [redacted]
to Nathan, Alex

Nathan,

Hope all is well.

We're busy on meetings this week with cloud storage partners.

However we could find an offer to you on the Chrome Extension deal with you taking the [redacted] liability as discussed on our last call.

- mxHero pays Nathan $15k
- We provide you all the email addresses of the Chrome Extension users.
- We also provide you around 250k email addresses of users of other Google Apps applications we have, to which you can offer your extensions as they are all Gmail users.

Conditions, that we reviewed together with you:

- You take on the [redacted] contract
- You rebrand the extension
- No technology transfer, we just migrate the app on Chrome WebStore to you and you introduce your own extension to the users.

Do we have an agreement here?

Thanks,
Bruno

圖9-8　後續追蹤的意見交換

Alex Panagides [redacted]
to Nathan, Bruno

Nate,

Apologies on the delay. Lots happening on our side and I needed to get the Chrome extension circulated with arguments.

As mentioned I can't act unilaterally. The $10k offer was what I had in hand. The $15k is as far as I can muster support for. I am not supported for $18k.

Nathan, I fully understand if the transaction doesn't work for you. You've been extremely patient with our process for which I am grateful.

All the best,

Alex

ps. Regarding SF, we're based here. Would love to meet up if you have the opportunity.

Nathan Latka [redacted]
to Alex, Bruno

In scheme of things $3k not big deal. I like you guys so willing to do deal at $15k.

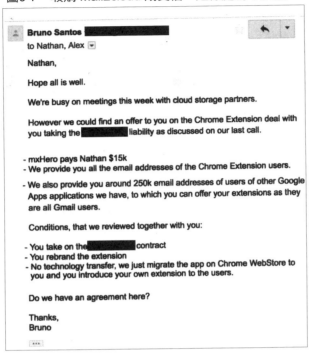

是下金蛋的鵝，還是「帶賽」的烏鴉？

我收購公司時，通常會依照以下步驟進行。雖然步驟不一定照這個順序（我提議收購《成功》雜誌的時候，就是直接跳到意向書那個步驟），但基本上就是這樣：

1. **詢問**——「您好，請問您有興趣出售X公司嗎？」
2. **提案與協商**——來回斡旋，直到兩方喬定售價。
3. **意向書**——我通常會快速寫一封信，列出我想要的條件，把它當成意向書；但意向書也可能是官方信件。一旦雙方同意意向書的條件後，通常會簽訂保密協議。
4. **盡職調查（due diligence）**——簽訂保密協議後，你必須仔細調查對方的帳目與內部系統。此時你可能會發現負債，然後拿它當籌碼來殺價，或是重談其他條件。如果兩方無法達成協議，那你就退出。這樣你只有損失到時間而已。

每個步驟你都要把「烏鴉雷達」開到最大。你希望收購的公司是容易經營的，這表示它們的財務與基礎建設必須健全。就算前三個步驟沒什麼大問題，你在盡職調查的時候，還是要把自己當成偵探才好。

當你檢查對方的帳目時，請將他們同意的售價，與他們過去十二個月的營收做比較；如果前者不到後者的一半，那通常就是划算的交易。但你要了解他們為什麼願意賤價求售，然後想想自已是否能夠解決其中的問題。

當你在盡職調查時，以下這些問題能夠把不對勁的地方揪出來：

- 顧客平均幾天後才流失？
- 你怎麼招攬顧客？
- 顧客每個月付你多少錢？
- 有任何一位顧客占你營收一〇％以上嗎？

此外，帳目上的負債與營收減少的跡象，都是你可以拿來質問賣家的。當你發現這些細節，你就知道哪裡有把柄可抓，以及這個事業的強處與弱點。而且當手上有把柄，你就能設法讓交易條件變得更有利。

如果你收購的是數位資產，那就要確定這個產品已經能順利運作。最簡單的確認方法，就是下載它用用看。操作介面夠「直覺」嗎？工具夠實用嗎？你會離不開它，還是很快就忘記它？你有發現任何程式漏洞（bug）嗎？

當你在修補某個免費數位工具的用戶端時，務必要自問：「我必須做出什麼改變，才能產生第一筆收入？」通常你只要在看看哪裡有人出現上癮的行為，然後在那裡設置付費牆就可以了。至於 The Top Inbox 與 SndLatr，我的直覺就是可以在特定使用次數後設置付費牆，這樣就能賺進第一筆錢。當然，現有的三萬名顧客會流失一部分，但使用五十次之後無法自拔的顧客，已經足夠替我產生穩健的收入。然後我就因應需要，用這筆營收多僱請幾位開發人員。

就算用戶體驗很棒，等到收購這個產品之後，你還是得弄清楚自己要投入多少金錢與心力。放心吧，就算你不懂科技也能弄明白。還記得嗎？我不懂程式，但我知道怎麼問對問題。

沒有科技經驗，怎麼收購科技公司？

有個細節能夠透露最多訊息：他們花多少時間在開發上。假如每週只花一小時，你就知道它是非常簡單的工具，你只要僱一個人每週花一小時幫你處理它。假如他們說他們的團隊有十個人，而且每天都要上一整天班來處理它，那麼你絕對別去碰，因為代價太高昂了。你可以提出以下問題：

- 你花多少時間寫程式？
- bug 有多少？
- 你每週接到多少客訴？（假如他們接到很多客訴，就表示這軟體 bug 很多，用戶不開心）
- 你多久更新一次程式？（最好不需要每月更新一次）

如果檢查過所有事情，並與賣家達成協議，那你就出手吧！你可以在協議中，加入索回條款

（clawback provision）當作保險，以防收購後發生意外（二二四頁會更詳細介紹索回條款）。

談成最棒的交易：你要問這個問題

我二十幾歲開始收購公司的時候，沒有人把我當一回事。我的資本讓我想買什麼都可以，卻還是很難見到有權有勢的高階主管——直到我測試了一個問題。若要誘使對方開價，我都會問說：「**我要出多少錢，才會讓你開心到跳起來？**」

對方聽到這個問題一定會漫天開價，但至少他變得有興趣想賣，並且說出一個數字來。

當我收購 The Top Inbox 的時候，就是提出這個問題，而對方開的價碼當然很扯。於是我就拿出預先準備好的說詞：「呃……我是真的很想讓你開心，但正如你說的，我接受這個價格的話就太傻了。請教你一下，假如你去 Google 輸入『免費軟體工具的售價』，看到的價位大概是多少？而你開的價碼跟 Google 查到的差多少？」

這裡的訣竅，就是利用市場資料，讓對方執行長知道你有自信可以殺價。請把他們引導到對你有利的方向。他們去查詢免費軟體工具的售價後，可能會看到零美元、一千美元之類的賤價，這樣他們就會讓步，接受你開出的價位。

若想談成好生意，你需要許多科學與藝術。以下這些提問都結合了科學與藝術，而你每次交易都必須利用這些問題，找出你可以利用的籌碼。

知道創辦人持有公司的原因。這家公司是他們目前的生活重心嗎？如果不是，那又是什麼？你可以這樣問：「這項計畫是你的全職工作，還是玩票性質的副業？」你會希望他們說是副業，因為這表示他們不是靠它吃飯，而是有另一份全職工作。這對你來說是好消息，因為他們如果不需要依靠自己的公司，就比較願意用低價將它出售。

了解他們的生活狀況。你可以問說：「你住的地方還好吧？最近有在忙什麼事情嗎？」如果他們說自己住在舊金山，但希望搬到華盛頓，或是說他們有小孩之類的，那就是好現象。假如有他們耗費時間的生活壓力，就會比較願意把事業賣給你，這樣他們就能省掉一件事。

大概掌握一下公司的規模。你可以問說：「這間公司是你在地下室自己弄的，還是有一個團隊，並且募到了好幾百萬美元？」如果是後者，你這次交易大概談不成了，快閃吧。

讓對方知道你可以令顧客開心。先問對方：「假如你能夠多花一些錢投資自己的公司，你會如何改善這套工具？」接著再告訴他們，當你買下這套工具之後，會對它投注更多資源來加以改善，讓顧客更喜愛它。許多創辦人都非常重視顧客，假如你讓他們知道，你收購之後會推出更好的產品，他們就比較願意賣給你。

了解交易背後的情緒動機。假如你希望成交價格如你所願，這就是你該做的第一件事。我最喜歡問創辦人或執行長：「等你賣掉這家公司之後，下一步要做什麼？」當他們回答這個問題的時候，就會更想照著自己的「下一步」去做。於是你就有了優勢，因為他們會更想擺脫目前這間公司。你也可以這樣問：「假如我現在出一萬美元收購你的公司，你會把這筆錢花在哪裡？」他們就會透露一些事情，例如：「我會用這筆錢付房貸！」於是你就可以提出更有利的方案：「那我現在先付你一千美元，然後明年再幫你付十個月的房貸，你覺得如何？這樣你跟家人就不必擔心房貸了。」如此一來，你當下就能省下一些錢，而且還幫對方解決了問題！

當你在協商的時候，最具效果的提問就是：「我付你錢之後，你這筆錢要用來做什麼？」羅傑・費雪（Roger Fisher）與威廉・尤瑞（William Ury）在《哈佛這樣教談判力》（*Getting to Yes*，中文版由遠流出版）一書中，鼓勵讀者要「對事強硬，對人柔軟」，但這樣一來你很容易搞砸交易。其實剛好相反：你要暫時忘記自己想收購的東西（柔軟），把焦點放在賣方本人、以及他們想賣的理由（強硬）；然後協商的時候，就圍繞著這些事來講。上述例子是房貸，但也有可能是小孩的大學學費、車子、醫藥費或其他事情。你要先了解關鍵決策者想把賺到的錢花在哪裡，再幫助他們處理這些事，同時壓低你當下要支付的金額。

做一些出人意表的事，改變對方對你的觀感。我為了收購公司而跟對方協商的時候，經常會用這句話開頭：「假如我買下這家公司，我會立刻關閉付費牆，扼殺收益流，並專注於成長。」我這樣說是希望對方執行長知道：我不會用收益流來評估一家公司，因為我根本不在乎（一開始的）收益流。這很重要，因為許多執行長對自家公司的估價，都是出自一些不切實際的營收乘數。他們會說：「去年我賺了十萬美元，所以你要給我一百萬美元，也就是十年份的營收。」但假如我開始就說自己不甩收益流的話，他們就不能用這招抬價了。我先用低價收購這套工具，等到對方去忙別的事而沒空理我之後，我再去設置付費牆，「變成」很重視營收；但我不是因為營收才收購它的。

交易案規模與付款條件，完全是兩碼子事

我一再跟你保證，就算沒錢也能買下一間公司。這絕對不是在騙你，因為一切都是付款條件的功勞。交易案的規模，與付款條件完全是兩碼子事。比方說，你可以出一百萬美元買下一間公司，但成交當天不用付半毛錢。讓我說明一下原理。

假設一家公司每月營收三萬美元。你可以出價一百萬美元收購，讓業主走路有風、跟朋友吹噓自己賣公司賺了一百萬。接著你的付款條件大概像這樣：

你交易當下沒付錢，或只付個幾千塊。但你之後願意每年支付五〇%營收給對方，直到付完一百萬美元為止。

這樣可謂雙贏——賣家可以名正言順的說，他賣公司賺了一百萬美元，替自己打響名號。而你的荷包也不會一下子失血太多，有更多運用的空間。

等你們談好價格之後，你還可以追加以下條件，使這筆交易對你更有利：

▼現在先付一筆錢，剩下的金額隨著時間支付。
▼所有金額都隨著時間支付。
▼所有金額都隨著時間支付，但前提是公司在收購後沒有立刻衰退。
▼索回條款。索回條款是指當你接手公司之後，如果在特定時間範圍內發生了某事件，賣方

就要償還你一筆錢。假設你買了一間用戶一萬人的公司，結果在收購之後，用戶立刻流失五千人，因為前業主做了你無法控制的事。如果你懷疑有可能發生這種事，你就可以加入索回條款，跟賣家說：「假如我收購公司之後，半年內用戶減少五〇%，你就要償還我售價的五〇%。」

收購公司之後，請做這六件事

當我接手一家公司之後，我會讓它照著一套劇本來跑，這樣它就能夠以最高效率來運作。這套劇本我已經用了十年，並且持續累積內容，而 The Top Inbox 與 SndLatr 更是「麻雀變鳳凰」的最佳案例。

只要你專心進行以下步驟，就可以從剛收購的事業榨取收益；每次我接手一間公司之後，都會照著這個劇本來跑：

第一步：雙重定價。每次你接手一間公司之後都要這麼做——但對象僅限於上癮的用戶。假如產品原本免費，那就開始收費；假如有定價，那就把價格漲為兩倍。消費者喜歡免費的東西，但他們也知道一分錢一分貨。如果商品有價值，他們是願意付錢的。

顧客服務軟件公司 Zendesk 的銷售副總裁麥特・普萊斯（Matt Price），與他的團隊做過一個實驗，在顧客服務平臺上追加免費功能，結果就見證了上述的現象。普萊斯發現這樣做，會讓顧客覺得自己付了太多錢，因為他們得到了自己不想要的東西。於是 Zendesk 現在利用一套定價結構，讓顧客根據自己從軟體得到多少價值來付費；而它的「回答機器人」（Answer Bot）功能就遵循這個模式。回答機器人會利用資源來自動回答顧客的問題，而對顧客來說，它的價值在於「不必找人類顧問解惑」，因為每次向人提問，通常要支付十至二十美元。Zendesk 並沒有把回答機器人內建在顧客訂購的軟體中，而是分開來賣，每個問題收一美元。

此外，也要讓價格等級與產品價值妥善搭配，使得營收大幅成長。「你在定價的時候，一定要張大眼睛，看看人們在使用什麼產品，然後根據事業類型來設定付費門檻。」普萊斯說道：「假如有一小群顧客特別愛用某一項功能，你就有機會索取更高的價格。」

如今 Zendesk 有兩千名員工，但就算是新創公司，也能輕易採用類似的策略。例如 Gus Chat 這家顧客服務公司，專門提供「聊天機器人」（chatbot）——也就是自動客服人員。執行長帕布羅・艾斯特維茲（Pablo Estevez），就是替專門企業客戶提供西班牙語的聊天機器人，使公司成長。Gus Chat 起初只有較小的客戶，每月支付一千五百美元購買服務，但現在艾斯特維茲將同樣的服務提供給更大的客戶——每月支付一萬至兩萬五千美元。艾斯特維茲解釋道：「我們的其中一個焦點，就是在市場中尋找利基。我們發現企業有極大的需求等著我們去滿足，因此我們必須真正了解這些公司，並提供量身訂做的解決方案。」

你剛起步時會有很多問題要解決，所以規模可以小一點，但你的目標，就是找到新顧客（願意付更高的價格購買你提供的價值）來擴大規模。

第二步：設法讓現有顧客付更多錢。上一個步驟是針對新顧客來提高價格，但就算你沒有新顧客，也可以讓營收倍增——只要讓現有顧客付更多錢，或購買更多商品。這就是為什麼網飛（Netflix）跟亞馬遜Prime的串流影片訂閱費，每年都偷偷漲個幾塊錢。但除了漲價外，頂尖的執行長很清楚，擴大現有顧客的業務比找新顧客省力多了——而且成功率也高很多。

曼尼・梅迪納（Manny Medina）是銷售互動平臺Outreach的執行長，他的成長口號是：「縮小版圖，加速擴張。」他在兩年內（二〇一五至二〇一七年）就讓年度營收從零成長為一千萬美元，如今他光是聚焦於現有顧客，每年的營收都能翻倍。「我們的工作，就是盡快在自己最擅長的事務上落地生根，然後再擴張。」梅迪納說道：「我們的座右銘是『讓他們像個顧客』。一旦你讓他們像個顧客，就會發生很神奇的事。」每一次有顧客上門，梅迪納與他的團隊都絞盡腦汁，希望活躍用戶能盡量善用這個平臺。「如果你讓用戶持續活躍與成功，就能夠永遠留住他們。」接著，梅迪納會增加產品線來驅動成長，找到事業的周邊資源，再度擴張同一間公司內的用戶人數。

當你思考成長的時候，要由內而外思考。問你自己：「我的現有顧客還願意付錢買什麼？他們追求的價值在哪裡？」欲知現有顧客成長策略的詳情，請翻到第十二章。

第三步：搜尋引擎最佳化（search engine optimization，SEO）。SEO的工具非常多，但其實你可以免費優化你的網站能見度，所以等到你買下一家公司後，就要立刻把焦點放在這件事上。招募軟體公司Workable的執行長尼可斯・墨萊塔奇斯（Nikos Moraitakis）在僱用業務員之前，年度營收就達到一千萬美元。到了二〇一八年七月，Workable已經坐擁六千位付費顧客，並且每月增加四百至五百位。它也是全世界最熱門的人力資源網站，每年有兩千三百萬名獨立用戶（按：特定時間內訪問某網站的人數）。創業之初，墨萊塔奇斯只專注於一件事，問自己：「人們在僱用人力的時候，追求的是什麼？」，然後以此為基礎來打造優質的內容。他與團隊一開始先貼出一百個熱門工作的介紹文，以及錄取通知書範本、面試問題樣本、招募範本。「許多人在搜尋面試問題或錄取通知書範本時，找到了我們提供的軟體，就這樣變成顧客了。」墨萊塔奇斯說道。

如果你不想單憑內容來強化SEO的效果，我推薦你使用另一套工具SEMrush——我對SEO所知甚少，但這套工具我還是得心應手，可見它非常適合幫初學者取得優勢。

第四步：改變彈出式付費視窗出現的地方。假如你還沒設置付費牆，那你應該趕快去設，但你要設在正確的地方。根據使用面的數據來決定付費制度，是非常有效的方式，因為當一個人越常使用某件東西，他就越容易上癮或產生依賴，也就願意付費。

就算你的事業模式不適用簡單的付費牆，也還是能根據使用次數來定價——請回到第一步。例如Interact Quiz Builder的共同創辦人喬許・海南（Josh Haynam），就擬出一個很特別的付費制度：客戶出測驗題的時候必須取得相關資料，而Quiz Builder就根據客戶索取的資料量來收費。客戶仰賴互動測驗網站Quiz Builder來蒐集資料，因此取得的資料越多，Quiz Builder對他們而言就越有價值，也就更願意支付高價。

第五步：了解有哪些活動，能夠將潛在顧客變成真正的顧客。對於實體商店來說，你一定要讓顧客走到店面後方，這樣他們才能看到更多商品，並且挑選走道末端貨架上的東西。所以商店中最誘人的區域——特價區，總是設在後方。

數位資產也必須讓顧客進行某些特定的動作，才能增加他們的黏著度。例如臉書就鼓勵你在頭七天內加入七個好友，讓你對這個平臺上癮；而 Dashlane 這個密碼管理 App，也知道免費用戶若是在五小時內做了兩件事，就更可能轉為付費顧客：設置的密碼超過十道，或至少在兩個裝置安裝此 App。因此 Dashlane 的執行長艾曼紐・史卡里特（Emmanuel Schalit）與其團隊就加倍心力，讓用戶做上述那兩件事的時候能盡量少費力。

他們的策略是：當有人安裝這個 App，Dashlane 就會鼓勵他用 App 連結自己的電子信箱帳號，這樣 Dashlane 就能透過這位用戶的電子信箱，得知他的所有帳號。但沒有人願意手動將所有密碼加進 App 裡，所以 Dashlane 就鼓勵他們在電腦上安裝 App，它就會自動從瀏覽器接收所有密碼。這真的是「雙重享受」——用戶不必花時間輸入密碼，而且瀏覽器上的密碼也移到 App 裡，變得更安全。二〇一七年十月，Dashlane 擁有六十五萬名顧客，每月支付三至四美元使用它的產品（每年營收高達兩千三百萬美元！）。

第六步（這是送你的）：發起聯盟計畫或夥伴網絡。請別人介紹顧客給你，再給他們抽這個顧客的營收，這樣他們就樂於幫你衝銷售額。聯盟計畫最重要的事項，就是你的提議要足以讓別人替你銷售商品——例如給他們抽售價的三〇％。等你建立架構之後，也可以用行銷軟體來管理這個計畫；像我是使用 Ambassador。尼可拉・米爾契奇（Nikola Mircic）的拖放式內容管理系統軟體——Sitecake，也是與客戶結盟而闖出一片天；客戶會利用 Sitecake 來架設網站，於是米爾契奇就跟客戶抽成，並以技術支援作為交換。這個模式非常成功，所以米爾契奇不必募資（換句話說，公司由他一手掌控），想怎麼擴張事業都可以。他的客戶既有大公司，也有「科技人」——他們必須替自己的地方性小事業架設網站。

我接手 The Top Inbox 與 SndLatr 的時候，它們都沒有營收，但用戶很多，與之相關的電子信箱也不少。結果這些事物都被我免費得到——其實我還賺了一萬四千美元。還記得嗎？我接手 The Top Inbox 時被倒貼了一萬五千美元，而我只花一千美元買下。

二〇一六年五月一日至二〇一八年四月六日，我利用自己的劇本，簽下一千三百二十七名月費顧客，總銷售額已突破十三萬美元。由於這兩間公司都不是我創辦的，所以我覺得這樣算有賺了。

我的帳目截圖

聰明的投資人所冀求的報酬，就像上述這樣——近乎無限。以下是Stripe 的截圖，我將這套付費系統用在所有工具上，它會秀出顧客註冊數與銷售額（圖9-9）。

圖9-9　付費系統 Stripe 顯示的銷售數據

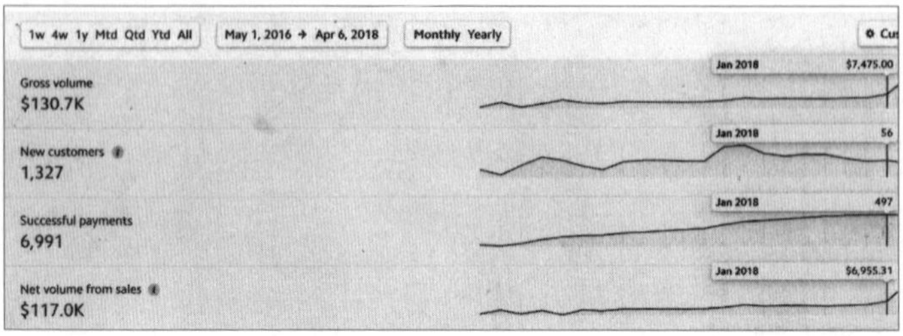

上圖第一欄的這十三萬美元，我會拿來回頭投資這兩家公司，或是放進自己的口袋。請記住，這些錢到目前為止都是「賭資」，因為我毫

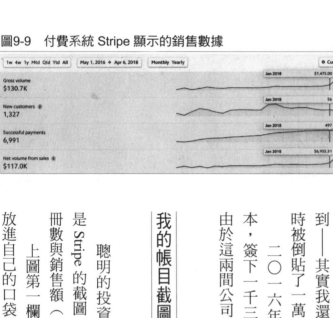

無付出就賺到了它們。接下來，我只想收購有經常性收入的公司，這樣我每個月都會變得更有錢。

二〇一七年三月，電郵服務公司 Etools.io 寄了一封電郵給我，令我非常興奮——因為它是我理想中的收購對象（圖9-10）。

對方提議跟我結盟，但我沒答應，因為我想把整間公司都買下來。當時他不想賣，然後就消失了半年。後來我又收到一封信，他終於想賣了（圖9-11）。

圖9-10 Etools.io 提議與我結盟

Partnership offer (TheTopInbox) Inbox x Tracked x

Shadi Halloun [redacted]
to nathan

Hi Nathan,

Hope you're doing well. My name is [redacted] and I was referred to TheTopInbox from your podcast (which is brilliant).

First of all, my team seem to love the product, we have abandoned MixMax and ReplyApp to use TheTopInbox and they seem pretty satisfied with it.

I'm the founder of Etools, which helps sales people reveal the best contact details behind a website.

We have been looking to make our own email tracker for the sake of having enough data to train an AI to recognise the emails with the highest probability of being active (so we can score them better in our tool).

However, a cheaper solution would be to somehow utilise an existing database like yours.

Can we jump on a quick call to discuss this further?

Nathan Latka [redacted]
to [redacted]

Yes. What's your number?

圖9-11 Etools.io 接受我的收購建議

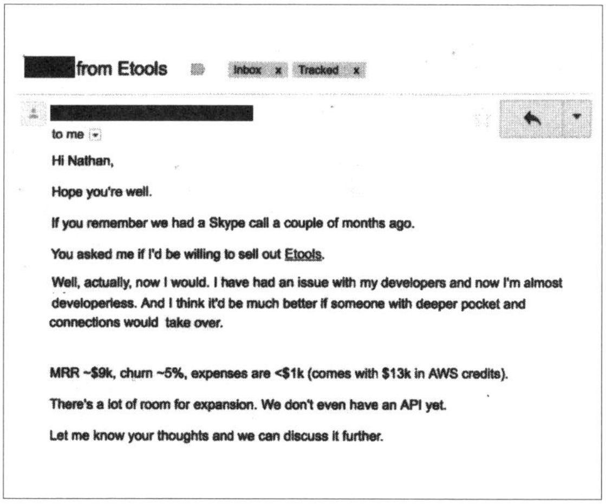

[redacted] from Etools Inbox x Tracked x

[redacted]
to me

Hi Nathan,

Hope you're well.

If you remember we had a Skype call a couple of months ago.

You asked me if I'd be willing to sell out Etools.

Well, actually, now I would. I have had an issue with my developers and now I'm almost developerless. And I think it'd be much better if someone with deeper pocket and connections would take over.

MRR ~$9k, churn ~5%, expenses are <$1k (comes with $13k in AWS credits).

There's a lot of room for expansion. We don't even have an API yet.

Let me know your thoughts and we can discuss it further.

最後在二〇一八年一月，我還是用十二萬五千美元（大概是一年的營收）買下 Etools；這筆錢就是我靠其他事業賺來的。收購 Etools 之後，我對它並沒有做出任何變更。這次收購非常乾淨俐落，立刻就產生營收，流進我的銀行帳戶。

如今 The Top Inbox、SndLatr、Etools，也就是我收購的前三家公司，每月的銷售額加起來有一萬八千美元左右，而且利潤高達六〇至七〇％；這三家公司都不是我創辦的。

這就是為什麼，我主張收購公司比創立公司聰明、便宜得多，而且風險也比較低。

我出五百萬美元想收購對方，刻意失敗

你要養成習慣，每週花一小時看看有沒有對象可以收購，然後向對方提案。趁你還不需要這樣做的時候就先做，別等到你有錢才開始建立關係。在你不需要、不在乎、可以隨時閃人的時候，就先跟對方協商吧。

我這輩子打算多買幾間媒體公司，但其中有一間我沒有很想買，就是《成功》雜誌。雖然有人說它的老闆很聰明，但我覺得它的經營者實在落伍，就像還在聽 CD 的人一樣，所以直到現在都經營不善。可是，正因為我超級不想買《成功》（被他們拒絕我也不痛不癢！），我反而覺得這是招攬生意的大好機會，可以寫一封五百萬美元的收購意向書，然後貼在我的部落格上。

這樣做有什麼效果？

⇩其他媒體會知道我是買家。

⇩《成功》可能會回應我，並跟我協商。因為我根本就不想買它，所以能夠不帶情緒的談出好價錢，以防我以後又變得想成交。

⇩有許多《成功》的前員工找上我說，假如我買下這家公司，他們就樂意回來這裡工作。所以現在我得到一批媒體人才，以後我自己創辦媒體事業時就能用到。還有什麼招募方法比這樣更便宜的？大多數的招募人員都要價三萬美元以上（員工第一年薪水的三〇%）。

⇩媒體最愛這種故事了，所以許多知名大型網站（例如：Entrepreneur.com）都會報導它。本來我要花七千美元請公關公司替我曝光，現在這筆錢可以省了！

起初我接洽執行長的時候，他連信都沒回。所以我心想，該怎麼引起他注意呢？於是我就把意向書直接貼在部落格上，幾分鐘內，執行長跟他的律師就來了，我得以直接接觸他們。他不願意把公司賣給我，但這是好事，因為六個月後他就把整間公司收起來了（不過後來又復活）。

圖9-12　我意圖收購《成功》（但被拒絕）

1 The Top Entrepreneurs in Money, Marketing, and Life
Nathan Latka brings you entrepreneurs who...

The Latka Agency LLC– The Top Podcast

Stuart Johnson, CEO, Success.com (Success Partners)
5800 Democracy Dr
Plano, Texas 75024

Dear Stuart,

As host of the fastest growing business podcast of 2016 "The Top Entrepreneurs" on iTunes, I'm writing this letter to express my intent regarding the offer to potentially acquire substantially all of the assets of **Success Magazine** (the "Business"), which are used in the business of operating **Success.com for $5,000,000** on and subject to the following terms and conditions, and subject to the execution by Seller and Purchaser of a mutually acceptable definitive asset purchase agreement (the "Definitive Agreement") and related ancillary documents.

1. Acquisition of Assets; Purchase Price.

(a) At the closing (the "Closing"), Seller will sell, transfer and

附帶一提，當時我並沒有五百萬美元，但就算我真的用這個價碼收購《成功》，我還是能透過人脈籌到錢來成交。不過後來我被拒絕，就只好去物色下一家公司了；反正總是有公司可以買（圖9-12）。

喔還有，我自己推出的新雜誌居然大爆紅。有時候你得賭你自己一把，然後從頭開始做！你可以看一下這份雜誌的登入頁面，你就知道它紅在哪裡了：http://NathanLatka.com/magazine。

收購公司、創辦公司還是投資公司？

你覺得收購公司聽起來很嚇人嗎？那你要知道，這樣比創立公司更聰明、簡單，風險也更小。我不是勸你別創立新事業——這本書大部分內容都是在談創立與經營事業，但收購事業相較之下真的有效率太多。一旦你接手一家公司，所有基礎都打好了；你的系統已經到位並自行運作；你有現成的顧客群；你唯一要做的事，就是微調這些現有事物，讓它們賺錢。但如果一家公司需要花費你更多心力，那就別買。就這麼簡單。

你或許會很納悶：既然我支持收購公司的做法，那我為什麼也曾經創立公司？嗯……你還記得嗎？我十九歲時從頭創立了 Heyo。我除了讓 Heyo 的銷售額達到五百萬美元，也學到團隊如何運作；股份與員工認股的運作方式；如何從頭爭取一萬名顧客；以及，如何定價。

從頭創立一家公司，就能學到怎麼經營公司。我建議你在收購事業之前，先自己創立一個，這樣你就能夠學習。如果你不曾執著於打造高效率系統來產生現金流量，那你就無法辨識其他公司的系統。而且自己打造過系統的話，你收購公司時就會很清楚自己會得到什麼。這些公司已經建立好系統，也已經有顧客，你只要微調一下就好。

但你千萬要記住，你的目標不是要成為「多產」的創業家，而是要變有錢。想變有錢，你就要讓好幾條收益流自行運作。只要你處理得當，收購公司就是既聰明又快速的方式，讓現金流量連翻好幾倍。

有一個方式就不怎麼聰明：只專注於一個事業。許多人買下公司，過於自大，認為所有事情都必須自己做。結果他們每天都泡在瑣事裡：回信、回電話、招募人力、更新設計、向業務員投售、出差拉客戶。**如果變成你自己在忙事業，那可就違反初衷了**，因為你收購公司是為了要累積收益流，進而節省時間，而不是浪費你的時間。如果想辦到這點，你唯有收購能夠自行運作的公司——它就像一條幫你印鈔票的生產線。

收購也比投資更適合初學者。這聽起來有點違反直覺，但**投資事業要花的錢其實比收購還**

多。你拿一千美元想投資某家公司，執行長是不會鳥你的，因為他們想看到六位數的金額。就連小到不行的事業，你也要花一大筆錢才能分到它們的股份。例如阿敏的好吃泰國菜（Ming's Yummy Thai Food）只有兩個人在經營，但我要投資六千美元，他們的現金流量才「有感覺」。至於消防局旅社（Firehouse Hostel）則需要一萬一千美元（下一章會提到這兩個案例）。

相較之下，如果賣方夠積極，你就可以用超低價（或完全不花錢）收購一家公司。因此你剛起步的時候，就先專心收購公司吧！只要持續這麼做，最後你就有額外的現金流量可以投資公司了。一條收益流會增生出另一條，而這正是你想要的。

第三部

新富人怎麼建立事業？

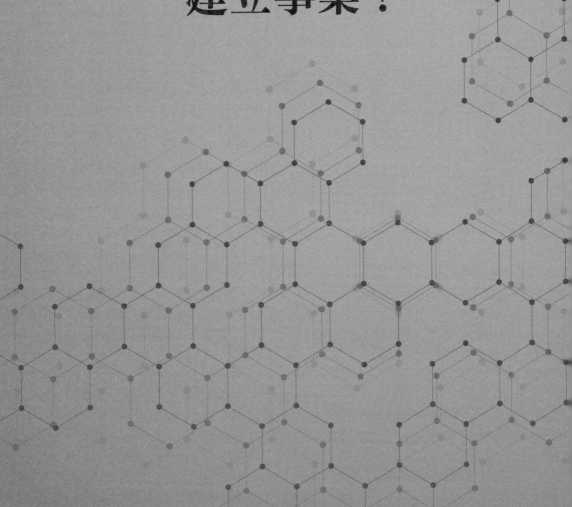

第十章
非傳統投資

「好運只與大膽的人為伍。」——維吉爾（Virgil），古羅馬詩人

二〇一七年五月，我用手機打開臉書的直播功能，錄下自己手拿支票簿，在奧斯汀雷尼街（Rainey Street）漫步的模樣。我走到奧斯汀的食品卡車中心，打定主意要用支票投資其中一輛，否則我就不離開。

我在臉書直播自己投資快餐車，觀眾多達一百二十萬人

圖10-1　臉書直播「買」食品卡車

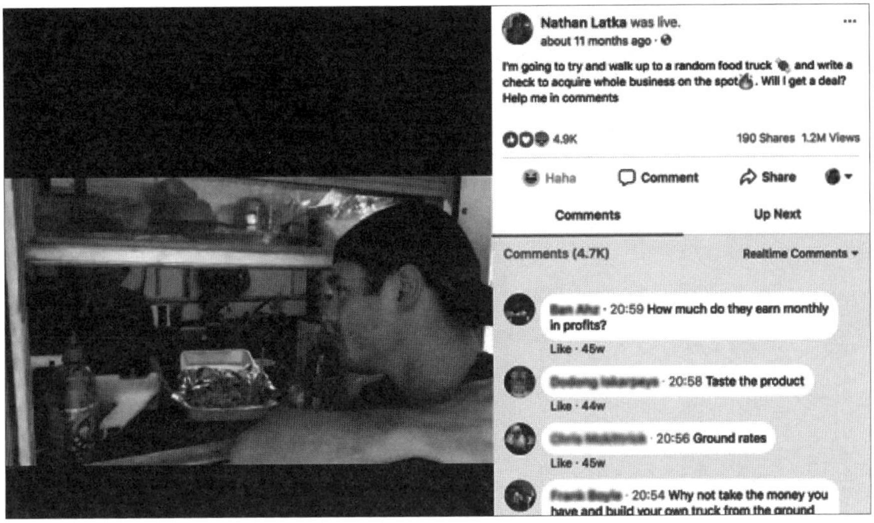

總共有一百二十萬人觀看我的直播，有些人為我喝彩，還在留言區給我建議；但也有些人說我是騙子；還有許多人說，我一邊翻支票簿、一邊嫌錢太多沒地方投資，看起來實在有夠欠揍。我知道有些人會覺得我很煩，但我不在乎——更何況當天下午談成的交易，至今依舊是最划算的一次。我倒希望酸民關掉不看，這樣他們就會錯過這次交易，而我們在追求冷門投資的機會時，也會因此少一些競爭（圖10-1）。

當天我開了一張六千美元的支票給阿敏（Ming），她是「好吃泰國菜」餐車的老闆。她願意讓我每餐抽〇・七五美元，直到我回本為止；假如我們合作愉快，以後我每餐可以抽〇・一美元，沒有期限。

我們是怎麼開始合作的？其實我只是隨興走到她面前，點了泰式炒河粉（她推薦的），然後聊起她的生意。整場交易花不到二十分鐘。

現在阿敏每個月都會寄支票給我，所以我

完全不用操心。至於交易的直播影片，被我拿來當作實境秀《拉卡向錢看》（*Latka Money*）的內容；我每週二美國東部時間早上八點，都會在臉書張貼最新的集數。你可以前往 NathanLatka.com/facebook 收看。

聽到這個故事的人，多半不出以下兩種反應：

▼ 老兄，你實在有夠笨。

▼ 再多拍一些影片！因為我也想學你！

而且還有人希望我投資他們——如果你有興趣的話，我們正好在找來賓上《拉卡向錢看》，你可以寄信到 sarah@nathanlatka.com 試試看。我總是在尋找一些大家都不知道的投資方法，而這就是我（與多數億萬富翁）變有錢的一大原因。

如果你的夢想是「銀行有錢、行事曆有閒」，那你也要用上述這種方式來思考。你的事業會讓你走得更長遠，但要記住目標是盡可能省力。這不是因為你懶惰，而是你無論面對工作或投資都很精明。

你可能會說：「是啦奈森，你超級有錢，支票當然可以隨便開！」

我能體會你的感受。其實我也很討厭無病呻吟的有錢小孩，但你應該知道，我不是那種整天都嫌錢太多的富二代。我錢太多是因為我從小地方做起，並且找到別人沒看見的機會。

你想想看：美國三十五歲以下人口的平均財產淨值是四千一百三十八美元（你可以前往美國

人口普查局查詢「二〇一三年家庭財富、資產所有權與負債明細表」）。既然一般人這麼窮，你就要做與一般人相反的事，才能變有錢。人們會罵你笨蛋或瘋子，但這是好事。你的點子對大眾來說越瘋狂，就越有可能賭對。切記，大眾都是窮光蛋！

大多數的窮人都認為有錢人是運氣好。你一定有聽過這些話：「她當初有投資蘋果，好幸運啊！」、「誰能想到他砸錢創業能有今天？」、「他房子買在那個簡陋的郊區，結果郊區現在變時髦，房價也漲了！」

這絕對不是運氣好。**有錢人是刻意在冷門的地方播種，只要有少數種子開花**，他們就算是替自己創造了好運。我雖然是在說事業，但投資更是如此。富人之所以更富，是因為他們的思考方式與眾不同。

就算你的財務只夠勉強度日，也還是繼續看下去吧。假如你遵循這樣的舉措，銀行存款多個一至兩萬美元的夢想也就沒那麼遙遠了。等到你達成這個夢想後，請將多出來的錢投資在意想不到的地方（年度報酬率超過二〇％），這絕對是幫自己一個大忙。

如何嗅到非傳統投資的商機？

找到冷門投資標的的最佳方式，就是自己開源。你可以在臉書動態中說道：「我有五千美元可以投資，但找不到好的投資標的，你們可以推薦嗎？」然後看看有什麼回覆。大多數建議都很爛，但有些對你來說或許是真正的機會，可以認真去談看看。

此外，只要你抱持著「尋找新鮮投資機會」的心態，就會比別人更容易發現這些機會。

靠旅社致富

我最滿意的投資之一，是投資奧斯汀的消防局旅社。消防局旅社在酒吧辦了一場聚會，而我藉此認識了其中一位老闆——柯林（Collin）。我跟他聊天的時候，開始抱怨自己的錢沒有好地方可以投資。股市與房市的景氣正好，我不想買在高點。然後我問他最近在幹麼，他說他正在替消防局旅社籌資（不出我所料），然後問我要不要投資。他就這樣引起我的注意。

我之前就聽過消防局旅社。幾個月前我第一次搬來奧斯汀，想找個好地方喝酒，結果所有人都對某間「拿書櫃當店門」的酒吧讚不絕口。跟柯林談過之後，我就去一探究竟。

我走進大廳，使勁推動書架上的生鏽手把，推開之後看到一間燈光昏暗的酒吧，角落有迷人的樂隊在演奏著。酒架好像是從霍格華茲（按：小說《哈利波特》中的魔法學校）的教師休息室搬來的，上頭點綴著手工的雞尾酒飾品，而飾品又被蠟燭的蠟滴給圍繞。

那晚我點了兩杯「莫斯科騾子」，與世界各地的旅客相談甚歡，他們是從樓上的旅社走下來喝酒。而且我還隱約聽到自己不懂的語言。當下我就決定要投資這裡——地點好、氣氛佳、本地人與旅客饒富趣味的混雜在一起；這完全就是奧斯汀的風格。

最後我投資了一萬一千美元，每季賺一千兩百美元（每年賺四千八百美元），年度現金報酬率為四〇％左右，令我非常滿意。但這種投資的問題在於機會不夠多。這種報酬會令你上癮，但市面上沒有這麼多「旅館附酒吧」給你投資。

我盡可能多從這筆投資榨出一些錢，然後請旅社老闆介紹其他股東給我，再收購這些股東的三％股份，增加我自己的每季分紅，因為我知道報酬率太棒了。

我非常喜歡創辦這間酒吧的兩位藍領工人——肯特（Kent）與柯林。他們知道怎麼招攬生意，所以事業成長很快。我也很喜歡創辦人與投資人一團和氣的感覺，而肯特就是很完美的例子。消防局旅社是肯特的主要收入來源，他跟太太才剛生了一個小孩，因此他們全家必須靠這個事業過活，而這正合我意；**既然創辦人投入了一切，我很樂意多投資一些錢**。

大多數尋找投資標的的人，都會錯失消防局旅社這樣的機會，因為他們沒想到要問。他們忙著追蹤股價、挑選指數型基金，然後等到好幾年後，「或許」能得到平均七％的報酬率。他們以一般的方式思考，也因此他們在酒吧聊天的時候，就可能錯過高報酬的機會。

你時時刻刻都要打開自己的「投資雷達」。忘掉指數型基金、財務顧問這些東西吧！它們當然有存在的必要，但你無法透過它們致富。唯有非傳統投資才能讓你的投資組合旺起來。**多留意你日常生活中遇到的公司或創業家**，它可能是你家附近的熱狗攤、你上班時使用的共同工作空間、你朋友替小孩舉辦生日派對時必去的室內遊樂場、城裡新開的小啤酒廠……你懂了吧？留意那些有成功做起來的生意。如果你覺得某個事業很夯，而你剛好有錢做實驗，那就去跟業主自我介紹吧！告訴他們你正在尋找可以投資的事業，然後看他們會不會「上鉤」。最糟的狀況就是被拒絕，但起碼交到一個新朋友；而最好的狀況，就是找到搖錢樹。

試試主觀判斷投資

走到別人面前直接開支票給他，感覺還挺「潮」的，但我平常其實不會這樣做。雖然我這樣開支票給阿敏，但那是因為就算餐車失火，我還是能負擔那六千美元的損失。對於多數人與多數投資來說，若沒有先盡職調查（見第九章）就直接開支票，那就一點都不潮，反而還很蠢。

如果我有興趣對一家公司進行較大筆的投資，比較聰明的做法，是請他們讓我看數字。我必須**審視至少過去三至四年的財務歷史**，才會考慮投資；假如連這樣的資料都無法提供，那就有風險。如果對方平常沒有寫報告，使我無法審視他們的財務歷史與成長狀況，我就會放棄。我必須確保自己投入資金之後，每個月都會收到最新的財務報告，否則我就不投資。

假如你投資的金額占了財產淨值很大的比重（「很大的比重」的定義，依你的安心程度而定），那上述這些調查你就一定要做。但你也要給自己空間，進行一些主觀判斷的投資，就像我投資阿敏的快餐車。理論上這種交易方式是標準的錯誤示範，因為我沒檢驗阿敏的財務狀況，也沒得到任何書面資料。我就這麼信了她說的話，然後兩人握手成交——二十分鐘內，我開了六千美元的支票給陌生人。

所有人都會覺得這種投資策略太瘋狂了。當然，如果你手邊只有一筆閒錢，那就千萬別學我這樣。然而，假如這種主觀投資便宜到你負擔得起，它或許會替你省下時間與金錢，並為你開啟其他人看不見的機會。

我之所以願意賭阿敏一把，是因為假如我要分析她的財務，以及來回討論細節，大概要花六小時左右，這樣的話就不值得花六千美元投資了，因為我的六小時更有價值。所以我直接開支票，用六千美元試探阿敏是不是能夠長期合作，這樣比較省事。事實證明她確實是個好人，每個月都會寄給我供餐量的報告以及抽成的支票。後來我用同樣的方式投資消防局旅社，而肯特與柯林也證明自己是很棒的生意夥伴。

這些主觀判斷投資都是快速、有效率的方式，測試對方能否給你不錯的現金報酬。如果你有回本的話，就可以再投資多一些。此時你跟對方已經合作了好幾個月，你知道他們的財務狀況，也知道他們是不是合適的合作對象。但一開始這筆投資，完全是出自你對這個事業與業主的直覺判斷。跟別人初次見面的前二十分鐘，就能夠得知不少事情，因此我都相信自己的直覺，先做再說。當然我也有虧錢的時候，但我的主觀判斷十次有九次都是正中紅心。

我不會教你判讀對方的言行舉止，畢竟這本身就是另一個專業領域。而且你大概也知道自己的判讀能力如何。我只想強調一點：如果你真的要冒這種險，請拿一點錢出來就好，不要占你財產淨值太大的比重。而且最好把所有投資條款全部列進一紙協議中，然後雙方簽字。我跟阿敏、消防局旅社都沒有簽協議，但我願意承擔這種風險。我不建議你學我，但你自己決定吧。

這些投資既快速又簡單，但絕對不能輕率。我的關鍵策略之一，就是找到一個事業，每個月都為了某件事物支付一大筆錢。假如我能一次付清這筆錢的話，這個事業的現金就自由了。接著我就會利用自己的配銷通路，讓這個事業成長，進而提升我的報酬。

阿敏的情況正是如此。聊天的時候，我得知她每個月都要替快餐車繳六百美元的車貸。假如她用六千美元直接買下這輛快餐車，就不用再付車貸，每月開銷也會因此減少。所以我開了六千美元的支票給她買快餐車，而她的交換條件是讓我一道菜抽〇・七五美元，直到我回本為止；假如我們繼續合作，以後我每餐可以抽〇・一美元，沒有期限。她一個月大概可賣出五百份餐點，但我能夠幫助她快速成長。我估計一年後可以回本，然後知道我跟阿敏是否能合作愉快；到目前為止，也確實都蠻愉快的。

我的配銷通路——臉書直播立刻就幫了大忙，共有一百二十萬人看到了阿敏的快餐車，當天她的銷售額就暴漲了。此外，我還幫她跟地主協商，讓她的快餐車可以停在街口。原本它停在另外三輛卡車後面，所以街上行走的人都很難看到它。

我的分紅支票長這樣

合作七個月以來，阿敏總共寄給我六張支票，共計四千三百零七美元（圖10-2）。我的六千美元就快回本了，而她現在每月能賣出一千兩百份餐點。

後來阿敏想要更多錢來拓展事業，而我很樂意開一張一萬美元的支票給她，然後將報酬與成長連動：我回本之前每餐抽兩美元，回本之後每餐抽〇・二五美元，沒有期限。數字變了，但架

圖10-2　阿敏開給我的 6 張支票

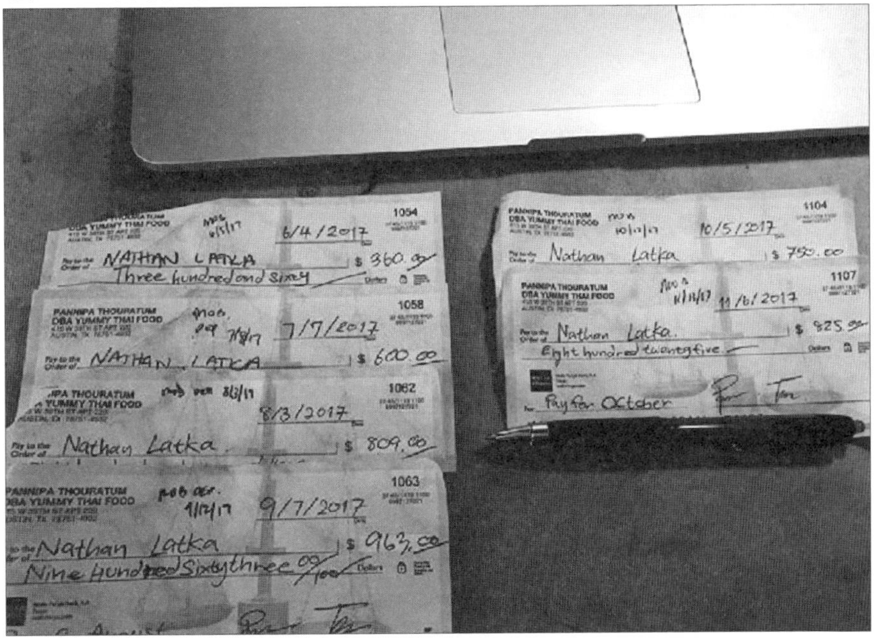

構相同。阿敏賺錢，我就跟著賺錢。而且我知道阿敏就跟消防局旅社的老闆一樣，都是傾注一切來讓事業成長。這是她唯一的收入來源，而且她必須靠這樣來存遺產。

沒錢買公司？那就先籌錢吧！

如果你是勉強糊口的人，這種投資概念對你而言或許是天方夜譚。但假如你是這種人，而且買了這本書來讀，就表示你非常渴望脫貧。其實你可以立刻就辦到，而且等你辦到之後，請跟之後會成為事業夥伴的人簽訂合約。

我的最佳籌資建議，是以第七章提到的「交換法」為基礎。假如你有

圖10-3　我身為「電郵仲介」寫的提議信（一）

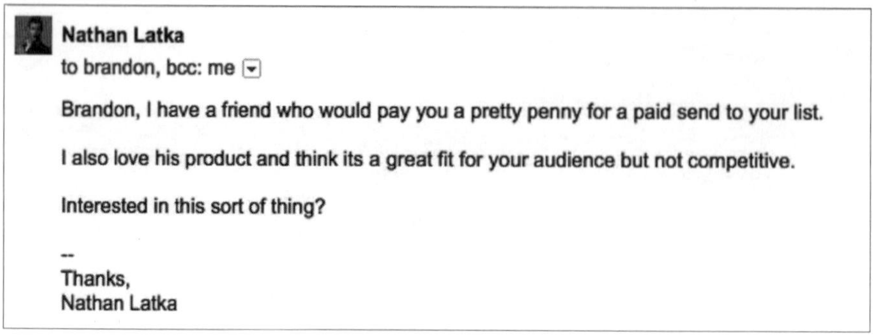
Nathan Latka
to brandon, bcc: me

Brandon, I have a friend who would pay you a pretty penny for a paid send to your list.

I also love his product and think its a great fit for your audience but not competitive.

Interested in this sort of thing?

--
Thanks,
Nathan Latka

一大串電子信箱名單，或許多線上追隨者，你可以賣掉這些信箱來累積收入。但假如你沒有許多追隨者呢？這時候你就要化身為仲介。

這樣做是不用錢的。每個人都可以撮合兩個團體讓他們互蒙其利，而自己也獲利。但你要夠聰明才會想到這種做法。以下就是你該做的事：

1. 接洽那些擁有大筆電子信箱名單的人。
2. 在信件中提議幫他們賣掉名單，然後跟他們協商，讓你自己能多抽一點佣金。我每次都寄這樣的信（圖10-3）。

真的就這樣而已。如果你的目標跟你屬於同一個產業，那你還能學到市場上買賣雙方的概況；等到你自己有電子信箱名單的時候，就知道要賣給誰了；或者，假如你想替自己的事業多爭取一些曝光率，你就知道哪些手握名單的人，願意收錢替你曝光。

圖10-4　我身為「電郵仲介」寫的提議信（二）

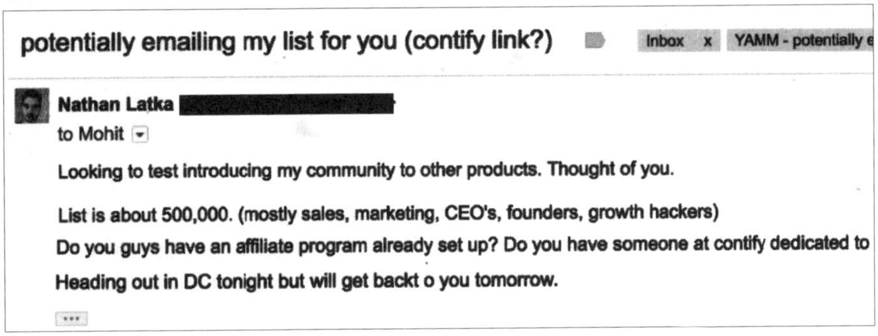
potentially emailing my list for you (contify link?) Inbox x YAMM - potentially e

Nathan Latka [redacted]
to Mohit

Looking to test introducing my community to other products. Thought of you.

List is about 500,000. (mostly sales, marketing, CEO's, founders, growth hackers)

Do you guys have an affiliate program already set up? Do you have someone at contify dedicated to

Heading out in DC tonight but will get backt o you tomorrow.

至於**你該怎麼找到有大筆名單的人，端看你屬於什麼產業**。我屬於軟體業，所以我會前往 G2Crowd.com 或 Siftery.com 等網站，查詢誰的用戶最多。既然他們用戶很多，就表示他們擁有的用戶信箱也很多；於是我就會接洽這些公司。此外，Paved.com 與 Sponsored.tech 這兩個網站，也能幫你找到大筆信箱名單。

自家業務內的熟人也是你可以接洽的對象。像我就跟我的播客贊助商提議，問他們想不想在一封信件中曝光，而這封信件會寄給十萬名行銷人員。至於費用，就跟贊助費分開算。另一方面，我跑去跟那個手握十萬人名單的人協商，所以費用我可以抽六成。換句話說，我介紹這個人贊助我的贊助商，就能得到六成的收益。上圖就是我促成這次交易時寄出的信件（圖10-4）。

你要給對方私下交談的感覺，例如這樣說：「我今晚要去華盛頓出差，但明天會再找你。」對方就會覺得你們是一對一交談，也就更願意回覆你。

附帶一提，你可以故意打錯一、兩個字，他們就清楚知道這封信不是寄給大眾的。

至於該怎麼找到想買名單的人，我建議去仔細聽播客，就會曉得它們的贊助商是誰；而且這群人也願意付錢增加曝光率。此外，你也可以上 Google，搜尋跟你的產業相關的關鍵字，或是你想提供仲介的名單與什麼東西有關。如果有人在打廣告，就去接洽他們，然後說道：「嗨，我發現你們花錢在 Google 打廣告。這筆錢你們可以付給我，我再用我的信箱名單替你們寄廣告；這些人就是你們 Google 關鍵字的目標族群，所以你們的報酬會提高。」

如果你真的有心，「電郵仲介」這門生意是可以賺大錢的。你可以把寫好的信寄給幾間公司，再看看後續發展。就算你無法讓你辭掉工作、光靠這種利潤為生，也還是能夠建立被動收入的金流，而且會隨著時間累積。

當然，籌錢的方法不只有電郵仲介。我推薦它是因為它很適合我，效率極高，而且不花錢。此外，我在第六章提到的所有策略也都很實用。容我再介紹一個比較主流的選項，就是擔任 Uber 或 Lyft（按：來福車，以開發行動應用程式連結乘客和司機，提供載客車輛租賃及共乘的分享型經濟服務）的司機。如果你的行程受限，而你又想自己控制工作時間，那這個方法還挺棒的。只要你沒有要忙其他的事，就有賺外快的餘裕。雖然車費不高，但只要你想到就可以出門去載客，替自己拚到一筆積蓄，而且還可以完全掌控自己的時間。這是一門苦差事，雖不輕鬆，卻也是存老本的好方法，以後你就可以將這筆錢運用在其他交易。而且，你如果在某些地方擔任 Uber

或 Lyft 的司機，可能會出乎意料的賺到一大筆錢。有些人光是在洛杉磯、紐約等大城市載客，就能靠著大筆的加成計費成為百萬富翁。當然，他們每天要工作十二小時以上，但起碼是可完全照自己的想法去做。

第十一章 抄出你的致富之路（因為，投資新玩意保證虧死你）

「假如你打造出很棒的產品，大家一定會抄你。但你放心吧，雅虎不會因為抄了搜尋框，就突然變成 Google。」

——伊萬．斯皮格（Evan Spiegel），Snapchat 共同創辦人兼執行長

我出席創業家聚會的時候，都會請教他們有什麼新點子，但我通常都會得到這個答案：「除非你簽保密協議，否則我無法分享給你。」

這些人總認為自己的點子超棒，足以吃下整個市場。這大概是全宇宙最自欺欺人的想法，因為嶄新的點子總是要花掉、賠掉一大筆錢。

你已經知道我對抄襲點子的看法了：趕快抄。不抄的人是笨蛋。（你可以回顧第二章了解原因。）而在本章中我會教你怎麼抄襲、改編、青出於藍。

贏家並沒有自己想出新點子，他們寧可把競爭者整套抄走，再加上自己的風格或獨特的角度來致勝。如此一來，他們就只是在現有的地圖上邁進一小步，而不必自己畫一張新的。其實每位成功人士都是這樣做。

比方說，臉書推出的市集是免費分類網站 Craigslist 的改良版；Stripe 就是附上簡單介面的支付處理器；Venmo、PayPal、Square Cash、Google Pay 的支付功能其實大同小異；洛克斐勒抄襲其他人的鋼鐵廠，再改變煉油的流程，藉此大賺一筆。

你是否有在大型部落格的下方看過一個區域，裡頭陳列著贊助內容與「相關貼文」？這些空間已經被 Outbrain 與 Taboola 這些廣告公司占據了好幾年，但廣告內容平臺 Revcontent 的創辦人約翰・藍普（John Lemp），還是跳進來與它們競爭。

二〇一七年，Revcontent 的平臺經手了一億八千四百萬美元的廣告費，並且抽二五%作為營收。如果你想舉出一位眼光遠大、無視傳統思維（「你一定要有新點子！」）的典範人物，那就是約翰・藍普。他緊跟在成功的事業模式之後，逐漸削弱領先者的優勢。

別過於自大，以為你的點子從未被實踐過。如果沒有人敢做，背後必有原因。就算你真能想出很棒的新點子，搭別人便車還是能夠較快獲利。**等你靠抄襲賺到錢之後，你就有一大堆時間（與金錢）可以推出你的曠世巨作！**

從好兄弟變成死對頭：Bizness Apps 對上 Bulidfire

就算你的規模不如競爭者，也還是可以靠抄襲他來賺大錢。不信的話請參考伊恩・布萊爾（Ian Blair），他在念大學時就推出了 Buildfire——這是一套拖放式軟體，讓大家無須技術知識也能製作行動 App；有點類似 WordPress（按：部落格內容管理系統）的概念。Buildfire 與另一間公司 Bizness Apps 非常相似，伊恩之前就是利用 Bizness Apps，替小公司製作 App。伊恩替客戶量身訂做 App 一年之後，發現客製化沒辦法賺大錢，於是他決定打造一套軟體來跟 Bizness Apps 競爭。

數字會說故事，而我很喜歡這則故事。自從二〇一二年推出 Buildfire 之後，伊恩已經募得兩百五十萬美元，年僅二十五歲就有三十一名員工任憑差遣。二〇一七年他的年度營收為兩百四十萬美元，每月經常性收益為三十萬美元。我用 Skype 跟伊恩聊天的時候，他住在售價八十五萬美元的寓所，而在他背後，聖地牙哥的天際線盡收眼底。

雖然伊恩靠著抄襲競爭者而闖出一片天，但從數字看來，Bizness Apps 還是遠勝小老弟。二〇一〇年，安德魯・蓋茲德基（Andrew Gazdecki）創辦了 Bizness Apps，當時募得了十一萬美元。如今安德魯二十八歲，旗下有九十名員工，二〇一七年的年度營收為一千八百萬美元。他的每月經常性收益為一百五十萬美元（下頁表 11-1）。

我是個數字狂，再講下去大概沒完沒了（如果你也是數字狂，那就參考下頁的比較表 11-1）。我的重點在於：**雖然安德魯的公司更成功，但伊恩光是直接抄襲安德魯，就能打造市值數百萬美**

表11-1 Bizness Apps 與 Bulidfire 對照表

	Bizness Apps	Buildfire
執行長／創辦人	安德魯・蓋茲德基	伊恩・布萊爾
成立年度	2010 年	2012 年
募得資金	11 萬美元	250 萬美元
員工人數	90 人	31 人
2017 年營收	1,800 萬美元	240 萬美元
每月經常性收益	150 萬美元以上	20 萬至 40 萬美元
員工平均收益	8 萬美元	7 萬 7,400 美元
顧客人數	3,000 人以上	1,000 至 5000 人
用戶平均收益	500 美元以上	400 至 500 美元

元的企業。況且安德魯的點子也沒有多新潮；早在 Bizness Apps 之前，就有人在製作拖放式 App，而且整套概念還是從拖放式網站軟體（例如 Wix、Squarespace、Weebly）抄來的。

我會教你怎麼如法炮製，也會把我之前兩家公司的抄法告訴你。本章有許多建議是跟軟體領域有關，因為這裡是我的主場，但你可以把這些策略應用於其他產業，無論你是在經營餐廳、紡織公司、專業服務公司或軟體。

不管你做哪一行，第一步都是找到可以抄的點子。這些點子潛伏於四處，你只要懂得去哪裡尋找。

在熱門產業中找到你喜歡的點子

假如你參加一場比賽，贏了卻沒獎金，那你根本就不該參加。

新富人在思考怎麼成立新事業時，第一步就是確定勝利的果實值得努力追求。一開始先觀察趨勢。哪些領域很熱門？往熱鬧的地方走，肯定不會錯。你可以利用以下資源，試著找到前景看好的市場與產業。

你可以利用這四個條件，找到暢銷實體商品。

如果你推出的是實體商品，那麼最快累積資本的方法就是預售；而其中又以群眾募資最有效，因為它基本上就是一邊預售商品、一邊獲得媒體報導。一般來說，如果你符合以下條件，那麼群眾募資就很適合你：

- **正要推出消費性產品**。B2B很難進行群眾募資，因為受眾太少。而群眾募資的重點就是要吸引大眾。
- **想要保住所有股份**。贊助人不像投資人能夠分到股份，所以你既能籌到錢，又能完全持有自己的公司。這也表示你不必任憑投資人使喚。
- **不想透過貸款來募資**。拜託別貸款，利用預售來賺取必要的資金吧！
- **不夠有錢，無法只靠自己創業**。再說一次——預售、預售、再預售，然後利用賺到的錢，再投資你的事業。

你有兩種抄襲實體商品的機會：偷走現有商品的點子，或抄它們的群募活動。

圖11-1　這款眼鏡的魅力在哪？

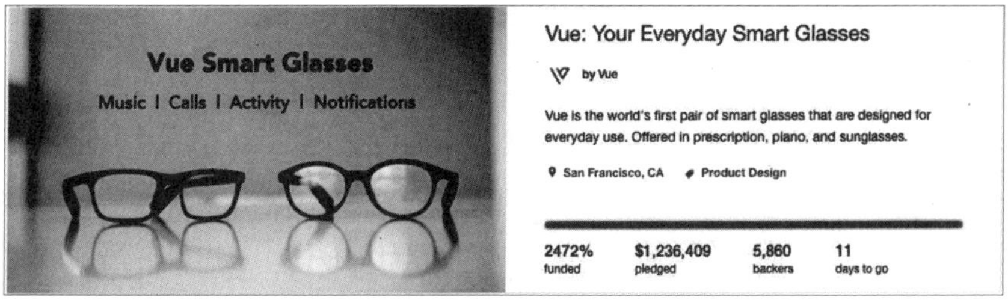

圖11-2　頸枕與勺子，它們究竟紅在哪？

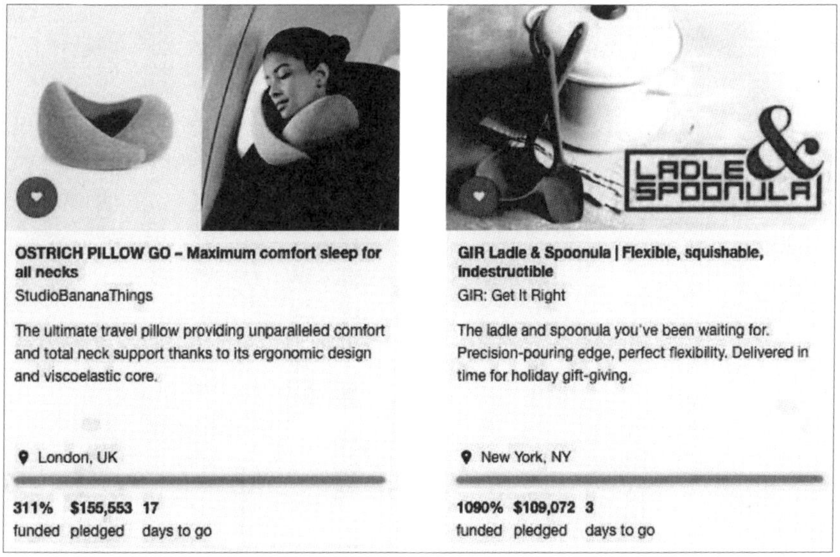

請你趕快去抄吧！前往 Kickstarter 或任何群募網站，然後把上面的活動分類成「募得最多錢」與「募得最少錢」。接著研究募得最多錢的活動，弄懂它們如此成功的原因。是因為群募頁面上的故事很動人？產品概念很天才？例如上面這款眼鏡，為什麼可以從五千五百人手中募得一百萬美元（圖11-1）？

想想看，為什麼這顆頸枕這麼夯？這根勺子又到底是在紅什麼呢（圖11-2）？

這些產品儘管天差地遠，但它們借助的策略都是你可以抄襲的：

設定你能達成的目標，事先為你的活動「播種」。這些產品都很早就達到募資目標，因為它們設立的目標很低，而且快速累積動能。如果要辦到這些事情，你事先就要為活動播種——也就是在活動發起之前，讓你認識的人承諾贊助；接著告知他們活動上線的時間，屆時他們就會響應你。因此，假如你的目標是五千美元，你就要找到五十至一百人，每個人贊助五十至一百美元，這樣你在前幾天就可以達標了。

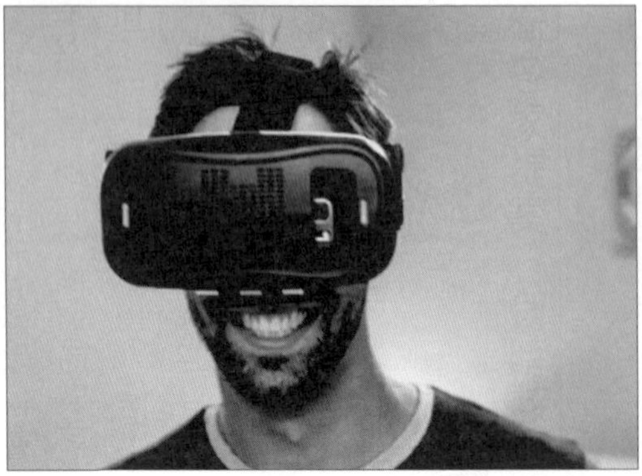

圖11-3　你想這樣去應門嗎？

一旦你達標，就比較容易得到免費的媒體報導，吸引更多人前來贊助，然後藉此又獲得更多媒體報導。例如「Vue 智慧型眼鏡」的募款活動，目標是五萬美元，結果活動期間獲得《商業內幕》（*Business Insider*）網站的報導，最後募得七十八萬美元。此外，《富比士》（*Forbes*）、TechCrunch、Computerworld、《數位趨勢》（*Digital Trends*）、The Verge、Wareable 等科技類媒體也報導這個活動。至於「Ostrichpillow Go 頸枕」在募資活動期間，也得到《今日美國報》（*USA Today*）的助攻。

說個好故事。人們投資你的產品時，都希望與你產生情感連結。若要辦到這一點，最好的方法就是說個好故事。你可以利用影片告訴潛在贊助人，你是很有個性的。記得要注入一些幽默感：在 Vue 的宣傳影片中，一位仁兄戴著超大的 VR 設備，結果披薩送來了，他只好用這副模樣去應門（上頁圖 11-3）。由此可見，其他廠牌的智慧型眼鏡戴起來有夠尷尬；推出「Spoonula 勺子」的團隊則找來一些廚師，向他們展示這根勺子舀湯絕不外漏；而我們試著在飛機上睡得舒服些，卻糗態百出的模樣，都被 Ostrichpillow Go 的團隊拍進影片中，彷彿是在同情我們。

熱衷於規格與設計。贊助人很喜歡欣賞你的產品製程，因此你可以把產品的功能、原理、設計理念拆解給他們看；你也可以秀出幾張產品原型或創意會議的照片。例如 Vue 秀出人們使用這副眼鏡的實況，並解釋他們怎麼利用骨傳導技術，將立體聲傳送到你的內耳（圖 11-4）；

圖11-4　Vue 的規格與功能展示

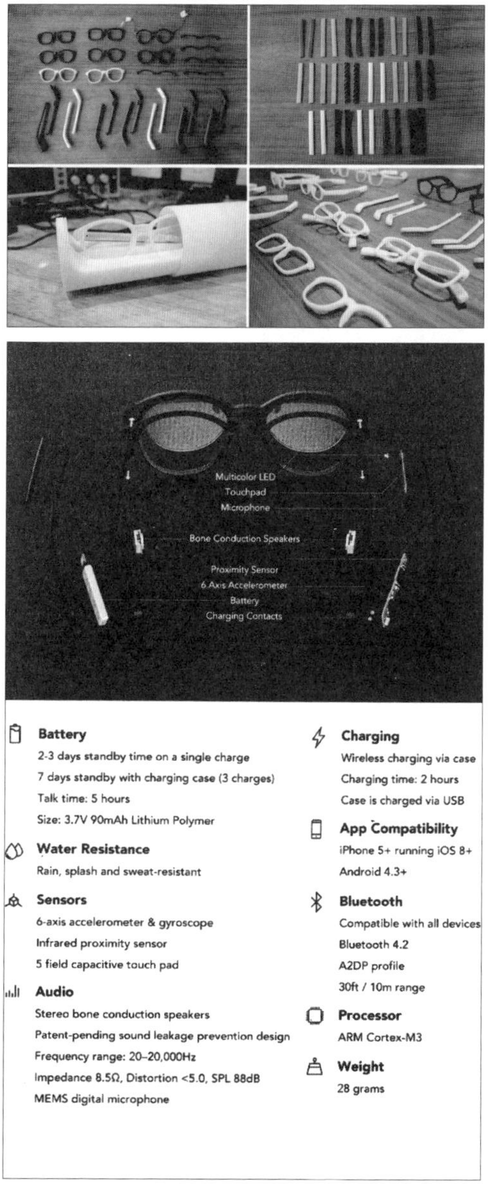

圖11-5　Vue 募資策略：早鳥優惠

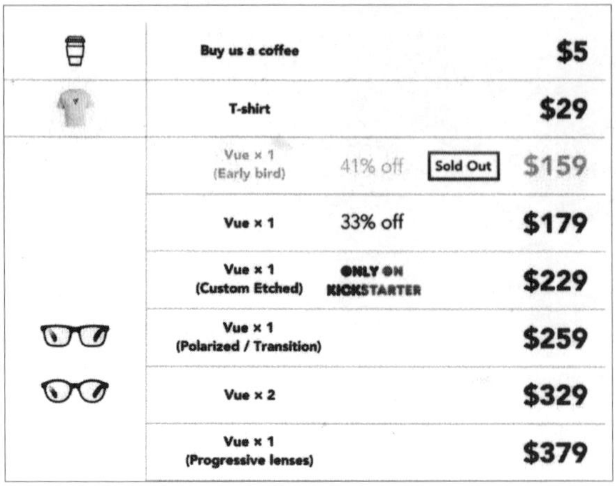

☕	**Buy us a coffee**		**$5**
👕	**T-shirt**		**$29**
	Vue × 1 (Early bird)	41% off　Sold Out	$159
	Vue × 1	33% off	**$179**
	Vue × 1 (Custom Etched)	ONLY ON KICKSTARTER	**$229**
👓	**Vue × 1** (Polarized / Transition)		**$259**
👓	**Vue × 2**		**$329**
	Vue × 1 (Progressive lenses)		**$379**

Ostrichpillow Go 秀出他們在白板上寫下的點子；Spoonula 執著於幾何、維度，以及醫藥級白金矽膠所展現的奇蹟。

利用價值與稀少性來創造急迫感。大家都喜歡搶先得到某件東西，尤其是限量還附折扣的。你可以利用報酬來挑逗人們的天性。例如 Vue 就利用「早鳥優惠」來助長初期訂單的動能：訂一副眼鏡可得到四一%的折扣，限量三百五十副。這批眼鏡賣完後，又有六千八百三十三人得到三三%的折扣（亦即支付一百七十九美元）——這也是贊助人數最多的價格等級（圖11-5）。其實每個募款活動，都會利用稀少性來促使人們行動。而且它們還會設定延伸目標來提高動能，例如在募得二十萬、五十萬、一百二十萬美元的時候，都會替產品追加一個功能，而且這功能不一定要很貴。例如 Vue 的一百二十萬美元延伸目標，就是替眼鏡追加鼻墊。你看，沒有很離譜吧？

Product Hunt 是另一個尋找實體商品的好地方。

圖11-6　用 Product Hunt 搜尋商品

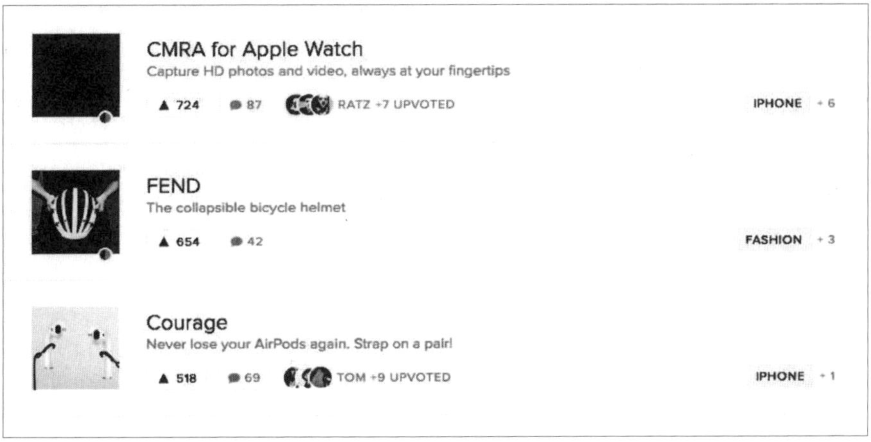

人們可以在這裡張貼新產品，再交由社群票選。假如一個產品的得票數很多，就表示它的需求很大。雖然你無法利用 Product Hunt 來募資，但它依舊是熱門商品的領先指標（圖 11-6）。除了 Kickstarter、Indiegogo、Product Hunt 外，你還可查詢以下這些群募網站，來了解其他的熱門市場：Pozible.com、Ulule.com、Fundable.com。

八個地方，讓你找到熱賣的數位與軟體產品

如果你想創立軟體事業，那就前往以下這些地方，尋找熱門的產業。

1. **Siftery.com** 讓你得知哪些公司能夠招攬到新顧客。這個網站會根據工具（大多數都是軟體）近期內的新顧客人數，替工具排名。錢是不會說謊的，假如一項新產品吸引到大批顧客，就表示這個領域很熱

門（下頁圖 11-7）。

Siftery 涵蓋了幾個軟體類別，包括行銷、銷售與事業發展、顧客支援、產品與設計、分析與資料科學、人力資源、財務與會計、生產力等。

2. GetLatka.com 讓你得知私人軟體公司的顧客人數、營收數字、定價指標與其他資料。若你想推出一套軟體，請上這個網站，看看哪些人設計的軟體與你類似，你就能參考他們的經營狀況。

3. BuiltWith.com 讓你得知其他網站使用哪些技術。換句話說，它讓你看到淘金者使用哪些十字鎬（見第四章）。如果你對電商領域有興趣，那最好先知道目前各家公司的市占率是多少，再由此逆推贏家的成功原因，以及輸家的失敗原因；如此一來，你在這個領域的成功率就會提高。請前往 BuiltWith.com，點選下拉式選單中的「工具」，開始探索趨勢（下頁圖 11-8）。

只要點選主選單的「網路科技趨勢」，再點選左側直欄的「電子商務」，就會跳出下面圖表。你可以看到電商市場中，WooCommerce 的市占率為一〇%，Magento 為一一%，Shopify 為九%，其他平臺為四四%。只要了解每個電商技術的市占率，你就能夠決定該仿效哪一個。為什麼 WooCommerce 占了一〇%？為什麼 Shopify 會占九%？那四四%裡頭有沒有可以收購的公司，讓你能馬上跳進這個領域？你都可以利用 BuiltWith.com 來得知這些事情。

4. TechCrunch.com 是聚焦於科技部門的部落格。在底部你可以看到近期所有募資活動。如果你發現有一大筆錢流入某家公司，就表示那個領域很熱門。價值破十億美元的商機才可能得到創投資本家的青睞，而你可以觀察他們投資哪些東西，藉此「偷走」他們的研究成果（第二六五頁圖 11-9）。

圖11-7　Siftery 頁面

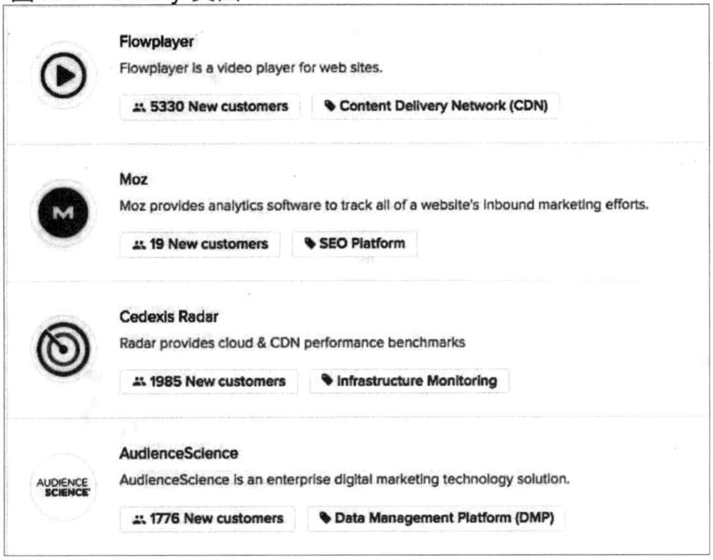

圖11-8　BuiltWith 頁面

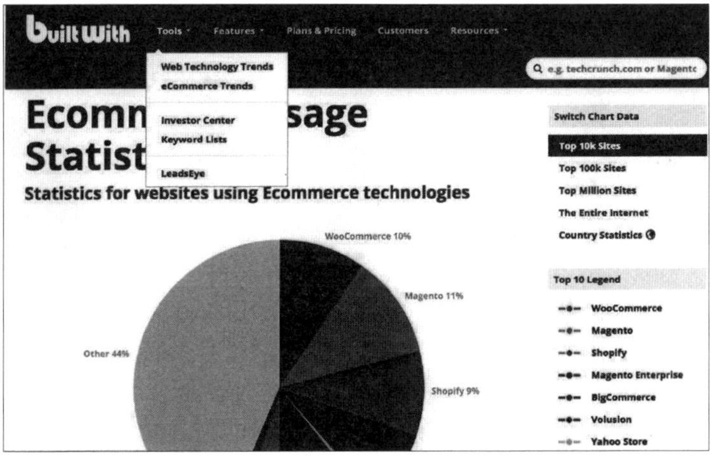

你也可以利用 TechCrunch 的側邊導覽列，根據「投資人」、「募資規模」、「產業」等類別來觀察募資活動。例如你仔細觀察一下 Babbler 這項產品，就會發現以下訊息（下頁圖 11-10）。

一旦你得知 Babbler 屬於公關領域之後，請找出它有什麼特色，是其他公關公司所沒有的。請記住，創投資本家看到十倍以上的報酬才肯出手。而你要搞清楚，投資人為什麼認為這個事業可以賺十倍？這樣你才可以抄走最棒的部分，再加上自創的改編讓它變得更棒。

5. **多聽那些邀請創業家上節目的播客**。我在每天一集十五分鐘的播客中，會詢問執行長喜歡哪些線上工具。如此一來，我就能找到很棒的新工具與新市場，再來好好研究一番。如果我喜歡某個領域，我會從「收購這個領域的公司」、「自己創立一間公司」與「投資既有公司」中選擇一種。如果想聽我的播客，請上：http://NathanLatka.com/thetopitunes。此外，《魅力的藝術》（*Art of Charm*）、《提摩西・費里斯秀》（*Tim Ferriss Show*）、《百元ＭＢＡ》（*The $100 MBA*）這些播客，也很適合搜尋新工具與新市場。

6. **搜尋大型領英（LinkedIn）社團**。如果有一個社團以「亞馬遜分析工具」為主題，而且成員眾多，那就表示這個領域很夯。如果你選擇在這個領域打造工具，那麼恭喜你，你已經有了第一條配銷通路。

若你想賣數位產品，而你在 LinkedIn 搜尋跟數位行銷有關的社團，發現最大的社團是「數位甜甜圈」（Digital Doughnut），共有一百五十萬名成員。從這裡，你可以找到管理者，並且發訊息給社團的版主。你的目標是要跟他們打好關係，使他們願意（甚至樂意）讀你的產品廣告信，這可是天大的配銷通路機會。其實，我自己就跟數位甜甜圈的版主交換過訊息（下頁圖 11-11）。

圖11-9 TechCrunch 募資活動頁面

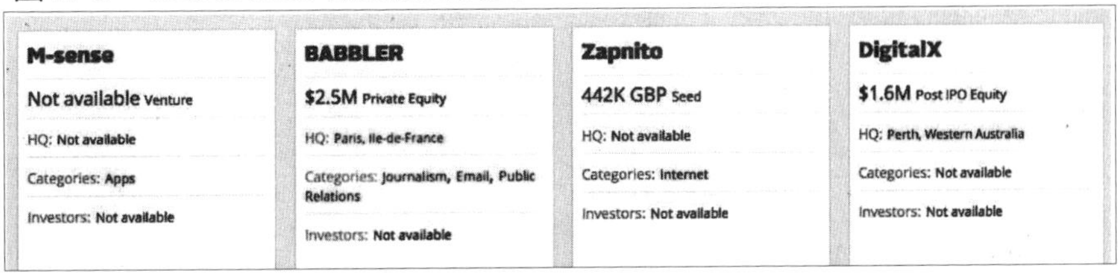

圖11-10 透過 TechCrunch 觀察產品 Babbler

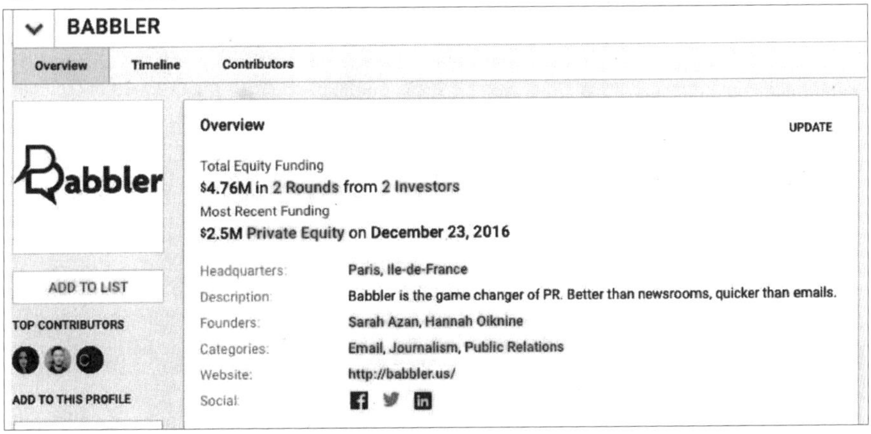

圖11-11 領英社團「數位甜甜圈」

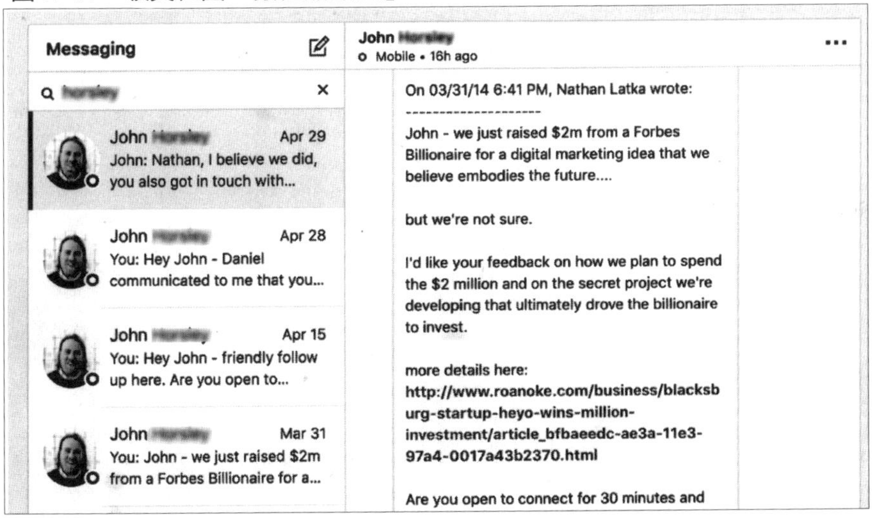

7. **搜尋臉書社團**。利用臉書的搜尋功能，找到與特定產業相關的社團。假設你設計了一本日誌，並把創業家納入目標族群。你可以搜尋與創業家相關的社團，然後接洽版主，跟他們打好關係。最後你要嘗試在社團中交叉推廣（按：向某一款商品或服務的消費者，推薦與之相關的另一款商品或服務）你的產品。這當然是一門纖細的藝術，但假如你想讓產品打進某個市場，這群人就是你該追求的對象，而他們也是你可以獨占的配銷通路。

8. **加入團隊協作工具 Slack 的社團**。我加入一個社團，叫做「銷售駭客」（Sales Hackers），內有超過七百位會計主管、首席主管，以及其他銷售工具使用者，討論他們最喜歡使用的工具，以及喜歡的原因。這裡很適合觀察哪些產品很紅，哪些又不紅。你可以利用 www.SlackList.info 尋找任何產業的 Slack 名單。

我之前說過，我創辦的第一家軟體公司叫做 Heyo.com，業務是協助其他公司拖放臉書的應用程式。我之所以知道這個領域很熱門，是因為有許多公司都已經募到資金了。

二〇一〇年十月，Buddy Media 從高級投資人募得兩千七百萬美元；Wildfire 募得一千萬美元；Involver 募得八百萬美元。顯然社群行銷媒體這個領域能夠產生許多贏家——二〇一二年，這個領域的公司藉由退場（按：exit，將公司賣給大企業以賺取現金），總共賺了十億美元以上。

許多人觀察這個領域後，覺得自己不該加入競爭，因為他們沒有資金，而且落後圈內人太多年；但這種想法錯得離譜。不妨換個角度想：既然投資人在這個產業砸了這麼多錢，就等於在幫它成長，這樣你就更容易招攬新顧客。當你踏進他們砸大錢的領域，就等於是把他們的資源轉變成你的。

照著這套劇本走，你就能在商場上持續獲勝。一旦你發現一個很熱門的產業，請先「拆解」領先者，然後逆推它們的成長模式。

圖11-12 Todoist 流量來源報告

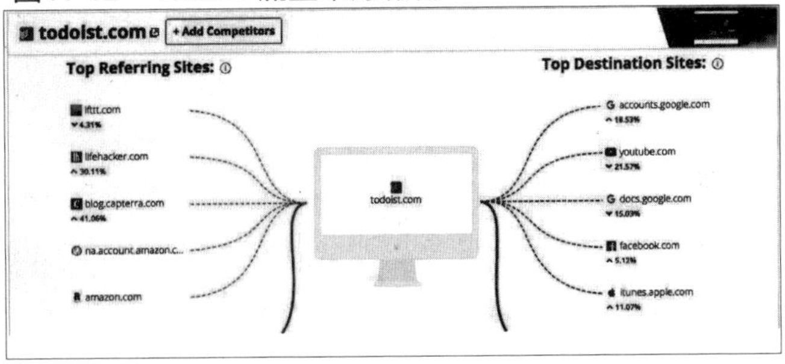

逆向工程：看穿競爭者系統的簡單方法

公司會利用各種方式驅動成長，下至免費內容行銷，上至每月斥資一百萬美元的行銷活動。為了要打敗競爭者，你必須了解他們的「糧食」從哪裡來，然後慢慢截斷他們的補給線。如果你找不到糧倉在哪裡，就不要出擊。我利用以下方法，摸透公司的成長原因，及其招攬顧客的方式。

SimilarWeb 這套工具，**會讓你知道一個網站從哪裡獲得最多流量**。假如我想跟 Todoist.com 競爭，我會前往 SimilarWeb，輸入「Todoist.com」，然後就會跑出這份報告（圖11-12）。

於是我立刻知道，Todoist.com 的流量主要來自於 LifeHacker.com 與 Ifttt.com。然後我就跑去跟這些部落格（或網站）的執行長（或作者）搏感情。如此一來，我就能說服這些人業配我的新工具，同時減少競爭者的流量，可謂一石二鳥。本章稍後我會告訴

圖11-13 Todoist 關鍵字報告

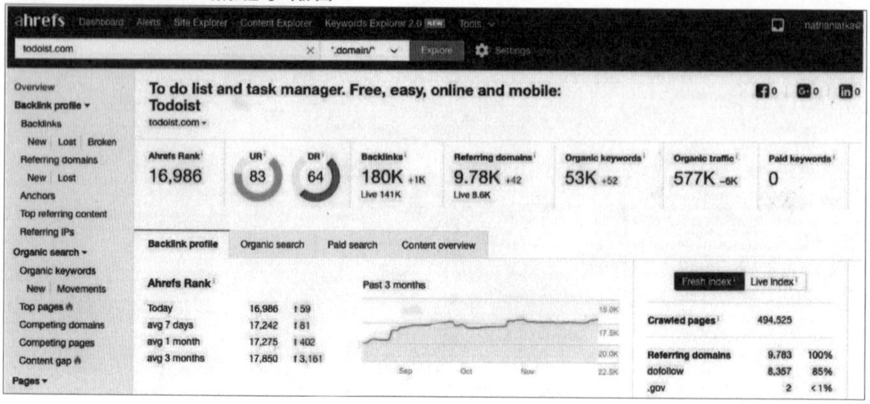

你，我如何在二十四小時內招攬到十四個新顧客，每個人付我三百六十美元。

Ahrefs 這套工具，**讓你知道該在** Google **輸入什麼關鍵字**，使你的競爭者跳出來。請前往 https://Ahrefs.com，輸入「Todoist.com」，就會跑出這份報告（圖11-13）。共有五萬三千個關鍵字，可以搜尋到 Todoist。你只要點選「自然搜尋關鍵字」（Organic Keywords），就能快速瀏覽一下有哪些字（下頁圖11-14）。

Todoist.com 藉由「待辦事項清單」（to do list）這個關鍵字，每月獲得四千六百次點閱。這樣一來，你就知道自己如果在「待辦事項清單」的關鍵字排名中勝過 Todoist，可以賺到多少利益，以及 Todoist 會損失多少利益。本書不是在談內容行銷或第九章提過的 SEO，但你可以利用這一招，在任何關鍵字排名打敗 Todoist。

若你想研究行動 App 的市場，那就使用 App Annie。比方說，我在分析文件簽署領域的時候，就想探究 HelloSign 在 App Store 名列前茅的原因。此時我會前往 App Annie 搜

圖11-14　Ahrefs 關鍵字搜尋

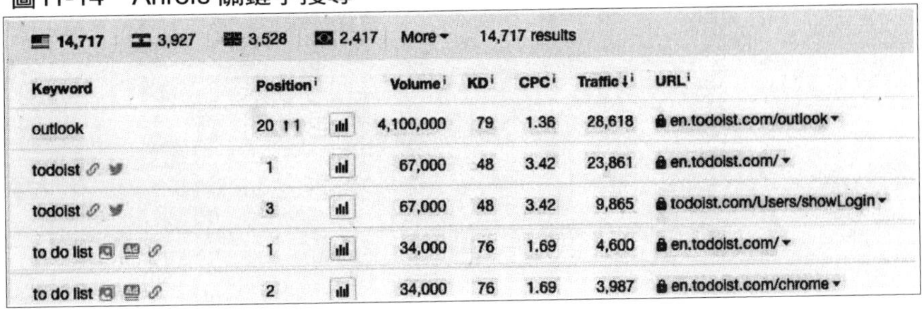

Keyword	Position		Volume	KD	CPC	Traffic	URL
outlook	20 ↑1		4,100,000	79	1.36	28,618	en.todoist.com/outlook
todoist	1		67,000	48	3.42	23,861	en.todoist.com/
todoist	3		67,000	48	3.42	9,865	todoist.com/Users/showLogin
to do list	1		34,000	76	1.69	4,600	en.todoist.com/
to do list	2		34,000	76	1.69	3,987	en.todoist.com/chrome

圖11-15　App Annie 搜尋頁面

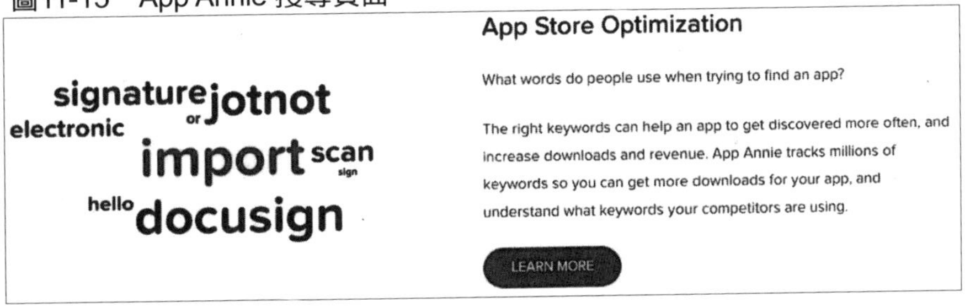

尋「HelloSign」，就會出現以下這朵文字雲，告訴我有哪些人在 App Store 搜尋到 HelloSign（圖 11-15）：

App Store 的關鍵字優化是一門藝術。沒人真的知道蘋果排名 App Store 的方式，但一定是以下這些因素的結合：App Store 的名稱、副標題、產品敘述、評價數。所以你的副標題與產品敘述，必須包含與 HelloSign 相同的關鍵字，才能夠吸引人潮。

本章最後我會告訴你，我如何利用上述策略，讓 Heyo.com 的累計營收達到五百萬美元，顧客達到一萬人，並且募得兩百五十萬美元。

但我們先談你該怎麼打造自己的產品。在本案例中我又是以科技領域為主，但其他許多產業也能遵循同樣的流程。

利用 Toptal 或 Upwork 來照抄別人的工具，然後自己改編一下

據我所知，精打細算的創辦人所遇到的頭號問題，就是招募不到開發人員，因為這些創辦人不想分一杯羹給別人。假如你想創辦科技公司，卻沒有技術知識，那一定會很艱困。

如果你既想保住大部分的股份，又想盡快找到開發人才，那就上 Toptal.com。另一個選擇是 Upwork.com，但它的開發人才比較少。請利用這些網站僱用論件計酬的接案人員，這樣你就能**得到計畫必備的專業技能，卻不必分享股份**。

請告訴接案人員你想抄襲哪個計畫（以哪個計畫為範本，說好聽點），讓他們有個概念。最近，我訪問吉姆・佛勒（Jim Fowler），他把資訊保護公司 Jigsaw 賣給 Salesforce，售價超過一億兩千萬美元。訪談當中，吉姆跟我分享他的新事業——企業資料分析公司 Owler.com。當時我正在找方法呈現自己蒐集到的商業資料，然後我很喜歡他的做法。所以我只要拿吉姆當範例，Toptal 的開發人員就知道我想要什麼；我就不必自己畫出那個青出於藍的版本——GetLatka.com。

在 GetLatka 的幫助下，創辦人以好價錢出售公司，投資人談成最棒的交易，大公司的事業開發團隊也找到了收購目標。這種事業布局跟 Owler 非常類似，但資料來源截然不同。

圖11-16　GetLatka 開發流程圖

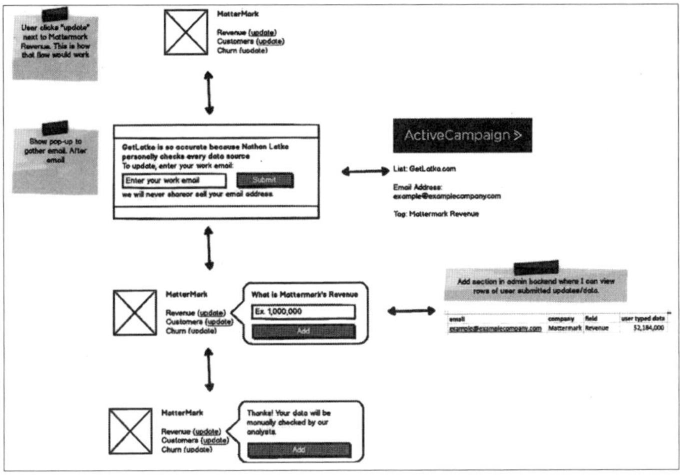

如何迅速成立一家「複製公司」？

以下就是我利用 Toptal 來創辦 GetLatka.com 的過程說明：

1. 張貼一項工作，讓 Toptal 的招募人員替我物色開發人才。我利用 Balsamiq.com 這個製圖軟體，畫出新工具用戶流的線框圖，讓開發人員知道一個計畫要花多少時間與金錢（圖11-16）。
2. 透過 Skype 面試開發人員，然後僱用或拒絕他。我面試了兩個人，後來僱用名叫史蒂芬（Steven）的烏克蘭人，因為他看過我寄給他的線框圖之後，提出非常精闢的問題。
3. 透過 Toptal 支付報酬給開發人員，然後使用 Bitbucket、Asana 或 Trello 等專案管理工具來管理工作。
4. Toptal 支付給開發人員的時薪是五十美元，然後每小時收我六十五美元（我等於跟它買時間），賺取其中的價差。自己找人外包需要花費大量時間，但 Toptal 幫我省下來了。

我之所以愛用 Toptal 這類網站來建構我的事業雛型，原因有兩個：

1. 我保有公司所有股份。
2. 我不必僱用員工，每月固定費用也就不會增加。而且我連健保、慶生跟公司派對（通常都是浪費時間）都省了。

最後，再提醒你一件事：建構雛型時請先編列預算，並嚴格執行。

至於該怎麼打造一個最簡可行產品（按：指具有部分功能，恰好可以讓設計者表達其核心設計概念的產品），有很多資源可以供你參考，我就不贅述了。在你招攬到第一個顧客之前，要強迫自己把開銷壓在五千美元以下，而且越少越好。

我把這個醜到爆的資料庫雛型，轉成 CSV 檔案賣出去，首次賺到五千美元（下頁圖11-17）。二〇一七年六月十二日，我的第一位顧客開始支付一千美元的月費，以存取資料庫中的公司數據與交易流程（下頁圖11-18）。

記得讓早期顧客加入產品討論，他們就會對你與產品投入情感。你希望他們因為搶先接觸到產品，而深感驕傲。假如你方法用對，他們還會跟朋友吹噓自己是怎麼「發現」你的。我在更新 GetLatka.com 的時候，總是會請教早期顧客的想法（下頁圖11-19）。

圖11-17　GetLatka 資料庫雛型

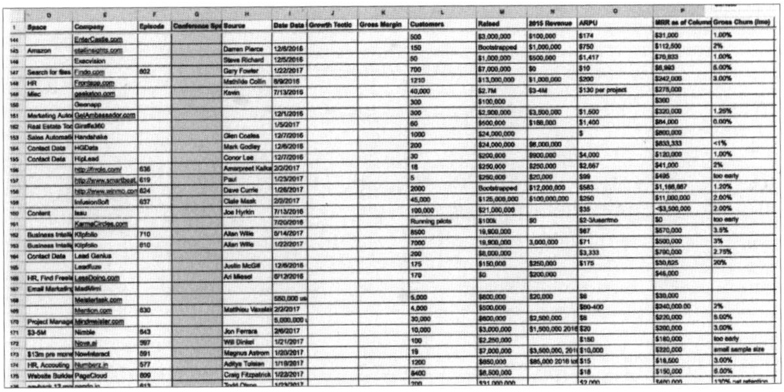

圖11-18　GetLatka 向首位顧客收費

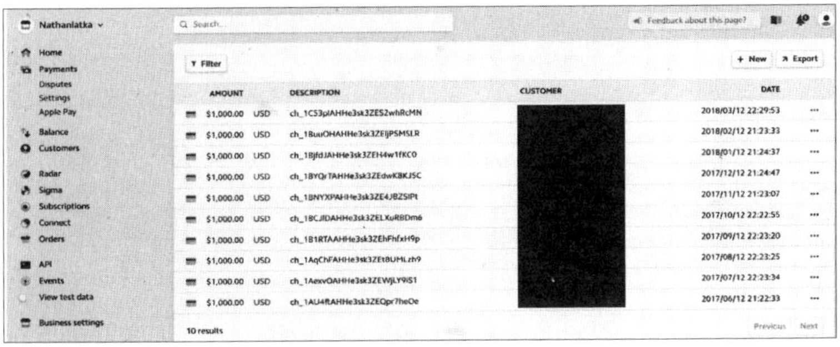

圖11-19　請教早期顧客對產品的意見

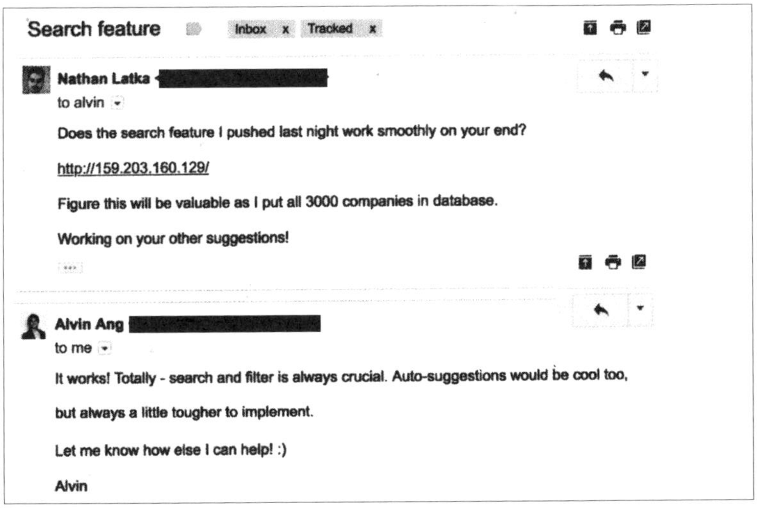

接著，簽下新顧客，而且一定要漲價。GetLatka.com 的第二位顧客，每月支付兩千美元（下頁圖11-20）。如今這種資料我都要收兩萬美元的月費。除非能夠使營收成長，否則我不會增加公司的成本。每一美元營收，我都付〇・一美元給開發人員來改善產品。我很早就能投資五萬美元使GetLatka.com 成長，卻不花自己半毛錢。

等你用 Toptal 打造出最簡可行產品之後，你就要開始想辦法攻擊競爭者了。

1. 如果他們有支援論壇，就去爬個文，看看他們的顧客最想要什麼功能，但還沒如願。我稱這種方法為「支援導向創業指南」，因為光是靠這裡找到的情資，你就可以創業了。比方說你想跟 Cratejoy 網路商城競爭，那你就前往它的意見回饋專頁（www.cratejoy.ideas.aha.io），看看顧客想要什麼東西，然後替他們發展解決方案。從下頁圖11-21可以得知，「讓現有顧客能夠替購物車追加商品」的提案，得到五十六票。假如你能夠打造一套類似的工具，再追加上述這個功能，你就可以蠶食競爭者的市場。
2. 前往比較網站或排名網站（例如 G2 Crowd），看看你的競爭者得到哪些負評。

上述的這些方法，都能幫你找到競爭者尚未提供的功能，而你就可以從這裡下手。但是要記住，最好的產品反而難以勝出，所以你需要配銷。

圖11-20　收費漲至 2,000 美元

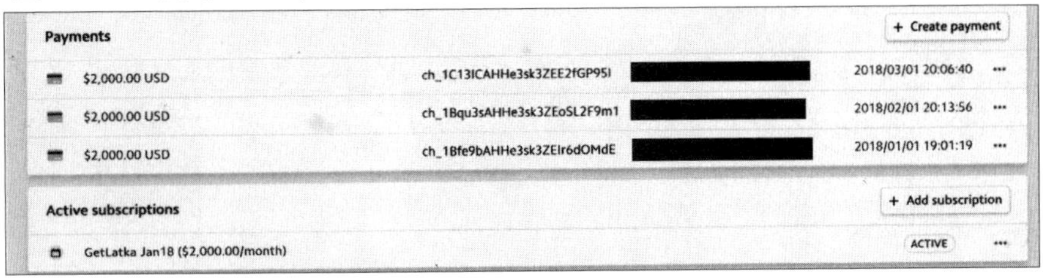

圖11-21　Cratejoy 顧客回饋專頁

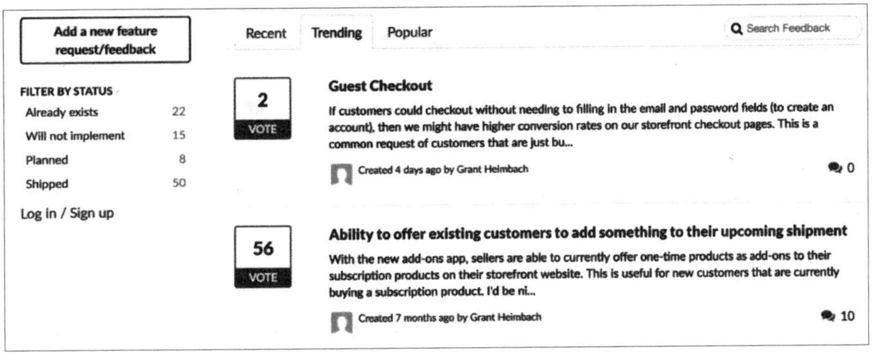

攻擊對手的配銷通路：我靠這樣爭取到部落格第一推薦

二〇一四年，Heyo 的競爭對手 ShortStack.com 得到非常多流量，讓我不得不研究一番。我用 Ahrefs.com 查了一下，發現 ShortStack.com 有許多入站流量來自於 B2B 服務公司 GuavaBox.com 的一篇部落格貼文，標題是「臉書競賽 App：你下一次舉辦競賽時必備的五個 App」。結果這名單裡居然沒包括我的公司 Heyo。

接下來，我跟 GuavaBox.com 的創辦人魚雁往返，最後我終於說服他，在這篇文章的開頭放上連結：「免費競賽平臺提供者——Heyo」。我第一次接洽 GuavaBox.com，是透過它的網站聯絡表格。

我說：

嗨，我看到你們寫了一篇關於臉書競賽的文章。我剛好打造了一套相關工具，然後想推出一種新設計，因此想請教你們兩個問題。你們可以打電話給我嗎？這樣我才能秀出私人的東西（往返細節如下頁圖11-22、11-23）。

等到我用Skype聯絡他們時，我問了他們一大堆問題，讓他們對我的產品投入情感：

1. 你們目前賣什麼產品給顧客？
2. 你們目前使用什麼工具？你們喜歡它哪些地方？不喜歡哪些地方？
3. 你們有用過我們（Heyo）的競爭者的產品嗎？

接著，我又提出以下問題，讓他們連結我們的產品：

1. 我們這套工具的XX功能，你們覺得如何？
2. 假如我們讓你們使用這套工具，你們會向自己的顧客推銷它嗎？

圖11-22　GuavaBox 說

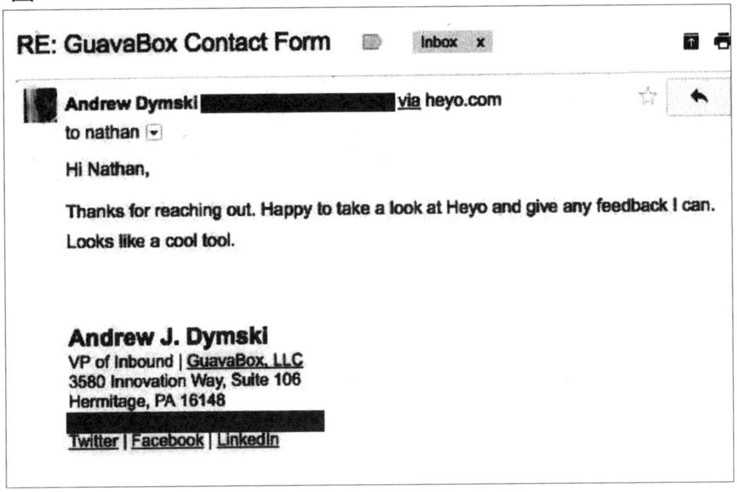

RE: GuavaBox Contact Form　Inbox x

Andrew Dymski [redacted] via heyo.com
to nathan

Hi Nathan,

Thanks for reaching out. Happy to take a look at Heyo and give any feedback I can. Looks like a cool tool.

Andrew J. Dymski
VP of Inbound | GuavaBox, LLC
3580 Innovation Way, Suite 106
Hermitage, PA 16148
[redacted]
Twitter | Facebook | LinkedIn

圖11-23　我說

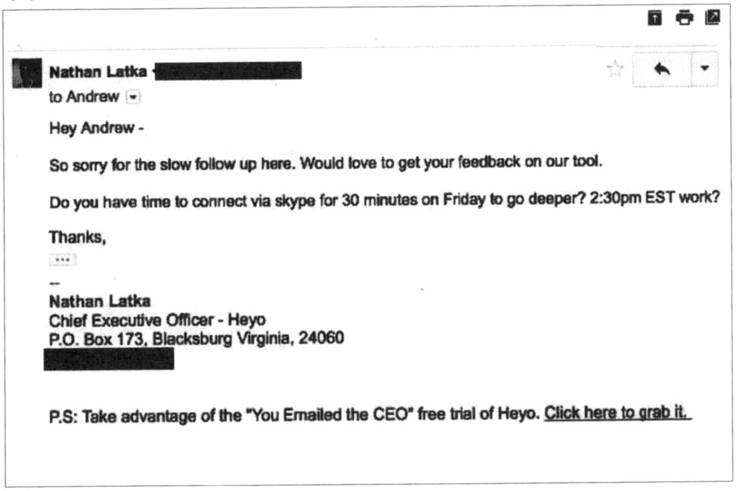

Nathan Latka [redacted]
to Andrew

Hey Andrew -

So sorry for the slow follow up here. Would love to get your feedback on our tool.

Do you have time to connect via skype for 30 minutes on Friday to go deeper? 2:30pm EST work?

Thanks,

--
Nathan Latka
Chief Executive Officer - Heyo
P.O. Box 173, Blacksburg Virginia, 24060
[redacted]

P.S: Take advantage of the "You Emailed the CEO" free trial of Heyo. Click here to grab it.

3. 假如你們使用我們的工具，能夠從顧客身上賺到更多錢嗎？

只要跟對方進行這類對話，他們就會覺得自己也是產品的主人，因為你邀請他們參與幕後的製作。

這通電話之後，我又寄了一封信給葛雷（Gray，創辦人之一）：

葛雷你好，

我們在電話中討論過，要將 Heyo 的介紹文字（如下）放在「促銷平臺提供者——Wildfire」這個段落上方，而你同意了。感謝你願意更新自己的文章，我很期待在未來能跟你多合作！

段落標題：免費競賽平臺提供者——Heyo

Heyo 是一個拖放式的臉書競賽平臺，許多企業都利用它來增加觸及率、取得電子信箱、得到「讚」，並將這些要素轉換為銷售額。

此外，Heyo 也會推薦競賽範本給用戶，這些範本適用於所有產業。比方說，加州斯闊谷（Squaw Valley）在臉書舉辦一場度假村競賽，十天內就取得了四千五百個電子信箱。

另一家公司：尼科萊特島飯店（Nicolette Island Inn）也利用 Heyo 的競賽平臺，請用戶輸入電子信箱，再點選「讚」、「分享」、「轉推」來增加獲勝機會。結果飯店的粉絲有二五%都提供了信箱。

圖11-24　請葛雷試用的競賽範本

Heyo 最令我們喜愛的面向，就是你每次舉辦競賽，它就會自動針對手機進行優化，甚至還會提供一個短網址，作為行銷用途。請點選這裡，開始免費試用（圖11-24）。

葛雷，你可以自行調整這段文字，因為你比我更熟悉你的讀者！

請注意，這段文字沒有包含結盟方案的連結。你可以前往 Lujure.Zferral.com（這是我們的結盟方案）取得連結，或是等待我們在四週內推出新的結盟方案（每次註冊收一百美元），屆時我們會更新連結。若有問題請不吝提出。

感謝！

幾天後，葛雷更新了那篇部落格貼文，把 Heyo 放在最上方（圖11-25）。

這篇文章上線後三十天內，就為我們帶來十四名新顧客，支付月費三十美元。我知道顧客忠誠度至少能維持一年（也就是每位顧客至少支付三百六十美元），所以我願意讓葛雷從每位顧客抽一百美元。因此，Heyo 至少賺了五千零四十美元（十四位顧客×至少三百六十美元），而葛雷則抽了一千四百美元（十四位顧客×一百美元）。

圖11-25　Heyo 出現在貼文最上方！

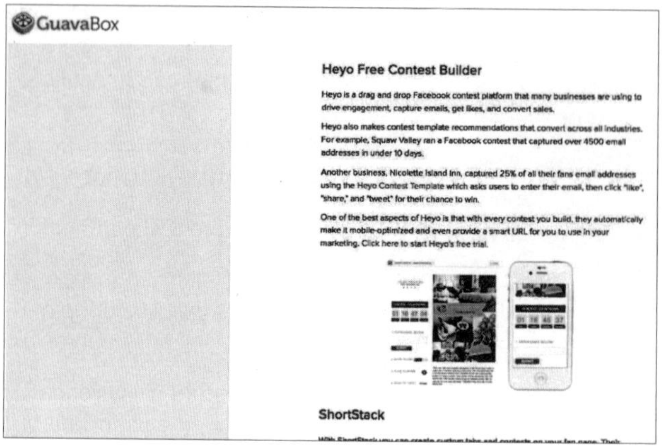

類似這樣的戰場有好幾千個，等著你去征服。附帶一提，假如你堅持要想出新點子，那麼這些現有的機會就幫不了你。我這招為什麼有效？因為 GuavaBox 貼了一篇現成的推薦文，所以我只要跟 GuavaBox 多爭取一下，就能擠進這篇推薦文裡了。

請主動接洽舊文章（內容跟你的競爭者有關）的作者，試著跟他們打好關係。**他們多半願意修改舊內容，來替你贏得新流量**。更棒的是，這流量是你從競爭者那裡偷來的！

這類投資會隨著時間而更具價值。一旦你將這些投資建構起來，它們就會一點一滴的回報你，例如每月增加五至十次觀看次數。這就像在堆疊紙張，一開始看起來沒什麼，但假如每天疊一張紙，然後持續三百六十五天，你的紙堆就很高了！只要一邊讓產品做同樣的事情（並且盡量提高一致性與存續期間），一邊「疊加」前述這些配銷技術，你就能夠在自己的領域內稱王。

除了付費使用配銷通路，直接把通路買下來也不錯（如果你可以的話）。假設你原本要付五千美元，請別人用電郵幫你業配，你可以嘗試買下他的公司，這樣信箱名單就是你的了——我對 The Top Inbox 就是這麼做。這一招可以用在任何地方——策展網站、評論網站、YouTube 頻道，或其他任何你能想到的配銷通路。

總結

1. 找到熱門產業：利用 Kickstarter 之類的群募網站，看看什麼商品募得最多資金；再利用 Siftery.com 這類網站，了解哪些事業最快招攬到最多顧客。
2. 搞懂領先者為何領先：利用 Ahrefs、SimilarWeb 等工具，觀察競爭者如何得到流量。
3. 打造你自己的版本：利用 Toptal 或 Upwork，照著競爭者的產品打造你自己的版本。一開始先照抄，再去讀他們論壇上的意見，然後針對這些意見稍微改良一下。
4. 攻擊對手的配銷通路：接洽曾經業配過你對手的部落客或網紅，然後參考我的說詞，說服他們替你宣傳。

第十二章
相乘你的事業

「聰明的人會觀察既有事物的模式，再利用這份實證發展新事物。」

——馬克・海登（Mark Haddon），小說家

大家經常以為我所有的錢都是靠媒體賺的——尤其是我的每日播客與臉書直播，因為它們坐擁上百萬粉絲。某方面來說這不算說錯，但只對了一半。大家並不曉得，我最大的收益流是來自幕後的計畫。

我的「隱性收入」多半是來自於相乘。我在第三十四頁就提過，相乘就是找出連結各計畫的模式，然後利用這些連結來賺更多錢。這就是讓一加一等於三的方法。比方說，在播客《頂尖創業家》接受訪談的執行長，也希望能透過 The Top Inbox 來宣傳自己的公司，於是我就設計出一套

贊助方案，讓他們在兩個通路都曝光；假如我之前沒有經營《頂尖創業家》與 The Top Inbox，就沒有這條新的收益流。

如果你的收益流沒有多到可以相乘的程度，也不必擔心，因為你可以輕輕鬆鬆就發現新點子。其中最直接的方法真的有夠簡單，我一天到晚都在用，而且從來沒失望過。

我問顧客一個問題，他們付我兩倍價錢

請利用以下說詞來問你的顧客。

有一個特別的方法可以讓你得到想要的資訊：在你的顧客結帳之後，問他們有沒有購買其他廠牌的類似產品。不管你的顧客有三個、一百個、一千個，都可以這樣問。只要寄一封電郵問他們：「除了我們家的工具，你還買了哪些工具輔助你做 XXX？」

XXX 就是你的專業領域，或你替顧客解決的問題。假如你賣的是稅務軟體，你就可以問顧客（無論他們有沒有付費），他們還使用了哪些工具來管理稅務與錢財。

我現在要講清楚，**這絕對不是在問顧客想要什麼**。顧客想要的東西很多，但他們不會真的去買。你要問他們**真的付錢買了什麼**，才能知道他們現在願意把錢花在哪裡。

這樣一來，你會得到很多答案。稍微整理一下每個人的答案，然後找出模式。他們是不是一再提到某個產品，或是某種需求？以此為依據，你就能夠這樣做：

▼ **把那間公司買下來**。假如我一直聽到顧客購買某公司的產品，我就會利用本書第九章的方法，嘗試買下那間公司。如果你的投資組合能夠再容納一間公司，那收購一定比自己創業還輕鬆。接著，你就可以把新公司的產品賣給現有顧客。

▼ **與那間公司合作**。假如你無法買下那間公司，那就加入它。既然你有這麼多顧客喜歡它的產品，那它的顧客也很可能來買你的產品。你跟它交叉銷售產品的話，是有可能雙贏的。

▼ **替你公司添加一個類似的產品**。你不需要成立新事業。只要把這個產品加進原本的產品陣容裡。假如購買稅務軟體的顧客，也願意購買發票或存貨追蹤工具，你就可以銷售類似的商品，並將它們與原本的產品綁在一起賣。

關於這個方法，實體產品中有個很知名的範例，那就是麥當勞。它很早就知道人們買漢堡一定想配薯條，於是就把這兩樣餐點組成套餐；所以現在的顧客多半都會買這種組合。此外，麥當勞也抄襲其他連鎖餐廳的人氣商品，藉此發現新的收益流。星巴克竄紅之後，麥當勞就開張McCafe，開始提供精緻的咖啡飲品。麥當勞發現沒人想吃它的萵苣沙拉，就去抄襲潘娜拉麵包店跟福來雞速食店（Chick-fil-A），讓沙拉的顏色更繽紛、營養更豐富，詳情可見：www.businessinsider.com/mcdonalds-is-changing-its-salad-2016-6。

本章大部分篇幅都聚焦於「如何替你的現有事業追加產品」。此外，我也會介紹最有效率的成長策略，用來啟動新的收益流；這樣你就可以開始相乘了——利用現有顧客增加深度，而不是利用新顧客增加廣度。

讓營收成長：如何賺到一百萬美元？

人們通常以為，讓事業成長的方式只有一種，就是擴大顧客群。但這完全是錯的。事實上，當我擬定營收成長策略的時候，最不考慮的方法就是招攬新顧客。透過現有顧客或追隨者來增加收入，真的有成效許多。

每當你思考該怎麼讓事業成長時，請記住這句箴言：**求深不求廣**。

其中一種方式，是推出一種新產品，讓你的顧客想買。就算他們已經擁有這個產品而不想再買，但新顧客應該會跟你多買一點，因為你推出的所有產品，對他們來說都很有吸引力。沒錯，新顧客在這裡扮演了重要的角色，但你的重點是求深不求廣，讓所有顧客都付你更多錢。

想一想，你該怎麼讓現有顧客，為了更高的價值付更多錢（表12-1）？而且你還要維持平衡，不能讓其中一位顧客

表12-1

顧客人數	顧客月費	年度營收
5	$16,600	$100萬
100	$833	$100萬
5,000	$16	$100萬
100,000	$0.8	$100萬

稍停一下，並考慮這個問題：假如你只有 5 個顧客，你會使用哪一種事業模式？那假如你有 10 萬個顧客呢？（單位：美元。）

占你營收的一〇%，因為風險太大。但假如你能讓一小群人，付更多錢買他們想要的東西，那你就有很大的獲利潛力。

你可以先假設自己有多少顧客，再用以下問題考考自己：

▼如果我只能有五十個顧客，我該怎麼打造市值數百萬美元的公司？
▼我該賣給他們什麼產品？
▼我該怎麼跟他們收費？
▼我該怎麼隨著時間漲價？
▼他們樂意付更多錢買什麼東西？

我知道 GetLatka.com 永遠不可能坐擁一百萬名顧客，然後月費收三十美元。對B2B軟體資料有興趣的人真的不多；但這個網站提供了許多價值，給那一小群搞創投的人。所以我決定先吸引顧客，然後限定會員人數，藉此把顧客留住。只要維持這樣一個小圈圈，我就能讓每位顧客都賓至如歸，而且門外大排長龍。

如今我將顧客群的上限訂為五十人。每過幾個月我就會寄電郵給他們，讓他們知道我要調漲月費了。漲價會讓我流失三分之一的顧客，空出名額給門外排隊的人。接著我會寄信給排隊的人說：「嗨，我們有三個名額，月費是XX美元（新定價）。」結果立刻就額滿了。

我的粉絲都知道我一次只收五十名顧客，所以他們會急著來排隊，希望一有名額空出來就能

圖12-1　Heyo「同好流失分析」

	Totals	% of Cohort Churned
Feb-14	443	84.7%
Mar-14	401	82.7%
Apr-14	418	78.6%
May-14	304	79.2%
Jun-14	438	81.6%
Jul-14	396	77.5%

擠進去。就這樣，我藉由每次漲價，對每位顧客收更多錢，這就是求深不求廣。

電郵服務公司 Infusionsoft 的執行長克萊特・麥斯克（Clate Mask），也是利用求深不求廣的方式讓營收成長。他在二〇一四年的時候，顧客每月流失八%。這表示註冊軟體的一百位顧客當中，有八位會在下個月說再見。這種流失率對於軟體事業而言，是很嚴重的事。

於是克萊特做了一件違反直覺的事：他開始向顧客收更多錢，讓顧客流失更多。你一定覺得：「這哪招啊？」這個麼……他發現流失率這麼高，是因為顧客為了免費試用而註冊了軟體，但沒有立刻就開始用。所以試用期一過，他們就跑了。

克萊特在銷售流程之初，就先收取兩千五百美元的服務費，讓他的顧客更加慎重以對。他吸引到更多認真的顧客，並排除掉永遠不肯付錢的人。這樣一來，他就能替每位顧客安排一位專員，協助他們快速成功。後來流失率從八％降到二％。註冊的顧客雖然減少，但費用更高，而且這些顧客比較願意長期付費。

如果你還不夠了解顧客，那就先多招攬一些顧客，然後研究他們幾個月來的行為：誰已經再度下訂了？誰付了最多錢？一旦你開始察覺到趨勢，你就能夠微調你的方法，更直接的服務那些出手闊綽的顧客。

上頁圖 12-1 秀出有多少顧客取消 Heyo（我的第一家公司）的會員，並且以他們註冊的月分來區分。我們稱這張圖為「同好流失分析」（cohort churn analysis）。二〇一四年二月註冊的四百四十三名顧客中，有八四・七％在二〇一四年六月流失；假如我想找到新的定價方式，我就會去接觸那剩下的一五・三％，試著了解他們為何這麼死忠。

接著，我會根據這些死忠顧客持續掏錢的理由，漲價或推銷其他產品給他們。例如我發現 Heyo 最死忠的顧客，就是透過 Heyo 代辦的臉書競賽，獲得最多銷售線索的公司。於是我就根據顧客獲得的線索數量來定價，營收立刻大幅成長。

每個人都可以對自己的事業這樣做。先觀察哪些顧客最死忠，再弄清楚他們死忠的原因，並根據這份資料來實施差別定價。但你不要光憑直覺就做決定——這有時候會賭對，但通常都賭錯。你的直覺需要資料佐證。

這裡你要特別小心一點：不要為了推銷而推銷，因為顧客對這種事的容忍度很低。你要等到顧客的使用次數符合你的事業模式，再跟他們推銷會比較好；因為等到你要漲價的時候，他們已經離不開你了。Heyo 與 The Top Inbox 都是這樣做——顧客使用五十次之後，就會撞到月費五美元的付費牆。這些顧客都是習慣性用戶，所以被擋下來之後，一定會不假思索就掏錢了。

如果是推銷實體產品，你可以想想超市怎麼利用結帳通道，以及亞馬遜怎麼利用「買這個的人也會買那個」的心態。比方說，大學城內的店家會在啤酒貨架上陳列乒乓球，這可不是要煩你；店家知道大學生如果買啤酒（九・九九美元），多半也會連乒乓球（三・九九美元）一起買，因為他們想玩「投杯球」（Beer Pong）。就這樣，大學生的平均結帳金額從九・九九美元增加為十三・九八美元。

真正煩你的是威訊（按：Verizon，美國行動網路營運商）門市裡的銷售員，他們只想推銷一堆你不需要的東西給你，例如充電線、充電器或是「新的資費方案，月費只要一美元」。所以你要確定自己推銷的東西，是顧客真正想要的。

三個相乘策略，讓你錢包滿出來

等到你一次經營好幾個計畫或產品之後，你就可以準備相乘了。綜觀我所有商業交易，我發現了三個相乘策略，只要能夠同時運用，就會得到最高的報酬。

相乘策略 1：延長顧客受你控制的時間，增加「錢包占有率」

「錢包占有率」（wallet share）其實就是顧客花多少錢買你的產品。如果購物車平均值（平均每臺購物車結帳多少錢）開始增加，就表示錢包占有率正在成長。

你必須讓顧客多花點時間在你的店面購物，這樣你才能多陳列一些商品給他們看。身為顧客，我們總是被這種策略打敗──尤其是因為我們覺得，在同一個地方購物，應該可以得到更好的折扣。

因此，好市多（Costco）要求會員一定要到它的店面購物；亞馬遜也提供了Amazon Prime影音訂閱服務。它們都知道，只要你付了會費，就一定會多跟它們買東西。為什麼我們搭豪華郵輪一定會喝醉？因為你花了這麼多錢，當然想喝到夠本；於是你從早上八點開始喝個一整天，就這樣天天喝到掛。

沃爾瑪本身有價值，加油站也是；但它們結合在一起的價值更高，因為我們會花更多時間「被它們控制」。當我們一把車開進沃爾瑪的加油站，它就開始用衛生紙、冷凍披薩、能量飲料、洗車服務來掏空我們的錢包。

你不是好市多、亞馬遜或沃爾瑪（差遠了），但任何人都能增加自己的錢包占有率，無論其事業大小。關鍵其實很簡單：你的顧客購買的其他產品，哪些跟你現在賣的產品最接近？

假設你在賣iPhone手機殼，不但努力爬到亞馬遜前幾名，還爭取到一家店面幫你配銷。無論你原有的商品有多少種，你為了得到配銷而付出的努力，都等於在幫其他產品鋪路。所以假如你只賣手機殼，那就太浪費了。

若想知道你接下來要賣什麼，你必須知道顧客還買了哪些手機周邊，以及他們花了多少錢。如果他們每月花一百美元，你就要從這一百美元中，盡量多賺一些走。所以，他們還會買什麼東西？你該怎麼賣這些東西給他們？若要找到答案，最有效的方法就是直接問他們。若不方便，那就前往你在亞馬遜的商品頁面（類似商品亦可），看看底下那段「買了這項商品的人，還買了哪些商品？」；如果你是賣軟體，那就到 Siftery.com 或 BuiltWith.com 查詢。

假如你發現顧客買手機殼時，會順便買 USB 充電器，那你是要跟充電器廠商合作，還是自己開發充電器品牌，然後授權給生產商生產？只要你知道顧客買了什麼產品，就可以利用任何方式，來嘗試打進這塊市場。

有一家公司對於提升錢包占有率頗有心得，那就是 BestSelf.co。它的老闆凱瑟琳（Cathryn）與艾倫（Allen）都是很傑出的創業家。他們推出 SELF 日誌，售價為三十一．九九美元。自從二〇一五年創辦之後，他們已經售出二十萬本。他們的日誌有個天才之處，就是它的份量只有十三週，但你可以選擇開始使用的時間點。所以假如你寫上癮的話，等到十三週一過，你一定會再買十三週，根本不在乎費用。BestSelf.co 甚至還推出訂閱方案來鼓勵讀者：每過十三週你會自動收到一本新的日誌，費用打九折。

最近他們開始販賣周邊商品，例如 SELF Shield——這是 SELF 日誌的封面，但售價居然是日誌本身的兩倍。

除此之外，他們也賣T恤（售價二十四美元）；「今日我最帥」帽T（售價五十五美元）；

SmartMarks（書籤結合筆記本，售價十五美元）；Sidekick（SELF 日誌的袖珍版，售價十三美元）；掛在牆上的行事曆（售價九美元）……以上列出來的商品還不到全部的一半。如今他們的平均訂單價值為五十四美元，幾乎是兩年前（二十八美元）的兩倍——當時他們還沒有追加產品。他們追求的錢包占有率，就是人們花在生產力工具上的錢；而且他們確實做得不錯。

至於軟體方面，ClickFunnels 的創辦人羅素・布朗森（Russell Brunson）利用一招來維持顧客忠誠度：讓工具產品盡可能簡單易用，這樣創業家就能夠輕鬆在線上行銷、銷售、遞送產品與服務。羅素研究顧客資料，得知他只要做幾件事（例如替顧客設立自訂網域），就能讓顧客流失率降低四％至一〇％，於是他就照做。他設立自訂網域並負擔所有費用，當作顧客的新手教學；後來他又發現顧客將 SMTP（按：Simple Mail Transfer Protocol，簡單郵件傳輸協定）整合完畢之後，就會更離不開 ClickFunnels。所以當顧客一上門，ClickFunnels 的工具就會幫助他們執行每一個事業步驟（從架設網站到顧客服務），這樣他們就永遠不必使用其他服務。當他們事業成長越多，就會更常使用 ClickFunnels 來維持營運。所以 ClickFunnels 的事業模式，就是以錢包占有率為中心。我曾經在播客訪問過 ClickFunnels 的營運長，他透露這家公司的顧客超過六萬五千人，年度經常性收益超過六千萬美元，而且沒有向外界募資。

相乘策略 2：等你提升對顧客的錢包占有率之後，再來替自己殺價

這一招適用於任何助你營運事業的事物，例如物料或軟體。能多省一塊錢就能多存一塊錢。

你覺得這樣很小氣嗎？請記住，有錢人之所以有錢，不只是因為他們賺了很多錢，也是因為他們存了很多錢。壓低費用跟增加收入是一樣重要的。**所以每三個月左右就看看你的開銷，找出十筆最高的費用**，然後寄信給這些公司：

「我付不起這個產品，只好去找更便宜的。你能幫我取消帳號嗎？」

這句話你要一字不漏的寫出來，這樣對方就會覺得你是真的想走。幾乎每家公司（尤其是軟體業與服務業）都有一個流程：如果你要求取消帳號，業務員或團隊成員就會使盡渾身解數，說服你不要走。但你一定要讓他們相信你是來真的。

我每年都會寄幾封信給月費超過一百美元的軟體公司，內容就只有這樣：「我必須取消帳號，因為這套軟體不如我的預期。」

最近我就寄了這封信給 ActiveCampaign（我利用這家公司來舉辦特定的電郵行銷活動，其他事務則全部交給同性質的公司 Aweber）：「嗨，如果你們有觀察我的帳號，會發現我的使用率沒有以前高。我應該要取消兩百七十五美元的月費，你們能幫我取消嗎？」

ActiveCampaign 的客服經理克莉絲汀（Christine）回了我的信，還把月費從兩百七十五美元降到一百八十二美元；我只是開口要求，就省下將近一半的費用。只要你威脅要取消服務，保證會得到這樣的回覆。這是最快的省錢方法。

這一招對亞馬遜或臉書這類大公司沒用，所以你不能靠這招幫自己的 iPhone 殺價。但你應該有很多費用是付給小公司的，這就是你握有力量與籌碼的地方。他們不想失去你，因為這樣就代表顧客流失率提高。

除非你是大批採購，否則這招也很難用在實體商品上；不過它絕對是可行的。假如你經營一輛食品卡車，每個月可賣出五千份餐點，那麼你對食材供應商就有議價能力。因此只要增加訂單，你就能減少食材或容器的單位成本。

每個產業的每個層級都是如此。沃爾瑪可以用較低的價格購入石油，因為它跟石油供應商保證銷量一定夠大。而你也可以藉助這種優勢。例如我用來營運 The Top Inbox 的軟體，都是免費取得，或以極優惠的折扣購入；而我提出的交換條件，就是在自己的播客中業配這些軟體。稍早提到的 BestSelf.co 也一樣，日誌的銷量越多，它採購紙張時的價格就會越便宜。

相乘策略 3：讓你的各大收益流相輔相成

你小時候上數字課就已經學過，小蝦米乘起來依舊只是小蝦米：1x1x1=1。但只要提升一個等級，你就能看見成長：2x2x2=8。你相乘的事物越多，每件事物的力量就會越強，然後你就能得到越多成果。這是自然與數學的基本法則。

當你設法讓事業成長的時候，請務必應用上述思維。找出幾條最大的收益流，或是最具潛力的計畫或技能，然後試著讓它們相輔相成。

我就是用這個方法創辦了 GetLatka.com。當時我的播客是我最大的資產，就算它十分好了。我想知道有什麼事業能夠跟它相乘，以達到更大的成果，後來我想了一下：自己很擅長的事情當中，有沒有能化為龐大資產的？嗯……Heyo 是一家軟體公司，這表示我很會打造軟體。於是我又

圖12-2　播客來賓提供給我的企業資料

Dec 16 MRR	Dec 17 MRR	Growth Rate	Space	Podcast Episode (	Company Na	CEO Name	Custome	Raised	ARPU	Gross Churn	CAC	Location	LTV Months	LTV Dollars
$4,500	$55,000	1122%		578	Ripple Recruit	Andrew Myers	view on v	$700,000	$300	0%		NYC		
$35,000	$350,000	900%		1051	marketmuse		view on v	$4m	$5,000	0.01	9000	Boston, NYC,	84	
$65,000	$600,000	823%		984	hyprbrands.c	Gil Eyal	view on v	$8,000,000	$3,333		$20,000	Israel, NYC	6-7years	$200k
$10,000	$68,000	580%		970	tagove.com	Laduram Vish	view on v	$750,000	$65,000	$70	SF, London, I	16	$700	1500
$10,000	$67,000	570%		1041	idealspot		view on v	$2,500,000	$670	0.2	15000	Austin	5	
$20,000	$120,000	500%		829	demandjump	Christopher D	view on v	$4,000,000	$82,500	$10,000		36	$135,000	5000
$67,000	$386,000	476%	$8m cap on cc	799	leadcrunch.c	Olin Hyde	view on v	$2,000,000			$14,000	Chicago, San Diego, SF		
$100,000	$550,000	450%	65% saas, 35%	766	mobilewalla.	Anindya Datta	view on website		$172,000	Don't spend o	NYC			Don't spend
$22,000	$100,000	355%		695	Detectify	Rickard Carlss	view on v	$2,500,000	$80	2%	no paid	Sweden		
$10,000	$45,000	350%		998	publicfast.co	Vitalii Maiets	view on v	$400,000	$333	20%		Ukraine		
$17,000	$70,000	312%	Sales Automa	363	Prospect.io	Vincenzo Rug	view on v	$60,000	$45	6%	$50	Belgium	16.66666667	$750
$10,000	$40,000	300%		748	komiko.com/	Hal Howard	view on v	$2,000,000	$30	<1%	too early	Seattle	too early	too early
$50,000	$191,815	284%		368	TravelFlan.cc	Kenneth Lee	view on v	$125,000	$10	too early	$20	Asia	too early	too early
$70,000	$268,000	283%	Data and Lead	523	Xiq.ai	Usman Sheikh	view on v	$1,125,000	$7,000	0%	too early	Los Altos, CA	too early	too early
$9,167	$35,000	282%		403	PromoRepubli	Maksym	view on v	$850k	$10/mo	8%	$100		12.5	$125
$50,000	$190,000	280%		735	Wurk	Keegan Peter	view on v	$3,000,000	$20			Denver, Colorado		
$500,000	$1,833,333	267%		1059	jelli		view on v	$46,000,000		<5% annually	100000	San Mateo, NYC, Boise Idaho		
$416,800	$1,520,000	265%		911	Instapage.co	Tyson Quick	view on v	Dec 2016 $5m	6%	SF		$1,200	166666.67	4 months
$75,000	$270,000	260%		1038	prezly		view on v	bootstrapped	$900	0.012	7000	Remote	100	$40,000
$109,000	$375,000	244%		851	exponea.com	Peter Irikovsky	view on v	$3,000,000	$269,167	$38,000	Slovakia dev.	300	11 months	108
$104,000	$350,000	237%	Marketing Aut	335	SocialProof	Nathan Laben	view on v	$4,000,000	$50	5%	$100	Detroit	20	$1,000

想，我怎麼把十分的媒體資產——播客，乘上十分的軟體資產，然後得到一百分的成果？

接著我想起播客聽眾提出的問題：他們很重視我七百多集節目中的內容，卻沒時間從每一集當中篩選他們想要的資訊。所以我決定花五萬美元（但這些都不是我自掏腰包，詳見第十一章）打造 GetLatka.com，這樣聽眾就能**輕鬆篩選我的節目**，知道該聽哪一集。此外，他們也可以看到私人軟體公司的營收、顧客人數、估價等資料。

零成本銷售：一張試算表，讓我每月兩千美元進口袋

一開始我只是預售一張簡陋的 Google 試算表。我從播客來賓口中問出資料，再用這些資料填滿試算表。然後我跟播客聽眾說，他們可以購買一個自行下載的版本（圖12-2）。

在這張試算表之後又走了很長一段路，才演變成今天的 GetLatka.com。我將最大的資產（我的播客）乘上自己的高潛能（打造軟體），打造出一套替我印鈔票的軟體，客戶利用它來篩

選我的播客資料。現在我正逐漸調漲價格，而以下是一個範例，有一位早期顧客付我兩萬四千美元（每月兩千美元）購買這份資料；請見下方預售費用（Retainer Fee）的部分（下頁圖12-3）：

你的目標是要讓三種相乘策略同時運作：擴大錢包占有率、替你常用的東西殺價、讓各大收益流相輔相成。如果你只運作其中一種策略，那就跟吃三明治沒夾料一樣（你大半輩子都這麼做），超難吃。只要讓三個策略同時運作，你每個月都能吃到有肉、有菜、有番茄的奢華三明治，這樣美味多了。歡迎加入新富人的行列！

圖12-3　某顧客向我購買企業資料的協議

RETAINER AGREEMENT

This Retainer Agreement (this "**Agreement**") is entered into effective as of January 1, 2018 (the "**Effective Date**") by and between [redacted] Inc., a Delaware corporation ([redacted]), and The Latka Agency, LLC, a Texas corporation (the "**Latka Agency**").

RECITALS

[redacted] is engaged in providing revenue-based financing loans ("**Revenue-Based Loans**") to qualified commercial businesses ("**Qualified Businesses**") on terms and in amounts that have been previously outlined to the Latka Agency.

B. [redacted] desires to engage and authorize the Latka Agency to introduce certain Qualified Businesses to [redacted] subject to certain terms and conditions, in return for certain fees to be paid to Latka Agency hereunder.

AGREEMENT

NOW, THEREFORE, in consideration of the foregoing and for other good and valuable consideration, the receipt and sufficiency of which are hereby acknowledged, the parties agree as follows.

1. **Role of Latka Agency; Not an Agent of** [redacted] retains Latka Agency to act as its non-exclusive intermediary to locate Qualified Businesses (each, a "**Prospect**") that may desire to have [redacted] provide Revenue-Based Loans [redacted] shall be under no obligation to consummate any Revenue-Based Loan with any Prospect. LATKA AGENCY IS NOT AUTHORIZED TO ACT AS AGENT FOR [redacted] OR TO OFFER TO FINANCE OR MAKE A LOAN TO ANY PROSPECT OR TO BIND [redacted] IN ANY WAY WITH RESPECT TO THE MAKING OF ANY REVENUE-BASED LOAN. LATKA AGENCY IS AND SHALL BE AN INDEPENDENT CONTRACTOR AND NOT AN EMPLOYEE, PARTNER, AGENT, REPRESENTATIVE OR JOINT VENTURER OF OR IN [redacted]

2. **Information**. Latka Agency may make certain information available to Prospects regarding [redacted] and/or to [redacted] regarding Prospects, their qualifications and or conditions for financing in such Prospect, however the evaluation of such information is the responsibility of parties to the Revenue-Based Loan, and any information provided to either party may be accepted or rejected by the parties.

3. **Retainer Fee:** [redacted] will pay The Latka Agency, LLC a monthly fee of $2,000 in exchange for curated introductions to Prospects. Payments will be made monthly via credit card on the 1st of each month. Any Retainer Fee payable to Latka Agency hereunder shall be solely the obligation of [redacted] Notwithstanding any provision to the contrary in this Section 2 or elsewhere in this Agreement, [redacted] shall not be required to pay any Fee

第十三章
賣掉你的事業

「我賺錢的訣竅就是賣得夠快。」

——伯納德・巴魯克（Bernard Baruch），美國財經專家，
曾擔任威爾遜總統與小羅斯福總統的經濟顧問

出售事業就跟收購或創立事業一樣，都是讓財富成長的策略。出售事業的決策關鍵，全都跟時間有關——花在經營事業的時間、事業成長所需的時間，以及市場時機。

如果你發現某個事業把你的行程都塞滿了，那你就該把它賣掉。記住，成為新富人的關鍵就是被動收入。假如你把所有時間拿來經營一家公司，你就無法產生其他收益流。關於這一點，很多人都在欺騙自己：計畫明明吃掉一大堆時間，他們卻認為這樣算「被動」。假如一家公司真的

是被動，而且替你賺錢，那就留著；假如它耗費你的時間，而且沒有未來，那就賣掉。

此外你也要觀察一下成長狀況。如果公司沒有成長甚或衰退，那也要賣掉。你可能很想推動它成長，但這很花時間。或者，你必須僱用一支團隊，並用股份激勵他們，才能使公司成長；這樣做沒什麼不好，只是其中大有學問，難度很高。

還有一點同樣重要：市場時機。如果你發現市場高估了你所在的領域，那你就可以趁這股熱潮出售事業，大賺一筆現金。

我用一句話誘使對方提出收購案，而且聽起來很急

有一句俗話說：「你不是要賣給別人，而是要被別人買走。」其實這句話真的很「俗」。請拋棄「買家求你賣給他，你才能賣到好價錢」的過時思維，你只要讓對方知道你想賣（而且理由要夠合理），就能讓對話繼續下去；就算你只是好奇，想試探成功出售的機率，也要給對方這種印象。請寄信給你的競爭者：「我真的必須賣掉這個事業，才有餘力處理自己的私事。你想跟我聊聊嗎？」

就這樣。這句話聽起來很急，但重點就在這裡。你散發出的急切氣氛，能夠吸引到潛在買家跟你對話，但其他方法就辦不到。對方會認為，這是輕易吃下競爭者的好機會，絕對不容錯過；於是他們就會努力說服共同創辦人、隊友與董事會，希望能夠提出收購案——這就是你的目的。

假如對方向自家人推銷你的公司，那麼他們當然希望能夠談成這筆交易，否則會臉上無光；而你可以好好利用這個心態。每個人都希望能夠談到好生意，然後跟他們的團隊吹噓。假如你一開始就給潛在買家折扣，他們就會非常開心，然後到處宣傳。

等到他們上鉤之後，你就跟他們說，有其他人也想買你的公司。這樣你就創造出競爭局勢，對方會因此出更高的價格，而這才是你真正可以接受的價碼。

發布意向書之後，潛在買家的情緒會開始沸騰。到了這個地步，就表示他們已經說服自家人提出收購案了。他們已經花時間在策略性的思考這次收購，也訂出價格與成交日。他們已經在想像自己買下你的公司之後，這間公司會變成什麼樣子。

如果兩家公司情投意合，就會出現上述這種「前戲」。當我想收購公司的時候，一旦對某公司發布意向書，我一定會更投入這次交易。我會更進一步了解對方公司的執行長、財務狀況與系統。我當然還是可以放棄，但都走到這個地步了，放棄實在太傷。因此，你就是要讓買家陷入這種狀態。

等到你收到幾份意向書之後，就有力量與籌碼能夠挑起「競買大戰」。但你要怎麼確定，他們的出價會超過你原本提出的折扣價？答案是讓他們持續投入情感。我在收到初次收購提案的時候，通常會給予以下回應，挑起對方的情緒：

「我有兩個責任：第一是對投資人的信託責任，第二是確保我的顧客開心。我覺得你會讓我的顧客很開心，但就財務上來說，你的出價要提高，這樣我才能達成對投資人的信託責任。」（假如你沒有投資人，就改成「顧問」。）

只要以投資人為後盾來提高價格，這場談判就能夠維持客觀。畢竟財務狀況就攤在眼前，表示你不是漫天要價。而且提到顧客的快樂，也會讓買家思考個人的健康與文化——這種無形的事物會比金錢更有分量，這就像你買房子，假如看到一棟房子正合你意，你的出價難道不會超出預算嗎？頃刻間，你就把額外開銷給合理化了。這完全是人類的自然反應，而且在商業上也適用。

圖13-1　我與 Heyo 的潛在買家協商範例

Nathan Latka [redacted]
to Don

this is how phone conversation went:
Me: You are at bottom of the pole in terms of deal value.

Them: how much?

Well, I have two responsibilities: Financial and Customer. You are at the top in terms of where I think our customers will be happiest but you're going to have to increase the deal value by a pretty massive amount.

Them: how much?

Me: You offered $200k, what is your best offer?

Them: ???

Me: I'm willing to give you a discount below the current best offer we have because you're a good fit for our customers but you're going to have to double or triple your deal size in order to get Heyo.com and it's assets.

Jim: Let me talk to Mike.

They then countered with an LOI with $200k cash and 100k earnout (with terms that make it almost impossible that we'll ever see it). Their offer is still too low. It needs to be more like $375k cash, 100k earnout. (still a financial discount - but they are best customer fit)

thoughts?

二〇一五年，我與一位 Heyo 的潛在買家協商，就利用了這個技巧（圖 13-1）。

結果，對方的出價提高了兩倍。

把黃瓜賣給萵苣

如果你從來沒賣過公司，可能不知道要寄信給誰。你首先考慮的對象應該是競爭者，因為他們多半樂於併吞你的公司，再把你踢到一旁。假如你在家裡附近開店賣布朗尼，那就去跟附近的麵包店談談，說不定它想擴大這個地區的事業版圖。

另一個簡單的方法就是利用社群媒體。你會找到一些意料之外的潛在買家，而且這樣也比較容易口耳相傳。你可以用這封「制式信函」試探大家：「嗨，大家好。我真的必須賣掉這個事業，才有餘力處理自己的私事。如果你們或你們認識的人想跟我聊聊，請告知我一聲。」

如果你要賣的是小事業，每月賺不到一萬美元，那麼這一招就挺有效的。否則的話，你可以考慮跟自己業務相近的公司。如果你是一家軟體公司，協助小事業開發票，那就去接洽那些處理薪資單的公司，或是 Vistaprint 這種幫小事業製作行銷素材與名片的公司。

你可以把市場想成一個漢堡。你周圍有許多各自不同卻彼此互補的事業，就像麵包、番茄、洋蔥、黃瓜、番茄醬、起司與肉片。假如你是起司，找不到直接競爭者（另一片起司）收購你，那就去找跟你互補的公司，例如萵苣和麵包。環顧四周，看看你的顧客還買了什麼東西。假如他們跟你買足球，表示他們可能也會買充氣幫浦。或許你可以把自己的足球製造公司，賣給充氣幫浦公司。

此外，產品的配銷通路也是你的潛在買家。二〇〇六年，麥特・李賽爾（Matt Rissell）推出薪資單軟體 TSheets，但公司成立初期幾年間難以轉虧為盈。直到他們透過直覺公司（Intuit）的 App 中心來銷售軟體，才開始大幅成長，最後還爬到榜首的位置。到了二〇一七年，直覺公司用三億四千萬美元收購了 TSheets。

Square 與 Weebly 這兩家公司也是類似的情況。多年來，電子支付系統 Square 交叉銷售了許多

Weebly 的網頁建構軟體。後來到了二〇一八年，Square 用三億六千五百萬美元收購了 Weebly。

觀察一下誰幫你賣掉許多產品。如果你給某公司抽成，讓它大量販售你的產品，那你或許可以把整間公司賣給它。

假如你不知道哪裡可以找到好買家，就觀察這三個管道：競爭者、同領域的其他事業（漢堡）、配銷商。相信你找到的選項會比想像中還要多。

趁你年輕當紅的時候，趕快賣

「年輕」是指你，「當紅」是指你的公司。但如果你自己也很「紅」，那更是錦上添花。像我就靠著帥氣的髮型談成好幾筆交易，夠扯吧？

這個慘痛教訓是我從 Heyo 學到的。二〇一二年，電郵行銷公司 iContact 出價六百五十萬美元，想收購我的 Heyo。當時我的所有競爭者都已經接受極高的價碼，然後華麗退場了。客戶關係管理服務公司 Salesforce 用超過六億美元收購 Buddy Media；社群行銷公司 Wildfire 以三億五千萬美元的價碼賣給 Google。

看著這些巨額交易，我的自尊心也跟著膨脹起來。我心想，二〇〇六年馬克・祖克柏（Mark Zuckerberg）拒絕雅虎以天價收購臉書，而且我的同儕都賺到九位數，那麼六百五十萬美元又算什麼？我可以賺到更多錢才對！當時我才二十二歲，算是業界的菜鳥，所以不懂得跟對方協商，或挑起競買大戰。我就這麼回絕了 iContact 的收購提案。這是我這輩子最大的錯誤之一（圖13-2）。

永遠不要低估市場的時機。二〇一八年七月，Salesforce 用八億美元收購行銷分析工具 Datorama；與此同時，Datorama 的勁敵——巴巴克・海達亞堤（Babak Hedayati）推出的工具 TapClicks，顧客超過三千人，年度營收超過一千五百萬美元。TapClicks 幫助 Scripps 等媒體公司管理即時報告；這些公司利用它來進行客戶報告的可擴充性部署、資料聚合與視覺化、以及工作流程管理，藉此為營運面帶來智能與自動化。假如不久的將來，巴巴克掌握市場時機，以年度營收六至十倍的價碼退場，我也不會太意外。

圖13-2　iContact 提案收購 Heyo

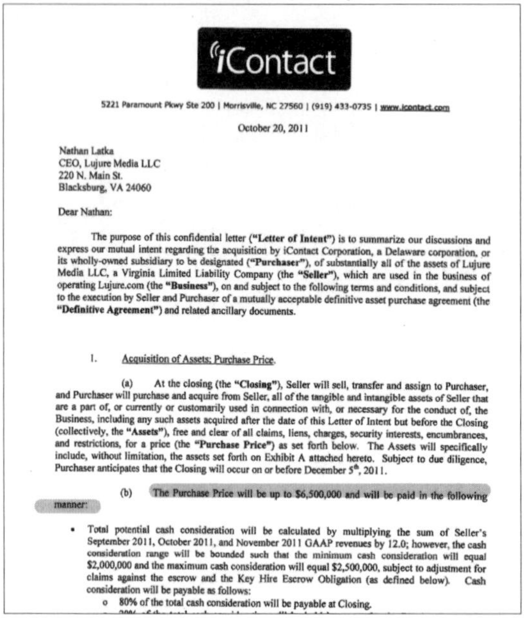
iContact

5221 Paramount Pkwy Ste 200 | Morrisville, NC 27560 | (919) 433-0735 | www.icontact.com

October 20, 2011

Nathan Latka
CEO, Lujure Media LLC
220 N. Main St.
Blacksburg, VA 24060

Dear Nathan:

The purpose of this confidential letter (**"Letter of Intent"**) is to summarize our discussions and express our mutual intent regarding the acquisition by iContact Corporation, a Delaware corporation, or its wholly-owned subsidiary to be designated (**"Purchaser"**), of substantially all of the assets of Lujure Media LLC, a Virginia Limited Liability Company (the **"Seller"**), which are used in the business of operating Lujure.com (the **"Business"**), on and subject to the following terms and conditions, and subject to the execution by Seller and Purchaser of a mutually acceptable definitive asset purchase agreement (the **"Definitive Agreement"**) and related ancillary documents.

1. Acquisition of Assets; Purchase Price.

(a) At the closing (the **"Closing"**), Seller will sell, transfer and assign to Purchaser, and Purchaser will purchase and acquire from Seller, all of the tangible and intangible assets of Seller that are a part of, or currently or customarily used in connection with, or necessary for the conduct of, the Business, including any such assets acquired after the date of this Letter of Intent but before the Closing (collectively, the **"Assets"**), free and clear of all claims, liens, charges, security interests, encumbrances, and restrictions, for a price (the **"Purchase Price"**) as set forth below. The Assets will specifically include, without limitation, the assets set forth on Exhibit A attached hereto. Subject to due diligence, Purchaser anticipates that the Closing will occur on or before December 5th, 2011.

(b) The Purchase Price will be up to $6,500,000 and will be paid in the following manner:

- Total potential cash consideration will be calculated by multiplying the sum of Seller's September 2011, October 2011, and November 2011 GAAP revenues by 12.0; however, the cash consideration range will be bounded such that the minimum cash consideration will equal $2,000,000 and the maximum cash consideration will equal $2,500,000, subject to adjustment for claims against the escrow and the Key Hire Escrow Obligation (as defined below). Cash consideration will be payable as follows:
  - 80% of the total cash consideration will be payable at Closing.

真希望我在二〇一一年就了解市場時機的重要性。當時社群媒體的行銷平臺很熱門，從我周遭的交易就可以看得出來。但我的競爭者一退場，市場就冷卻了。Google 甚至在二〇一四年收掉了 Wildfire。我澈底錯失大賺一筆的機會，因為俗話說得好：時機就是一切。

等到二〇一六年，又有人想收購 Heyo，但是價碼低很多。我們只得到三十萬美元，遠低於 Heyo 的資產淨值，而且銀行裡的一百四十萬美元，全都還給了投資人。我之所以想賣，是因為 Heyo 占去我所有時間。我身為沒責任

圖13-3　我的 10 萬美元薪資單

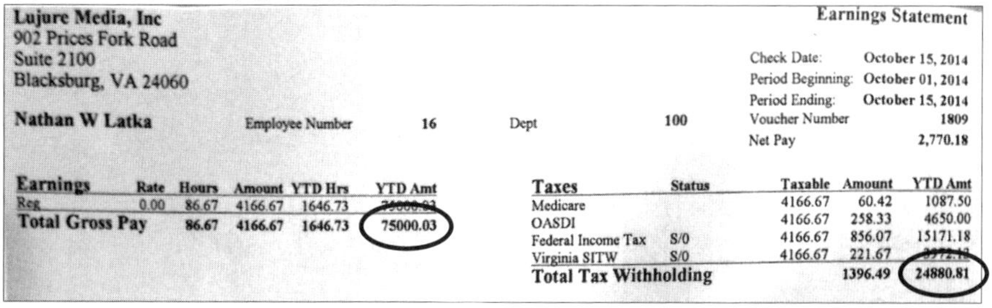

Lujure Media, Inc
902 Prices Fork Road
Suite 2100
Blacksburg, VA 24060

Earnings Statement

Check Date: October 15, 2014
Period Beginning: October 01, 2014
Period Ending: October 15, 2014
Voucher Number 1809
Net Pay 2,770.18

Nathan W Latka　Employee Number 16　Dept 100

Earnings	Rate	Hours	Amount	YTD Hrs	YTD Amt
Reg	0.00	86.67	4166.67	1646.73	75000.03
Total Gross Pay		86.67	4166.67	1646.73	75000.03

Taxes	Status	Taxable	Amount	YTD Amt
Medicare		4166.67	60.42	1087.50
OASDI		4166.67	258.33	4650.00
Federal Income Tax	S/0	4166.67	856.07	15171.18
Virginia SITW	S/0	4166.67	221.67	3972.13
Total Tax Withholding			1396.49	24880.81

的年輕單身漢，深知一件事：把所有心力投注於單一事業，並不會讓我變有錢。

我的薪資單：我二十六歲，擔任執行長

一直待在 Heyo 應該會挺愜意的。二十六歲時，我賺的錢比所有朋友都多，但我知道光領薪水是不可能變有錢的。回想起當時，我說服董事會把我的薪水從八萬美元漲到十萬美元，其實還挺好笑的——真的有差這兩萬嗎？

圖 13-3 就是我那華麗的十萬美元薪資單。

這筆收入讓我感覺很爽，但由於政府課很多稅，所以八萬美元與十萬美元其實沒差多少。而且這也讓我驚覺，自己只是一家平凡企業的員工。我的資產淨值（致富的方式）沒什麼上漲潛力，因為我錯過二〇一二年的那次機會。

我很快就曉得，我必須思考怎麼收掉或賣掉 Heyo，這樣我才能從「靠上班賺錢」變成「靠投資賺錢」。本來我為了加薪跟董事會吵到不可開交，如今卻想撤手不幹。

我很喜愛《基業長青》共同作者吉姆・柯林斯（Jim Collins）的一句名言：「只求好，你就無法偉大（Good is the enemy of great）。」我就是想要變得偉大。我知道自己必須離開Heyo，空出時間來，這樣才能專心談生意，賺到好幾百萬美元。這才是明智之舉。

所以，你要記住這個重點：假如你年輕、單身、沒責任，現在就是你進行大冒險的時機（就算你只是住宿舍的學生），因為就算你跌跤了，也不會跌得太難看，反正你也沒什麼好損失的。我在二〇一二年沒有賣掉Heyo，錯失了一大筆錢，但假如我繼續困在Heyo，只怕會損失更多。那時我不到二十五歲，對誰都沒有義務。如果此時不豪賭一番，更待何時？

權衡各家提案：何時該賣？何時該拒絕？

當然，不是所有讀者都是泡宿舍、愛冒險的二十幾歲年輕人。到底是該維持現狀（例如二〇〇六年的祖克柏），還是該趁早變現（例如我在二〇一二年「應該」做的事）？有時其實很難判斷。如果你還背了很大的責任，例如養家活口，那麼這個抉擇更會令你不知所措。

但這個決策可以歸結為簡單的數學。假如你處於一個賺錢的事業，那就思考一下金錢的時間價值。假設你持有一家公司的五〇％股份，它每年賺五十萬美元，然後你的薪水是八萬美元；而且年終沒有結餘，所以你沒有領到股息。

假如你以五十萬美元的價碼（等於年度營收）賣出公司，那麼在稅前你自己會賺到二十五萬美元（持股五〇%）。我的一般建議是，**假如你賣掉公司所賺到的錢，超過你在公司工作三年以上所賺到的錢**，那就賣掉，然後用這筆錢另起爐灶。

假設你每年稅前賺八萬美元，而且沒有股息；如果賣掉公司能讓你現賺二十五萬美元，那就賣掉。這樣一來，你就能推動自己：「我賣掉公司的話，就能用賺到的二十五萬美元，投資其他的點子。」

離開一家賺錢的公司，確實會讓你很害怕，但在關鍵時刻你必須相信自己。你很聰明，一定會想出更棒的新點子，所以不妨賭自己一把，利用這股動能創造其他事物。

我們總是擔心自己想不出更好的點子，但這絕對是誤會。不信你看伊隆・馬斯克，他在二十幾歲時創辦第一個事業，是一家代理公司；接著他把代理公司賣掉，創辦 X.com，最後演變為 PayPal。離開 PayPal 之後，他用自己賺到的利潤成立 SpaceX、特斯拉，以及最近的「無聊公司」（The Boring Company）。我寫這本書的時候，馬斯克的財產淨值為兩百億美元。就算你無法像他這麼厲害，他還是一個很棒的例子——假如你相信直覺，並持續累積目前的成功，就會發生很美好的事。

因此，在能賺的時候就要趕快賺。動能是你巨大的資產，你要維持它、掌握它、創造它。如果機會難得，價碼也不差，那就賣掉你的公司吧！其實這有一大部分也跟情緒有關。假如你看過各家的最終出價之後，覺得沒有你滿意的價碼，你就寄信跟他們說：「抱歉，我無法接受你的提案。我還是繼續經營公司好了。」假如你當真要拒絕的話，對方通常會開更高的價碼給你。

若你用了這一招而且奏效，請記得謝謝你的好兄弟奈森！

結語

很多談論金錢、財富與權力的書籍是沒有時間性的，但這本不是。新富人的名額有限，你現在不趕緊卡位的話，恐怕就要錯過了。當你回顧歷史，你會發現最富裕的人，都懂得利用關鍵知識獲得成功，讓「窮光蛋大眾」望塵莫及。

KKR（Kohlberg Kravis Roberts）公司的創辦人亨利・克拉維斯（Henry Kravis），於一九七八年創造了槓桿收購（Leveraged Buyout，簡稱LBO）產業。所謂的槓桿收購，就是憑藉一家公司的現金流量優勢，向銀行貸款，再把這家公司買下來。到了一九八〇年，每個人都開始LBO，使得能賺錢的生意越來越少。

二〇一七年春季末，數位加密貨幣比特幣的匯率漲到一萬九千兩百零五・一一美元，創造出數十億美元的財富。而深知比特幣力道的人，在一年前就以三千美元的匯率買進；這就是先行者優勢。

通常等到大眾「追上」任何概念之後，這些策略就不管用了。為什麼？最頂尖的那一%是很聰明的。他們走在成功的路上，而且不願跟別人分享，於是就把成功之路堵起來。他們發明了「規則」，而且非常努力把以下這些規則推銷給你，這樣你就非得替他們做牛做馬不可。

▼只專精於一件事！
▼抄襲是不好的！
▼務必要設定目標！
▼問顧客想要什麼，然後滿足他們！

我在前面的三百多頁已經告訴你，我是怎麼在精神上挑戰這些規則，然後華麗的粉碎它們，為我自己創造立即的財富。

本書一開始，我說你會學到：

▼如何透過減少費用，來解鎖你的隱性錢財
▼如何一無所有，也能過得像皇帝
▼如何在沒錢、沒時間、沒知識的情況下，投資不動產
▼如何不自掏腰包，就買下一整間公司
▼如何透過非傳統投資，讓你的收入翻兩倍
▼如何抄襲競爭者來致富
▼相乘事業的三個手段
▼如何在想賣公司時順利賣掉

接著我又告訴你（還截圖給你看）：

▼我如何免費得到三十五萬美元的白色勞斯萊斯跑車
▼我第一次買房時的說詞，這棟房子讓我每月進帳一千七百美元的被動收入
▼我如何利用負債接手對方的公司（對方還倒貼我一萬五千美元！）
▼我簽了六千美元支票給食品卡車老闆，快速回本，還得到一條永久收益流
▼我查詢一些「怪」網站，設法抄襲競爭者，並偷走他們的市占率
▼我如何讓現有顧客付我更多錢，不必花費額外的心力招攬新顧客
▼我出售事業時愛用的金句：「你最多只能出到這個價錢嗎？」

恭喜你願意投資自己，並花時間讀完這本書。你現在已經加入一個非常獨特的團體，下一步就是趁其他人還沒追上之前，趕快去實踐。我已經給你通往新富人寶庫的鑰匙，但你必須自己去開門。

其實我到現在，還是不斷在開門。去 Google 搜尋一下「奈森・拉卡募得十億美元，希望能收購更多軟體公司」，你就知道我不是在吹牛。

致謝

本書要歸功於很多人。

首先，我朋友艾倫・甘奈特（Allen Gannett）向我介紹一位業界最優秀的作家經紀人——吉姆・李文（Jim Levine），他將我的概念化為精彩的提案，之後也在編輯流程與出書策略中，扮演關鍵的角色。

感謝蘭登書屋（Random House）全團隊，首先是非常有耐心的編輯莉亞・卓柏斯特（Leah Trouwborst）；再來是總裁兼執行長亞德蘭・札克海姆（Adrian Zackheim）；還有威爾・威瑟（Will Weisser）、史蒂芬妮・布洛迪（Stefanie Brody）、海倫・海莉（Helen Healey）、奧莉薇亞・佩魯索（Olivia Peluso）、泰勒・愛德華茲（Taylor Edwards）、塔拉・吉爾布萊德（Tara Gilbride），還有傑米・萊斯克特（Jamie Lescht），他們接受我離經叛道的概念，並且有勇氣出版一本打臉傳統商業概念的書。

瑪莉亞・蓋格里安諾（Maria Gagliano）擁有不可思議的能力，把我的概念整理成條理清晰的草稿。怪不得賽門・西奈克（Simon Sinek）等許多暢銷作家，都把她當成寶。

最後，我要感謝許多朋友，幫我測試章節標題、書名、封面圖片等雜七雜八的東西。這些朋友包括 Active Capital 的派特・馬修斯（Pat Matthews）；Scribe 的塔克・麥斯（Tucker Max）；哈佛大學的詹姆斯・傑克比（James Jacoby）；Entrepreneur.com 的總裁比爾・蕭（Bill Shaw）；

Cineflix 的戴夫・漢米爾頓（Dave Hamilton）與艾莉卡・哈丁（Erika Hardin），認為我的書可以上電視宣傳；以及，我在 CAA 經紀公司的電視經紀人班・李文（Ben Levine）。

特別感謝我爸媽——二十九年前，他們倆「放縱」了一個晚上，所以我才會存在。我媽教導我金錢的價值、決策的力量，以及努力工作的好處；我爸則培養出我的競爭力，以及求勝若渴的心態。

臉書百大公司社群

若你想尋找不同產業中企業家的臉書私密社群，請參考下表：

名稱	會員人數	過去 30 天貼文數	管理員
Dream Catchers: LIVE RICHER w/ The Budgetnista	320,000	9,200	Kristina Spells
Freelancers	260,000	200	Mohd Danish
International Development Jobs for Young Professionals	177,000	240	Anna Okello
Professional Photographers	177,000	3,000	Elena Salvai Photography
RCCG Entrepreneurs' Network	170,000	200	Arise Arizechi
Professional Photographers	124,000	1,200	Manoj Eknath Chavan
Real Estate Investors	91,000	910	James Simmons
Mompreneur Circle	87,000	3,200	Latika Wadhwa
Learn Digital Marketing	83,000	120	Sanjay Shenoy
Digital Nomads Around the World	79,000	320	Joan Gaya
Shopify Entrepreneurs	78,000	350	Timothy Dann-Barrick
Freelancers	77,000	440	Nilesh Yerunkar
Legit Entrepreneurship 2018	74,000	4,500	Roderick Allred
Women Helping Women Entrepreneurs	70,000	7,000	Christina Rowe

名稱	會員人數	過去 30 天貼文數	管理員
Amazon FBA Ninjas!	70,000	1,800	Kevin David
Graphic Designer/Freelance Design Group	67,000	3,300	Chuyênsi Temnhãn Hôpquà
It's Better Handmade Group	66,000	8,800	Natalie Shay Meiners
Startup Buddies	65,000	70	Abhinav Prashant
Millennial Entrepreneur Community	61,000	4,200	Frank Salas
Merch by Amazon	61,000	590	Chris Green
Women’ s Entrepreneur Network	60,000	385	Haley Lynn Gray
Artisan Indie—Etsy Sellers, Makers & More	58,000	2,000	Sarah Sewell
The Amazing Seller	57,000	720	Scott Voelker
Stash Investors	56,000	3,100	Keith Bridgeforth
Entrepreneur Lifestyle Group	55,000	50	John Golat
Start A Money Making Blog	52,000	3,000	Pete and Heather Reese
Entrepreneur Hustle	50,000	1,000	Danny Veiga
WORLD FASHION BLOGGERS	50,000	2,100	Erika Isalberti
Studio U	50,000	460	Alex Mozes
ETSY SELLERS ONLY	47,000	2,100	Elizabeth Liberty
Amazon FBA Rockstars!	46,000	800	Ariela Janeen Vianu
Remote Work & Jobs for Digital Nomads	45,000	150	Sergi Mateo
The Facebook Ads Group	45,000	230	Ben Malol
Award Travel 101®	44,000	720	Richard Kerr

名稱	會員人數	過去 30 天 貼文數	管理員
ClickFunnels Avengers (Affiliates)	43,000	630	Dave Woodward
QliqMedia: Digital Marketing Hub	42,000	20	Henshaw Jacobson
Travel Bloggers	42,000	5,000	Mark Monta
Stock Market Investing	39,000	650	Chris Smith
The Smart Passive Income Community	37,000	250	Timothy Moser
Value Investing	37,000	130	Tim Melvin
Work and Travel	36,000	440	˙Ibrahim Kutsal
Sales Professionals Group	35,000	1,700	Jeremiah Cargle
Girls LOVE Getting Paid While They Travel!	35,000	970	Emmy Rogers
Digital Marketing Question & Answers	34,000	360	Sorav Jain
Amazon FBA Heroes	34,000	2,800	Derrick Struggle
Digital Nomad Entrepreneurs	32,000	100	Sergi Mateo
Digital Marketing Hub	32,000	110	Prateek Shah
Humans of Digital Marketing	32,000	2,100	Mahesh Gaur
Global Digital Nomad Network	32,000	100	Johannes Voelkner
Entrepreneurs, Startup & Business Association of New York	31,000	4,700	Shonali Sen
Social Media for Entrepreneurs	30,000	370	Josh Forti
App Entrepreneurs and Marketers Group	30,000	50	Ted Nash
Female Digital Nomads	30,000	1,100	Milou Van Roon
HEP—Etsy Shop Help & Support	25,000	400	De Shockney
Amazon FBA Domination	25,000	80	Andy Arnott
The Game of Networking	25,000	260	Rob Sperry

名稱	會員人數	過去 30 天貼文數	管理員
Digital Marketing	24,000	1,000	Gajendra Patel
Digital Marketing（與上同名）	21,000	600	Amartya Sinha
Etsy Support and Guidance Group	21,000	40	Fiona Fletcher
The Intentional Entrepreneur	20,000	4,600	Jennie Rensink
Lifestyle Entrepreneurs	20,000	500	Yosef Ravaliere
Digital Nomad Jobs: Remote Job Opportunities	20,000	70	Steven Lin
Shopify, Ecom & Facebook Ads Community (Trackify 8-Figure Mastermind)	20,000	100	Thomas Bartke
Travel & Lifestyle	20,000	1,300	Sonit Soni
Airbnb Professional Hosts	20,000	1,200	Christina’s
60 Second Persuasion	20,000	130	Bushra Azhar
Entrepreneur Exchange	19,000	150	Kendra Kroll
The Passive Income Lounge	19,000	70	Louise Henry
Facebook Ads Rockstars	19,000	220	Alex Fedotoff
Facebook Advertising for JEDI Entrepreneurs	18,000	470	Jason Tibbetts
Digital Nomad Accelerator	18,000	100	Mitchell Weijerman
Entrepreneur Insiders Club	17,000	340	James Bowen
Entrepreneurial Leaders	17,000	200	Amy Prueter
Digital Nomad Girls Community	16,000	350	Jennifer Lachs
Digital Nomads Hub	16,000	60	Rémy Lasset
Unlimited Success and Amazon Community	16,000	140	Rob Moore
Real Estate Investing For Beginners	16,000	60	Cody Sperber
FBA Tactical Arbitrage	16,000	370	Alex Moss

名稱	會員人數	過去 30 天貼文數	管理員
Investing and Personal Finance Club	15,000	250	Robert Farrington
10x Travelcom Insiders	15,000	940	10X Travel
Social Media Influencers	15,000	60	Oliver Isaacs
AWE—Aspiring Women Entrepreneurs	14,000	280	Shaila Colaco
BALTIMORE ENTREPRENEURS	14,000	970	Candice George
Digital Marketing	14,000	120	Akansha Gautam
Online Publishers and Entrepreneurs Network	14,000	380	Edirin Edewor
eCommerce Dream Mastermind	14,000	30	Aristide Basque
Facebook Ads, Chatbots & Affiliate Marketing: Quit The 9 To 5 Group	14,000	130	Jeff Miller
JenPlanscom Budgeting & Personal Finance	14,000	300	Jen DuFore
The Poor Travelers: Support Group	14,000	380	Yosh Dimen
6 Figure Digital Marketing Hacks For Entrepreneurs W/ JR Rivas	13,000	60	JR Rivas
Digital Marketing Mastery	13,000	120	Saurabh Choudhary
The Entrepreneur Movement	13,000	30	Karl Commissariat
DigitalMarketer Engage	12,000	1,100	Justin Rondeau
Vetpreneur Tribe	12,000	2,100	Curtez Riggs
E-commerce & Shopify Pirates	12,000	80	Karlo Bradica
Thriving on Etsy and Beyond	12,000	260	DiEtte
GrooveLearning—an Entrepreneur Community	11,000	80	Rohan Gilkes
EcommerceMindset	11,000	150	Tim Sharp
The RV Entrepreneur	10,000	200	Alyssa Padgett
Seedly Personal Finance Community (SG)	10,000	460	Tee-Ming Chew

熱門創業參考組織

若你在尋找其他創業者經常閒逛的美國本地組織，請參考下表：

創業家熱點	電話	所在城市	網址
Academies for Social Entrepreneurship	(949) 500-2381	Calabasas	http://www.academies-se.org/contact.html
Arizona Women's Educa tion and Entrepreneur Center	(602) 601-7200 ext 4	Phoenix	http://aweecenter.org/
Ascend: Entrepreneurial Growth	(915) 351-1886	El Paso	http://www.ascendeg.com/
Bay Area Entrepreneur Center	(650) 738-7994	San Bruno	http://skylinebaec.org/
Bellevue Entrepreneur Center	(425) 564-2548	Bellevue	http://www.bellevuecham ber.org/?page=BEC
Berkeley-Haas Entre-preneurship Program	(510) 642-4255	Berkeley	http://entrepreneurshipberkeley.edu/
Bexar County Small Busi-ness & Entrepreneurship Department	(210) 335-2478	San Antonio	https://www.bexar.org/SBED
Brooklyn Small Business Development Center	(718) 797-0187	Brooklyn	http://brooklynnyssbdc.org/
Business Ownership Initiative—Source River West Entrepreneurship Center	(317) 464-2258	Indiana polis	http://www.businessownership.org/

創業家熱點	電話	所在城市	網址
Cal Lutheran Center for Entrepreneurship	(805) 493-3668	Westlake Village	http://www.callutheran.edu/entrepreneurship
Caruth Institute for Entrepreneurship	(214) 768-3689	Dallas	http://www.coxsmu.edu/web/caruth-institute
Center for Entrepreneurial Innovation	(602) 286-8950	Phoenix	http://www.ceigateway.com/
Charles D. Close School of Entrepreneurship	(215) 895-2566	Philadel phia	http://drexel.edu/close/
College of DuPage Center for Entrepreneurship and WorkNet Force	(630) 942-2600	Lisle	http://www.code.du/about/maps_and_directions/center_for_entrepreneurship.aspx
Columbus District Office SBA	(614) 469-6860	Colum bus	https://www.sba.gov/offices/district/oh/columbus
Consortium-Entrepreneurship	(614) 486-6538	Colum bus	http://www.entre-ed.org/
Dallas Women Entrepreneurs	(214) 971-5005	Dallas	http://www.dallaswomenentrepreneurs.com/
DePaul University Coleman Entrepreneurship Center	(312) 362-8625	Chicago	http://colemandepaul.edu/
Dublin Entrepreneurial Center	(614) 989-2429	Dublin	http://www.decindublin.com/
El Paso SCORE Mentors	[Phone Unknown]	El Paso	http://www.elpasoscore.org/
Elite Entrepreneur Organization	(310) 560-5603	Beverly Hills	http://eliteentrepreneursociety.org/
Entrepreneur Center of Austin	(512) 974-7800	Austin	http://www.austinsmallbiz.com/
Entrepreneur Dentist	(323) 240-7313	Los Angeles	http://entrepreneurdentist.com/
Entrepreneur Like a Boss	(551) 626-2813	Fort Worth	http://entrepreneurlikeaboss.com/
Entrepreneur Partners	(267) 322-7000	Philadel phia	https://www.entrepreneurpartners.com/
Entrepreneur Space	(718) 392-0025	Queens	http://www.entrepreneurspace.org/

創業家熱點	電話	所在城市	網址
Entrepreneurs Foundation-Control	(512) 482-8894	Austin	https://www.entrepreneursfoundation.org/
Entrepreneurs Hub	(313) 887-0293	Detroit	http://www.entrepreneurshub.space/
Entrepreneurs' Organization—Los Angeles Chapter	(310) 447-1234	El Segundo	https://www.eonetwork.org/losangeles
Entrepreneur's Source	(773) 363-7790	Chicago	http://www.entrepreneurssource.com/
Entrepreneur's Source	(425) 746-1950	Seattle	http://www.esourcecoach.com/
Entrepreneurship Institute	(614) 934-1540	Colum-bus	http://www.tei.net/
Entrepreneurship Legal Clinic	(215) 898-8044	Philadel-phia	https://www.lawupenn.edu/clinic/entrepreneurship/
Entrepreneur Works	(215) 545-3100	Philadel-phia	http://www.myentrepreneur works.org/
Greater Seattle SCORE	(206) 553-7320	Seattle	https://seattlescore.org/
HBU's McNair Center for Entrepreneurship and Free Enterprise	(281) 649-3275	Houston	http://hbu.edu/McNair-Center
Innovation, Design and Entrepreneurship Academy	(972) 794-6800	Dallas	http://www.dallasisd.org/idea
Institute for Entrepreneurial Studies	(312) 996-2670	Chicago	http://iesuic.edu/
Institute for Environmental Entrepreneurship	(510) 665-5656	Berkeley	http://enviroinstitute.org/
Jacksonville Entrepreneurship Center	(904) 723-4007	Jackson-ville	http://www.eecjacksonville.com/about-us/jacksonville-urban-league
Knapp Entrepreneurship Center at Illinois Institute of Technology	(312) 567-3000	Chicago	http://www.iit.edu/knapp_center
Lavin Entrepreneurship Center	(619) 594-2781	San Diego	http://lavincentersdsu.edu/
Lemann Center for Entrepreneurship and Educational Innovation in Brazil	[Phone Unknown]	Stanford	https://lemanncenterstanford.edu/

創業家熱點	電話	所在城市	網址
Liu Idea Lab for Innovation and Entrepreneurship	(713) 348-0000	Houston	https://entrepreneurshiprice.edu/
Longhorn Entrepreneurship Agency	[Phone Unknown]	Austin	http://www.utlea.org/
Lowenstein Sandler Brooklyn Entrepreneurship Center	(212) 262-6700	Brooklyn	http://www.lowenstein.com/
Maestro Entrepreneur Center	(210) 952-6672	San Antonio	http://maestrocenter.org/
NASDAQ Entrepreneurial Center	[Phone Unknown]	San Francisco	http://thecenternasdaq.org/
NFTE	(212) 232-3333	New York	http://www.nfte.com/
North Texas Small Business Development Center	(214) 860-5831	Dallas	http://www.ntsbdc.org/
NYU Entrepreneurial Institute (Leslie eLab)	(212) 992-6070	New York	http://entrepreneurnyu.edu/
Pace University Small Business Development Center	(212) 618-6655	New York	http://www.pacesbdc.org/
Price Center- Entrepreneurial	(310) 825-2985	Los Angeles	http://www.andersonucla.edu/
Prison Entrepreneurship Program	(832) 767-0928	Houston	http://www.prison entrepreneurship.org/
Prison Entrepreneurship Program	(214) 575-9909	Dallas	http://pep.org/
Renaissance Entrepreneurship Center	(415) 541-8580	San Francisco	http://www.rencenter.org/
SCET	(510) 666-3735	Berkeley	http://scetberkeley.edu/
SCORE Mentors	(210) 403-5931	San Antonio	https://sanantonioscore.org/
SCORE Mentors Columbus Ohio	(614) 664-7267	Columbus	https://columbusohscore.org/
Small Business Development Center at Baruch College	(646) 312-4790	New York	http://www.nyssbdc.org/centers/centersaspx?centid=36
South Bay Entrepreneurial Center	[Phone Unknown]	Torrance	http://thesbec.org/

創業家熱點	電話	所在城市	網址
South East Michigan Entrepreneurs Association	(248) 491-3146	Southfield	http://www.semea.info/home.html
St. Clair College Genesis Entrepreneurship & Innovation Centre	(519) 972-2727ext 4033	Windsor	http://www.stclaircollege.ca/genesis
The Business Center for Entrepreneurship & Social Enterprise	(215) 247-2473	Philadelphia	http://www.thebizctr.com/
The Center for Urban Entrepreneurship & Economic Development	(973) 353-5987	Newark	http://businessrutgers.edu/cueed/about/contact-us
The Dallas Entrepreneur Center Coworking Space	(469) 480-4466	Dallas	http://www.thedec.co/
The Entrepreneur Option	(484) 278-4589	Narberth	http://theentrepreneuroption.com/
The Entrepreneurial MD	(310) 476-6116	Santa Monica	http://www.entrepreneurialmd.com/
The Entrepreneurship Lab (eLab)	(212) 618-6667	New York	http://www.elab.nyc/
The Institute for Innovation & Entrepreneurship at UT Dallas	(972) 883-5982	Richard-son	http://innovationutdallas.edu/
The Introvert Entrepreneur	(253) 617-0779	Tacoma	http://www.theintrovertentrepreneur.com/
The Jim Moran Institute for Global Entrepreneurship	(904) 528-9722	Jackson-ville	http://jmifsu.edu/
The School for Entrepreneurship and Technology	(858) 874-4338	San Diego	http://www.sethigh.org/
Tie Austin	(512) 305-0575	Austin	http://austintie.org/
Toilet Paper Entrepreneur	(973) 453-4534	Fair Lawn	http://www.toiletpaperentrepreneur.com/
UCLA Anderson School of Management Entrepreneur Association	[Phone Unknown]	Los Angeles	http://www.entrepreneurassociation.net/
US Small Business Administration	(206) 553-7310	Seattle	http://www.sba.gov/

創業家熱點	電話	所在城市	網址
US Small Business Administration, Office of International Trade (US Export Assistance Center)	(415) 902-6027	San Francisco	http://www.sba.gov/international
USD Entrepreneurship	(619) 947-8040	San Diego	http://usdentrepreneurship.com/
VEDC Entrepreneur Center	(818) 330-1564	Los Angeles	http://www.vedcentrepreneurcenter.com/
WEtech Alliance	(519) 997-2857	Windsor	http://www.wetech-alliance.com/
Wolff Center for Entrepreneurship	(713) 743-4752	Houston	http://www.baueruh.edu/wce/
Women Entrepreneurs Of America, Inc.	(888) 871-3566	Indiana-polis	http://www.weainc.webs.com/
Women's Center for Entrepreneurship	(973) 507-9700	Chatham	http://www.wcecnj.org/

熱門大學社團

若你還是學生的話，主動了解你附近有哪些大學社團是很重要的。要記得，如果你在創業過程中遇到困難，這些社團能夠提供你很好的庇護！

大學	州	創業社團網址
Arizona State University	AZ	E + I Ambassadors
Arizona State University	AZ	https://entrepreneurship.asu.edu
University of Arizona	AZ	https://entrepreneurship.eller.arizona.edu/
University of Arizona	AZ	https://www.facebook.com/groups/349204831936831/
University of Arizona	AZ	https://entrepreneurship.eller.arizona.edu/about/annual-events/mcguire-innovation-expo
University of Arizona	AZ	http://techlaunch.arizona.edu/nsf-i-corps
University of California, Los Angeles	CA	http://www.anderson.ucla.edu/centers/price
University of California, Los Angeles	CA	http://www.anderson.ucla.edu/about/clubs-and-associations/institutions/entrepreneur-association-(ea)
University of California, Los Angeles	CA	http://www.bruincubate.com/about/
California State University, Fullerton	CA	https://www.facebook.com/pg/escsuf/about/?ref=page_internal

大學	州	創業社團網址
California State University, Fullerton	CA	https://business.fullerton.edu/Center/Entrepreneurship
California State University, Fullerton	CA	https://business.fullerton.edu/clubs/
University of California, Berkeley	CA	http://bea.berkeley.edu/
University of California, Berkeley	CA	http://www.haasventurefellows.com/
University of California, Berkeley	CA	https://berkeleyinnovation.org/contact_us
University of California, Berkeley	CA	https://berkeleyln.com/
University of California, Berkeley	CA	https://codebase.berkeley.edu/
University of California, Berkeley	CA	https://www.facebook.com/pg/innovateberkeley/about/?ref=page_internal
University of California, Berkeley	CA	http://www.ucberkeleysep.com/sponsorships.html
University of California, Berkeley	CA	https://scet.berkeley.edu/about/
University of California, Berkeley	CA	http://www.berkeleyvss.com
East Los Angeles College	CA	http://www.elac.edu/academics/departments/businessadmin/entrepreneur/
East Los Angeles College	CA	http://www.elac.edu/academics/departments/businessadmin/entrepreneur/
California State University, Long Beach	CA	https://www.csulb.edu/institute-innovation-entrepreneurship
California State University, Northridge	CA	https://www.csun.edu/entrepreneurship-program
California State University, Northridge	CA	Entrepreneurs Club
Miami Dade College	FL	http://www.mdc.edu/north/campus-information/eec.aspx
University of Central Florida	FL	https://cel.ucf.edu
University of Central Florida	FL	http://cie.ucf.edu
University of Central Florida	FL	https://www.facebook.com/pg/ceoknights

大學	州	創業社團網址
University of Florida	FL	https://www.facebook.com/pg/eClubUF/about/?ref=page_internal
University of Florida	FL	https://warrington.ufl.edu/entrepreneurship-and-innovation-center
University of South Florida, Main Campus	FL	http://www.usf.edu/entrepreneurship/
University of South Florida, Main Campus	FL	http://usfstudentorganizations.orgsync.com/show_profile/101158-entrepreneurship-club-at-usf-tampa
University of South Florida, Main Campus	FL	http://www.usf.edu/entrepreneurship/societies/graduate-society-entrepreneurs.aspx
Florida State University	FL	http://jimmoranschool.fsu.edu/
Florida State University	FL	https://www.facebook.com/groups/fsuceo/
Florida State University	FL	https://nolecentral.dsa.fsu.edu/organization/fsudeca
Florida State University	FL	https://www.facebook.com/EnactusatFSU/
Florida State University	FL	https://www.facebook.com/oeifsu
Florida State University	FL	http://news.fsu.edu/tag/fsu-society-for-advancement-of-management/
Florida International University	FL	https://business.fiu.edu/centers/pino/index.cfm
Florida International University	FL	http://startup.fiu.edu/contact-us/
Broward College	FL	http://www.broward.edu/academics/ce/Pages/Creative%20Arts%20Center.aspx
Ashford University	IA	https://www.linkedin.com/groups/8468276/profile
University of Illinois at Urbana-Champaign	IL	https://tec.illinois.edu/
University of Illinois at Urbana-Champaign	IL	http://iventure.illinois.edu/
Indiana University, Bloomington	IN	https://kelley.iu.edu/kdec/index.html
Indiana University, Bloomington	IN	https://kelley.iu.edu/ceo/boa/index.html
Indiana University, Bloomington	IN	https://kelley.iu.edu/KIC/cont/

大學	州	創業社團網址
Purdue University, Main Campus	IN	https://www.purdue.edu/discoverypark/bdmce/
Purdue University, Main Campus	IN	https://www.purdue.edu/newsroom/purduetoday/releases/2014/Q1/entrepreneurial-leadership-academy.html
Purdue University, Main Campus	IN	https://purduefoundry.com/
Purdue University, Main Campus	IN	https://centers.pnw.edu/e-center/
University of Maryland, University College	MD	https://www.rhsmith.umd.edu/centers-excellence/dingman-center-entrepreneurship
University of Maryland, University College	MD	http://innovation.umd.edu/contact/
University of Maryland, University College	MD	http://clubs.rhsmith.umd.edu/
Michigan State University	MI	https://entrepreneurship.msu.edu/
Michigan State University	MI	https://www.msuea.org/
University of Michigan, Ann Arbor	MI	http://mpowered.umich.edu
University of Michigan, Ann Arbor	MI	https://michiganross.umich.edu/clubs/entrepreneur-and-venture-club-evc
University of Michigan, Ann Arbor	MI	http://cfe.umich.edu/
University of Michigan, Ann Arbor	MI	https://innovateblue.umich.edu/
University of Minnesota, Twin Cities	MN	http://ceomakers.com/
University of Minnesota, Twin Cities	MN	http://ceomakers.com/
University of Minnesota, Twin Cities	MN	https://carlsonschool.umn.edu
Rutgers University, New Brunswick	NJ	http://www.business.rutgers.edu/contact-us
Rutgers University, New Brunswick	NJ	http://www.business.rutgers.edu/ctec
Rutgers University, New Brunswick	NJ	http://myrbs.business.rutgers.edu/undergraduate-new-brunswick/rutgers-entrepreneurial-society

大學	州	創業社團網址
Rutgers University, New Brunswick	NJ	https://rutrep.com/#s4
College of Southern Nevada	NV	https://www.unr.edu/business/student-resources/business-student-council/student-organizations/entrepreneurship-club
New York University	NY	http://entrepreneur.nyu.edu/community/
Ohio State University, Main Campus	OH	http://www.businessbuildersclub.org/
Ohio State University, Main Campus	OH	https://fisher.osu.edu/centers-partnerships/cie
Pennsylvania State University, Main Campus	PA	https://agsci.psu.edu/entrepreneur
Temple University	PA	https://www.fox.temple.edu/student-professional-organizations/entrepreneurial-students-association/
Temple University	PA	https://www.fox.temple.edu/institutes-and-centers/innovation-entrepreneurship-institute/
Houston Community College	TX	http://www.hccs.edu/hcc-in-the-community/small-business-entrepreneurship/
Houston Community College	TX	http://www.hccbizconnect.org/
University of Texas at Austin	TX	http://www.utlea.org
University of Texas at Austin	TX	https://www.mccombs.utexas.edu/Centers/Kelleher-Center
University of Texas at Austin	TX	https://www.facebook.com/groups/ESmccombs/about/
University of Texas at Austin	TX	https://utdeclub.com
University of Texas at Austin	TX	https://utexas.campuslabs.com/engage/organization/InnovationThroughImagination
Texas A & M University	TX	http://startupaggieland.com/
Texas A & M University	TX	https://maroonlink.tamu.edu/organization/esociety

大學	州	創業社團網址
Texas A & M University	TX	http://mays.tamu.edu/mcferrin-center-for-entrepreneurship
University of Houston	TX	https://www.bauer.uh.edu/centers/wce/
University of Houston	TX	http://www.enactusuh.org/
Liberty University	VA	http://www.liberty.edu/academics/business/entrepreneurship/index.cfm?PID=25465
University of Washington, Seattle Campus	WA	http://startupuw.com/
University of Washington, Seattle Campus	WA	https://foster.uw.edu/centers/buerk-ctr-entrepreneurship/
University of Wisconsin, Madison	WI	https://bus.wisc.edu/centers/weinert
University of Wisconsin, Madison	WI	https://www.housing.wisc.edu/residence-halls/learning-communities/startup/
University of Wisconsin, Madison	WI	https://win.wisc.edu/organization/madisonenactus
University of Wisconsin, Madison	WI	https://win.wisc.edu/organization/SEL
University of Wisconsin, Madison	WI	https://bus.wisc.edu/centers/weinert/business-and-entrepreneurship-clinic
University of Wisconsin, Madison	WI	https://d2p.wisc.edu/investor-contact/

國家圖書館出版品預行編目(CIP)資料

新富人的捷徑：不專精一事、不想卓越點子、不設定物質目標、不投入火熱市場，爸媽鐵定反對的新致富四金律。／奈森・拉卡（Nathan Latka）著；廖桓偉譯. -- 初版. -- 臺北市：大是文化，2019.11
336面；17x23 公分. --（Biz；309）
譯自：How to be a Capitalist without any Capital : The Four Rules You Must Break to Get Rich
ISBN 978-957-9654-41-8（平裝）

1. 個人理財 2. 財富 3. 投資 4. 成功法

563　　108015280

Biz 309

新富人的捷徑

不專精一事、不想卓越點子、不設定物質目標、不投入火熱市場，爸媽鐵定反對的新致富四金律。

作　　者／奈森・拉卡（Nathan Latka）
譯　　者／廖桓偉
責任編輯／陳維岳
校對編輯／張慈婷
美術編輯／張皓婷
副總編輯／顏惠君
總 編 輯／吳依瑋
發 行 人／徐仲秋
會　　計／林妙燕
版權經理／郝麗珍
行銷企劃／徐千晴
業務助理／王德渝
業務專員／馬絮盈
業務經理／林裕安
總 經 理／陳絜吾

出 版 者／大是文化有限公司
臺北市 100 衡陽路 7 號 8 樓
編輯部電話：（02）23757911
購書相關資訊請洽：（02）23757911 分機122
24小時讀者服務傳真：（02）23756999
讀者服務E-mail：haom@ms28.hinet.net
郵政劃撥帳號／19983366　戶名／大是文化有限公司

法律顧問／永然聯合法律事務所
香港發行／里人文化事業有限公司　Anyone Cultural Enterprise Ltd
地址：香港新界荃灣橫龍街 78 號正好工業大廈 22 樓 A 室
22/F Block A, Jing Ho Industrial Building, 78 Wang Lung Street, Tsuen Wan, N.T., H.K.
電話：（852）24192288　傳真：（852）24191887
E-mail：anyone@biznetvigator.com

封面設計／林雯瑛
內頁排版／尚宜設計有限公司
印　　刷／緯峰印刷股份有限公司
出版日期／2019 年 11 月初版
定　　價／新臺幣 360 元
I S B N ／978-957-9654-41-8

Printed in Taiwan